Un

y la Nueva Trova en su 50 aniversario

Rosa María Fernández Sofía

Un testimonio sobre Sara González y la Nueva Trova en su 50 aniversario

Rosa María Fernández Sofía

ROQUE LIBROS

Ilustración de portada: Idea original de Rosa María Fernández. Diseño donado por el artista gráfico, Javier Vélez.

Contraportada: Proporcionada por Silvio Rodríguez (hasta ahora —por el paso de los años— sin conocimiento del autor de la imagen)

Maquetación: ROQUE LIBROS

ISBN: 9798333552655

Agradecimientos

Especial gratitud por el apoyo ofrecido, a Diana Balboa, destacada pintora y grabadora cubana, compañera de la vida de Sara González.

A todos los que sin fecha de devolución me entregaron su corazón y hoy leen la obra. Ellas y ellos, saben quiénes son.

Sara, la Nueva Trova:

El movimiento tentó nuevas formas de decir,
que tenían que ver con la tradición y al mismo tiempo
con las necesidades de expresar lo nuevo que vivíamos.
Todavía es necesario seguir explorando esa poética.

SARA GONZÁLEZ, 1997.

SIN PERMISO DE SARA

A MODO DE PÓRTICO

Amar es como rodar un coche
por el precipicio de la noche.
Y ante tal peligro es muy humano
querer tener riendas en las manos.

SILVIO RODRÍGUEZ

Viéndonos a través del tiempo; ¿acaso, alguna vez, hemos tenido riendas en las manos? Tomo los versos de una canción de Silvio Rodríguez, como apoyatura, para regalar esta obra en homenaje a Sara y a la Nueva Trova cubana en sus cincuenta años de creada, para recordar un tiempo que necesitamos acercar a nuestras vidas.

En medio de la pandemia, Sara se hizo presente. De inmediato contacté a sus reconocidos amigos y el recuerdo de las vivencias se convirtió en un oasis de autenticidad y ternura. Por eso quise entrevistar a Silvio, también a Pablo y, mientras mi labor fluía, iban apareciendo útiles testimonios.

Traerla otra vez y siempre al presente, se tornó necesario. Cuántas anécdotas no contadas, cuánto diálogo esencial sobre etapas de crecimiento y creación, quedaron truncos en la vida de esta mujer que descubrí a través de los entrevistados, como audaz y delicada.

Si algo pretende esta obra es trasmitir emociones, sensaciones, reflexiones. Cada entrevista se convirtió en una conversación con ella presente. Asombrarse, reír, llorar con tales testimonios, reivindican cada etapa en común y nos la presentan como ese núcleo, sobre el cual, aún giran sus amigos que la extrañan.

Con la incertidumbre vivida en la etapa pandémica, desde el 2020 hasta hoy, ni siquiera imaginé que el acercamiento al ser humano que había sido Sara, me llevaría de camino a la fecha de celebración de la Nueva Trova cubana que, en diciembre de 2022, cumple sus 50 años de creada.

Por eso me fui a ver a Diana, el amor de su vida. Aunque no las conocía a ambas, Diana me recibió con curiosidad y complacencia: «si Sara te llamó, pasa». Así me ofreció sus horas de largas conversaciones y los archivos sobre su vida, tanto humana, como artística.

Las historias pudieron ser infinitas. Por eso quedaron personas pendientes, que por limitaciones no alcancé a entrevistar, ni a ver. Este libro no es para ellos, sino para quienes no la conocimos. Alcanzar su espíritu a través de sus amigos, es verla más allá de su gran proyección como figura cimera del legendario y fundacional movimiento artístico, nutrido del viejo sentimiento poético trovadoresco, renovador de formas tradicionales, para regalarnos la canción de su tiempo, la poesía y el compromiso patrio.

La voz principal femenina, fue también bandera estética. Sara González, —como otros cantores: Silvio Rodríguez, Pablo Milanés, Noel Nicola, Vicente Feliú, Amaury Pérez Vidal, Augusto Blanca, Lázaro García y tantos otros— vino a ser, para beneplácito del público y de los músicos cubanos, uno de los principales artífices y referentes de la canción.

Diana habla en tiempo presente, a veces en pasado. Sara va y viene por los recuerdos, por la casa, atraviesa el alma de sus amigos. Siempre está.

Ahora, acomódense y escuchen a esas voces, con la ternura del que regresa, con la impronta del que permanece y nunca ha partido.

LA NUEVA TROVA CUBANA: UN MANO A MANO ENTRE SARA Y SILVIO

Recuerdos porque sí

Silvio y Sara grabando juntos.

«Nunca renegaré de mis convicciones. Cada quien es libre de expresarse como quiera y tomar el rumbo que desee. Pero también hay que respetar. Incluso, nuestro derecho a indignarnos. Porque con todas las imperfecciones e inconformidades, esta Revolución merece respeto y como parte de ella, los artistas y trovadores que nos entregamos a ella. Nada de lo que hago y, lo saben muy bien quienes me conocen, es por fama, ni riqueza material. Solo pienso a esta hora, en seguir trabajando por la cultura de Cuba». (Sara González, 2011).

En el libro *Grupo de Experimentación Sonora del ICAIC. Mito y realidad*, de Jaime Sarusky, la trovadora cuenta:

> ... recuerdo la maldad que le hice a Silvio. Estaba cantando *El rey de las flores*, y yo me puse a fastidiarlo. Cuando decía: «Tiene batallones de abejas chiquitas / y arañas, babosas y aves bonitas» yo me ponía al lado de él y le agregaba: «... y

> cucarachitas». Y me decía: «Sal de aquí. Un día se me va a mí y entonces sí que...». Mira, muchacho, y parece que se le quedó grabado porque repitió: «y cucarachitas...».

Dicen que Silvio terminó de cantar e inmediatamente salió disparado en busca de Sara, seguramente para reclamarle, pero el tiempo demostró que, a pesar de las bromas usadas entre ellos, la simpatía y el amor que se profesaron, perduró hasta los últimos días en la vida de Sara.

Tras cumplirse un año del fallecimiento de la cantante, el 1 de febrero de 2013, el autor de *Ojalá* publicó en su blog Segunda Cita, un texto titulado *Homenajito personal*, en el que declara:

«Hace unos días me llegó una convocatoria del Instituto Cubano de la Música (ICM), anunciando que hoy, en sus jardines, se va a hacer una trovada recordando a Sara. Tras la sorpresa de que ya hiciera un año, me dije: "Qué bien que se haga esto".

»Aclaro, que me lo dije sabiendo que yo no iba a ir. La verdad es que cada vez me cuesta más trabajo sumarme a los tumultos y a las colas, aun cuando sean para bondades como rendir tributo a una persona que merece nuestro amor, como Sara.

»Ahí mismo me vino a la mente cuando ella me pidió «Querer tener riendas» y yo se la regalé, la verdad que, con agrado, porque se la había aprendido, y muy bien, desde el instante mismo en que me la escuchó. Después me complació tanto su versión que consideré, no valía la pena que yo la siguiera cantando, al punto que olvidé hasta cómo se tocaba en la guitarra.

»Partiendo de que no iba a asistir a la convocatoria colectiva, pero acudiendo puntual a la mía, empecé a tratar de reencontrarme con mi propia canción. Ese sería mi homenajito personal. Pero entonces descubrí que, en *re*, el tono primigenio de *Querer tener riendas*, ahora me quedaba un poco alta.

»La guitarra tiene sus características. No es como el piano, que lo que se toca en una tonalidad se puede reproducir fielmente en otra. Por la estructura del instrumento, en la guitarra, la música transportada no siempre puede reconstruirse igual. Sin embargo, en este caso, encontré un tono en que «Querer tener riendas» podía sonar, digamos, aceptable.

»Luchando contra la memoria digital, que hace que los dedos vayan para donde recuerdan haber estado, me aprendí nuevamente mi canción, a la sombra de Sara. Esto me llevó a recordar, que hace algunos años ella me invitó a hacerle una voz en una grabación y que no me quedó muy bien.

»Otra pregunta que me hice, fue por qué a la Gorda le había gustado tanto esta canción, que implora dominio de las bestias que Eros conduce con imprudencia «por el precipicio de la noche». Y no pude menos que recordar, que por los mismos tiempos en que me la pidió «prestada», ella andaba dolida por el fracaso de una relación y me había advertido: "Flaco, yo voy a amar a quien me ame...".

»Fuera por lo que fuera, Sara sigue siendo la mejor intérprete que haya tenido nunca esta canción que —acabo de descubrir— es una suerte de soneto infiel»:

QUERER TENER RIENDAS

Cuando me enamores no me beses,
porque me han amado así mil veces.
Haz como si estuvieras en guerra:
báñame de rocas y de tierra.
Cuando me conduzcas no me apartes
del acantilado ni el desastre:
déjame correr la misma suerte
del que caminara con la muerte.
Pero cuando subas a mi cuerpo
asegura que ya esté despierto.
Amar es como rodar un coche
por el precipicio de la noche
y, ante tal peligro, es muy humano
querer tener riendas en las manos.

ENCONTRAR EN AQUELLA AGUERRIDA EXISTENCIA LAS RAZONES DE VIDA

SILVIO RODRÍGUEZ

Venecia, 1984. Una de las tantas ocasiones en que Silvio y Sara se presentaron juntos.

En solicitud a esta entrevista en el año 2020 que, sin dudas, prefería como espontánea conversación, comenté a Silvio que este libro pretendía describir etapas, emociones y reflexiones sobre la creación del Movimiento de la Nueva Trova cubana y una de sus miembros, la dilecta Sara González.

Le expresé que este sería un diálogo sobre el crecimiento, dirigido a quienes no pueden saberlo, si no se les cuenta honestamente. Porque hablaremos a los lectores que se reconocen en la canción, especialmente la de la Nueva Trova.

»Cuando una canción dice algo en lo que muchos se reconocen, eso tiene un valor. Al menos comunicativo. Y no digo artístico, porque lo artístico implica cierta elaboración, cierto dominio de un lenguaje. La utilidad mayor que yo le veo a una canción es la de hacernos compañía.

Una estudiante sudamericana ha dicho, que las canciones de Silvio han acompañado a casi todos los movimientos estudiantiles y políticos de América Latina, pero también a los enamorados. A los despechados. A los tristes. A los furiosos. Y colman de trova y viento de Cuba, a cualquier auditorio pleno, a golpe de poesía y sencillez.

Este es un mensaje para quienes defienden la autenticidad en la creación, la utilidad de una canción. Entonces puede que aún tenga sentido que los jóvenes músicos hagan «trova», sea nueva o novísima. Sobre lo que nos dijo Silvio: *Tiene tanto sentido, o más, que hacer algunas cosas que hoy se hacen. Gente con guitarra ha habido siempre, y hasta ahora nadie ha dicho que sea mala combinación.*

En el intento de acercarnos a lo anecdótico de aquellos tiempos, surge este libro de testimonios, con la contradicción "per se" —pandemia mediante— de que no podíamos encontrarnos. En aquel año funesto y el siguiente, en que ni siquiera sabíamos si resistiríamos a la feroz enfermedad, todo se hizo particularmente difícil para los cubanos, que todavía hoy nos debatimos en la sobrevivencia.

Mucho menos teníamos la certeza, como afortunadamente sucedió, de que por fin alcanzaríamos a inmunizarnos con las vacunas cubanas que nos ampararon frente a la muerte.

»La vida es la que parece avanzar hacia el surrealismo. Lo que querría decir que el naturalismo y el surrealismo podrían llegar a intercambiar papeles.

En aquella oscura circunstancia, apareció Sara como un escudo espiritual *"como una necesidad, como un camino que se escoge"* y tal fue la amorosa reacción de todos sus compañeros de cantos y guitarras, que acudieron al llamado antes o después, según lo fuera permitiendo la subsistencia.

Aquellos trovadores espiritualmente inspiradores, transcurren, pero sus canciones no; todavía parecen inevitables, como la audiencia joven en cada presentación nacional o internacional.

»*Sin dudas el público cambia, puesto que cambian los tiempos. También cambia la manera en que las cosas se perciben y hasta aprecian, y en ese saco incluyo a las canciones. Hay canciones, que en los momentos en que fueron escritas tenían unas connotaciones, y hoy, décadas después, pueden parecer diferentes.*

»*Recuerdo que cuando mi generación empezó a cantar, parte de lo que hacíamos no se entendía. No solo eran temáticas nuevas, sino formas de hacer también distintas. Se agregaron palabras que no se usaban y la sintaxis se volvió personal. Hoy puede parecer más «normal» lo que entonces resultaba revolucionario. Hasta cierta zona de la canción comercial, se nutrió de aquella experimentación. Lo que llaman «éxito» también puede tener esa cara.*

Hoy no puedo explicar mi emoción, *cuando* al primero que le escribí, a Silvio, respondió «*en foto finish*» al cierre de esta edición en 2022.

Aunque no creo que este libro lo necesite alguna persona con sordera tonal o insensible a las declaraciones de amor de las canciones de la Nueva Trova cubana, les adelanto que es Silvio Rodríguez Domínguez, el que siempre enamora o enoja. Como nos ha dicho, sus canciones lo relatan, *pero me superan, porque también son mis aspiraciones.*

Valga su generosidad, porque los últimos serán los primeros.

¿Cómo era el tiempo en que conociste a Sara? ¿Pudieras describir tu cotidianidad, en la distante década del 1970, donde se hicieron cercanos?

»Supe que Sara existía una tarde, posiblemente de 1970, en un concierto en la sala Che Guevara de Casa de las Américas. En el público presente había un grupito de estudiantes, entre los que se encontraba una muchacha que cantaba con voz muy potente y bien timbrada. Por supuesto, era Sara González.

Por aquellos años algunos trovadores de mi generación estábamos marginados de la radio, la televisión y la prensa. Desde hoy pudiera decir que la superestructura del país, no se ponía de acuerdo sobre nosotros. Unos nos veían como muchachos conflictivos que hacían canciones raras y —afortunadamente— otros nos veían como los jóvenes que éramos. Alguna gente conocía nuestras canciones porque cantábamos dondequiera que nos invitaran: en facultades de la Universidad, en las escuelas, en cualquier centro de trabajo, en unidades militares, en todas partes. Los más conocidos éramos Pablo y yo. Pablo, porque contaba con cierta trayectoria en el mundo de la cancionística; yo, porque durante algunos meses había conducido un programa de televisión llamado Mientras tanto.

Fueron años en que ocurrían cosas muy importantes en nuestro país y en el mundo —desde la ofensiva revolucionaria, hasta la guerra de Vietnam—. En medio de aquellos acontecimientos, unos pocos trovadores jóvenes, lo mismo recibían rechazos que abrazos. Fueron años de hacer muchas canciones, de compartirlas con audiencias pequeñas pero estimulantes; años de andar con la guitarra todo el día y buena parte de la noche, lo mismo a pie que en guaguas y de encontrar en aquella aguerrida existencia razones de vida. Fueron años de aprendizaje de diversos oficios, de bohemia en ocasiones desmesurada; años sin duda memorables, al menos para los que los vivimos.

¿Qué pasó después que preguntaste en aquel grupito de estudiantes: ¿A quién le gusta La era?

»*La era está pariendo un corazón* había sido popularizada por la inmensa Omara Portuondo y era la canción que estaba acompañándose y cantando Sara, aquella tarde. Después del concierto, uno de los muchos que hicimos en Casa de las Américas, fuimos a saludar a aquella joven y la felicitamos por su voz. Ella nos dijo que eran alumnos del preuniversitario de Marianao. Tiempo después Pablo y yo fuimos a su escuela y conversamos otro poco. Entonces nos enteramos de que también era estudiante de viola, instrumento que, por cierto, no recuerdo haber visto jamás en sus manos.

¿Cómo fue tu preparación-motivación para escribir el tema, Antesala de un Tupamaro? ¿En qué contexto?

»Eduardo Moya, que había sido director de Mientras Tanto, estaba preparando unas aventuras para televisión, llamadas «Los comandos del silencio». Eran sobre Uruguay y la guerrilla urbana de los Tupamaros. Basado en esa idea compuse y orquesté la canción tema, también llamada como su primer verso: *Un hombre se levanta.*

¿Por qué se te ocurre entregarlo a Sara, una vez la viste por azar?

»Yo por entonces integraba el Grupo de Experimentación Sonora del ICAIC, donde había comentado que nos hacía falta una voz femenina y había propuesto que incorporáramos a Sara. Inicialmente solo Pablo Menéndez me secundó, entusiasmado. Casualmente, por aquellos días coincidí con Sara en una parada de guaguas y se me ocurrió decirle que fuera a la grabación que iba a hacer de *Un hombre se levanta,* en los estudios de grabación de Prado.

Cierto que la canción le quedaba un poco grave (había hecho el arreglo para mí), pero eso no impidió que ella hiciera una interpretación más que correcta. Me gustó tanto, que ni siquiera intenté poner mi voz aquel día. La prueba máxima era que le gustara a Moya, pero en cuanto la escuchó estuvo de acuerdo.

Aquello fue un serial importante. La historia contada iba transcurriendo a la par que la realidad. Los escritores seguían a diario lo que sucedía en Uruguay y a partir de eso elaboraban los episodios. Tuvo una teleaudiencia excepcional y la canción se escuchaba cada día, con el correspondiente crédito interpretativo de Sara. Aquello significó un despegue, que después, creo que influyó en su incorporación al GES.

¿Cómo describes tu relación con Sara, después de esos años? ¿Qué tipo de intercambio solían tener, si alguno? ¿Podrías contarnos anécdotas esenciales, simpáticas o cualquiera que desees de ese tiempo?

»Sara nació en un barrio muy popular del municipio de Marianao; era hija única de un matrimonio de edad avanzada y se refugió mucho en sus compañeros y en su trabajo en el GES. Mi relación con ella siempre fue muy afectuosa, había empatía entre nosotros. Sara tenía un carácter muy jovial —*jodedor* es la palabra exacta— y se burlaba de todo el mundo, incluyéndome. Yo me reía de sus ocurrencias, pero no todos teníamos la misma «tabla». Ella, como todo buen jodedor cubano, se ensañaba en los más sensibles a sus bromas. Así llegó a montar «números» con algunos compañeros. Uno de los más comunes era picarle un cigarro a Noel Nicola, que se enfurruñaba o fingía hacerlo. El mundo se detenía cuando aquellos dos seres se enfrascaban en un pedir cada vez más invasivo, lo que iba provocando una negativa cada vez más vehemente. Con los años aquello llegó a ser una especie de rutina que ocurría lo mismo en un ensayo, en un viaje o en cualquier tipo de reunión. Hoy es un «clásico» de la memoria de quienes lo vivimos.

¿Por qué surge y termina el Movimiento de la Nueva Trova cubana, del cual ambos fueron parte trascendental?

»El MNT surge por iniciativa de la UJC. A pesar de las incomprensiones iniciales con algunos, nuestras canciones empezaron a trascender por las programaciones de Casa de las Américas, a través del Noticiero ICAIC, de cineastas latinoamericanos como Pino Solanas, de cantores como Isabel Parra, Daniel Viglietti, Roy Brown o Soledad Bravo, que tempranamente difundieron nuestros temas. Bárbara Dane creó Paredón Records en EEUU y editó un disco del Grupo de Experimentación Sonora. De pronto, nos dimos cuenta de que en toda Cuba empezaban a surgir jóvenes y agrupaciones con una ética y una estética parecidas y la UJC (Unión de Jóvenes Comunistas) nos convocó y nos propuso su auspicio para crear una organización.

En 1971 se hizo un primer encuentro de trovadores jóvenes, en la ciudad de Manzanillo y, en diciembre de 1972, en el segundo encuentro, se creó el Movimiento de la Nueva Trova.

Hay que decir que el título de «nueva trova» se adoptó porque fue uno de los nombres que nos puso la prensa especializada y se aceptó con absoluta conciencia, de que más temprano que tarde sería obsoleto. Es justo recordar que uno de los que más lo subrayó fue el primer presidente que tuvo el MNT: Noel Nicola.

Sara fue siempre una entusiasta participante de aquella idea y, por su calidad indiscutible, jugó un papel inspirador y aglutinador en los muchos festivales, galas y giras que se hicieron.

Por mi parte entendí el interés de la UJC de acercarse a un movimiento juvenil, que respondía a una tradición cultural como la trova y que en 5 años de vida creadora, había alcanzado un prestigio entre los jóvenes. Incluso, al principio estuve meses en la provincia de Matanzas, buscando y sumando trovadores, aunque nunca acepté un cargo en la organización.

Años después, en un Festival de la Juventud que hubo en Moscú, en 1985, Carlos Lage —por entonces secretario general de la UJC— me dijo que el MNT había jugado su papel y que quizá era hora de concluirlo. Yo, sinceramente, sentí alivio, entre otras razones porque casi tenía 40 años y hacía rato que no me sentía joven y mucho menos nuevo.

¿Existía énfasis en la inclusión de la mujer trovadora? ¿Puedes comentarnos del trabajo de Sara u otras trovadoras, en tal sentido?

»Teníamos la poderosa huella de María Teresa Vera, desde lo más profundo de la trova tradicional. Teníamos a Marta Valdés, hija y trasgresora del *feeling*, con su creatividad infinita. Teníamos aquel elemento de la naturaleza y de la poesía llamado Teresita Fernández. Teníamos a la exquisita Miriam Ramos. Sara fue como una continuidad, de toda aquella presencia de la mujer en la trova. Ella lo asumió así. Casi inmediatamente empezamos a saber de otros grandes talentos como Liuba María Hevia, Marta Campos, Rita del Prado, Heidi Igualada, Lien Rodríguez y tantas otras importantes cantoras que siguen apareciendo.

¿Pudieras mencionar algunas presentaciones y vivencias compartidas en Cuba y en el extranjero?

»Actuamos juntos muchas veces. Una presentación memorable en Cuba, podría ser una gala sobre el 4 de abril que dirigió Frank Fernández, a principios de los 70, en el teatro de la CTC. Entonces compusimos una especie de suite sobre Playa Girón, que empezaba con un *Preludio* mío, lo continuaba Eduardo Ramos con su canción *El combate* y lo culminaba Sara con su impresionante himno a *La victoria*. No hay dudas de que la canción de Sara resultó lo más trascendente de todo aquello.

También estuvimos algunas veces juntos en el exterior. En 1984 coincidimos en Venecia, en un festival de la cultura cubana que organizaron Gillo Pontecorvo y Alfredo Guevara, donde tuvimos que improvisar un pequeño recital entre los dos. Le voy a dejar una foto de aquel día.

¿Cómo describirías la personalidad de Sara? ¿Qué anécdotas nos acercan a los rasgos más enfáticos que describes?

»La Sara más visible era abierta, espontánea, un tanto explosiva. Era un poco el colorido de su temperamento. Sin embargo, la vi muchas veces reflexionar y articular un pensamiento mesurado y profundo. Ahí estaba la Sara esencial y un trasfondo de su capacidad creadora.

¿Cuál es la artista que eliges, la compositora o la intérprete?

»Sara empezó como una intérprete de una fuerza telúrica y de una convicción impresionante y un buen día empezó a componer. Llegó a hacer canciones memorables sobre la mujer, sobre Cuba y sobre el tiempo que le tocó vivir. Prefiero no separar la intérprete de la compositora, porque las veo como facetas —y logros— de una misma pasión.

¿Cómo valoras su incursión en los diferentes géneros musicales?

»Como todos los verdaderos artistas, Sara se fue autoconstruyendo. Empezó interpretando canciones de todo tipo, pero se fue decantando por lo más característico nuestro, sobre todo por el son, hasta que empezó a decir que ella era, sobre todo, sonera. Y para reafirmarlo no solo cantó, sino que compuso sones muy auténticos.

¿Cómo la describes en un escenario?

»Sara era un ser eminentemente musical. En la escena era dinámica, divertida, entregada, pero también muy consciente de lo que estaba haciendo.

Tan cerca de la vida y de la muerte, hubo una visita tuya al hospital donde permaneció. ¿De qué hablaron Silvio y Sara? ¿Cómo fue ese diálogo, ese tiempo para siempre, qué prefirieron recordar?

»Por supuesto que fui a verla al hospital. Una de las veces estuvimos conversando un buen rato, sobre todo, rememorando y riéndonos de muchas cosas, algunas impublicables.

Fidel, en Sara y viceversa.

»Sara era muy patriota y fidelista. Eso es algo que hay que decir, si se le quiere hacer justicia. Fidel también la quería mucho. La escuchaba con especial atención. Ella bromeaba con él, con una confianza que desconcertaba. Era obvio que se sentían a gusto el uno con el otro.

Acerca de esa canción que le regalaste, «... imposible mostrarla sin pedirle permiso», *a Sara.*

Amar es como rodar un coche
Por el precipicio de la noche.
Y ante tal peligro es muy humano
Querer tener riendas en las manos.

»Tiene que haber sido a fines de 1976 o a principios del 77. Yo había estado haciendo *Querer tener riendas* y ella llegó a mi casa, vio el papel con la letra, me preguntó qué cosa era aquello y se la canté. Entonces me pidió que se la diera para su disco. Si mal no recuerdo, era el primer trabajo de repertorio que iba a grabar como intérprete, después de haber hecho aquel otro disco con los versos de Martí.

«Bueno, quédate con ella, cuídamela», fue lo que le dije. Y bien que me la cuidó...

La vine a cantar en público, años después de su partida. Y claro que le pedí permiso; para mí sigue siendo de ella.

¿Qué extrañas de Sara o por qué nos hace falta?

»Añoro sobre todo sus valores, además de su arte y su voz. Gente verdadera, como Sara, cada vez hace más falta.

LA NUEVA TROVA Y LA NUEVA TROVA[1]

Silvio Rodríguez

El Movimiento de la Nueva Trova (con mayúsculas) fue fundado por los participantes en el II Encuentro de Jóvenes Trovadores, que se celebró en la ciudad de Manzanillo, en diciembre de 1972. Por eso este año celebraremos el 40 aniversario de aquella agrupación, posible por la masividad que llegó a alcanzar la trova en nuestro país. Viendo la cantidad de muchachos con guitarras que surgía en todas partes, la Unión de Jóvenes Comunistas decidió apadrinar aquella suerte de comunidad que, si bien sus componentes eran guitarreros, también tuvo colaboración de poetas, escritores, artistas plásticos, periodistas, dirigentes, filósofos, directores de televisión y de cine.

Aquella explosión de trova juvenil no carecía de antecedentes. Uno de los más luminosos —para mí—, fue una canción que sonó mucho en la radio, a mediados de la década del 60. Su poética era un canto a la existencia (después supimos que también a Dios), marcada por los acentos de un género musical que por entonces parecía obsoleto: la guajira. Su autora era Teresita Fernández, una maestra de Santa Clara que Bola de Nieve había traído a la capital. La canción se llamaba *Cuando el sol* y, la vibrante voz de Luisa María Güell la convirtió en suceso.

Otra autora femenina, en este caso habanera, venía describiendo una órbita de gran singularidad: Marta Valdés, que antes del 59 había sido cantada por famosos intérpretes y después trascendió la intimidad del *feeling* con una de las canciones más importantes (y menos reconocidas) de la posrevolución: *Canción para otro mundo.*

---

1 http://www.segundacita.com: *La Nueva Trova y la nueva trova*, 29 de enero de 2012.

Por entonces algunos jóvenes autores coincidían en clubes nocturnos y tertulias privadas. Sus primeros quehaceres partían del movimiento del *feeling*, con armonías de vanguardia y letras de corte coloquial. Entre ellos se destacaban Luis Adolfo, Martin Rojas, Eduardo Ramos, Rey Montesinos, Pablo Milanés. Los dos últimos también compusieron guajiras memorables, aunque de ellas la más trascendente fue la de Pablo *Mis 22 años*, que marcó un hito, a pesar de ser poco divulgada.

Por aquellos tiempos Noel Nicola componía sus primeros temas en las tropas coheteriles antiaéreas; el estudiante de Física del Instituto Pedagógico, Vicente Feliú, se acercaba a la guitarra de su padre; Belinda Romeu hacía sus pinitos en 17 y C, fiel al signo musical de su familia. Yo cargaba con un saco de libros y una maltrecha guitarra por las unidades del Ejército de Occidente.

Una fuerte evidencia pública del surgimiento de una joven corriente en la canción (la nueva trova con minúsculas) ocurrió en septiembre de 1967, y fue el programa de televisión «Mientras tanto». Desde su lanzamiento empezaron a trazarse curiosos hilos comunicantes, porque entre los primeros invitados figuraba Teresita Fernández, a quien el Caimán Barbudo le había hecho un homenaje. Poco después de empezado Mientras Tanto, me estaba haciendo acompañar por *Sonorama 6*, grupo que dirigía Martín Rojas, y Eduardo Ramos integraba. Para colmo, una de las razones por las que aquel programa fue «sacado de circulación» fue mi promesa de presentar a Pablo Milanés y, mi posterior disculpa por no haberlo logrado, «por razones ajenas a nuestras voluntades».

Todo esto quiere decir que en 1967 ya nos conocíamos e interactuábamos los que, a principios del año siguiente, participaríamos en el concierto que marcó un antes y un después en la trova cubana. Me refiero al que ocurrió en Casa de las Américas, el 19 de febrero de 1968. Pablo, Noel y yo fuimos los anunciados. Pero aquella noche en el público estaban Martín, Eduardo, Belinda y Vicente y, algunos de ellos se sumaron al concierto y, lo completaron.

Por todo esto en 2012 se celebran dos fechas: los 40 años de la organización oficial, el Movimiento de la Nueva Trova (MNT), la Nueva Trova con mayúsculas. Y los 45 de aquellas otras fechas de los orígenes, cuando el futuro era incierto y varios trovadores con distinta madurez y procedencia empezamos a juntarnos, a simpatizar y a intercambiar canciones.

En aquel toma y daca generacional, yo tenía mucho que aprender y poco que aportar. Había hecho muchas canciones, pero pocas tenían la solidez musical de las de Eduardo, Martín, Montesinos o Pablo. Ellos, a pesar de ser casi tan jóvenes como yo, acumulaban ricas experiencias profesionales y habían estado en contacto con los mejores autores e intérpretes del país. Yo había pasado aquellos años, haciendo mi servicio militar, leyendo mucho en mis horas libres, pero sin la más mínima confrontación musical.

Yo empecé a crecer musicalmente cuando los conocí. Y aquí quiero dejarles, una vez más, mi gratitud.

1967 EN EL RECUERDO [2]

Silvio Rodríguez

Silvio en el programa Música y estrellas.

Hace 45 eneros comenzaba 1967. Un año muy esperado por decenas de miles de jóvenes cubanos. Sobre todo, por los que en esa fecha concluiríamos nuestro Servicio Militar Obligatorio (SMO), vigente desde 1964.

Éramos de las ciudades y los campos, los primeros muchachos llamados a filas en virtud de una ley que apelaba al sagrado deber de servir y defender la patria. Durante tres largos años habíamos vivido en campamentos, saliendo de permiso rara vez, entrenándonos en fuerzas de infantería, marina y aviación.

Aprendimos a familiarizarnos no solo con el armamento sino con la técnica de un ejército que por entonces disponía de notables recursos. Y aunque por la disposición y el nivel escolar

---

2 http://www.cubadebate.com: *1967 en el recuerdo de Silvio Rodríguez*, 6 de enero de 2012.

algunos fuimos aptos enseguida para misiones complejas, estaba escrito que durante todo nuestro tiempo en las Fuerzas Armadas Revolucionarias (FAR) no superaríamos la condición de reclutas. Para que se nos identificara como integrantes del SMO y no como soldados, debíamos llevar un brazalete. Fue cuando los soldados rasos recibieron el honroso título de «guardias viejos» y todo el mundo, hasta los civiles, nos reconocía como «reclutas» u «hombres de siete pesos», pues tal era el estipendio que, por ley, nos tocaba.

Pero sucedió que cuando llegaron los anhelados días de 1967, nos enteramos de que solo le darían de baja a quienes tuvieran trabajo garantizado en la vida civil. Aquella noticia desató el corre-corre en los que estábamos locos por dejar el verde obligatorio y llevar el pelo como nos diera la gana.

Yo, que ya tocaba la guitarra e incluso me preparaba para una grabación, fui a ver a mis viejos compañeros del semanario Mella, que ahora trabajaban en un periódico recién fundado, llamado *Juventud Rebelde.* Allí me reencontré con Virgilio Martínez, con el gordo Ayús, con el gallego Posada y hasta con Víctor Casaus, que ahora escribía en un tabloide que le decían el *Caimán Barbudo.*

Cuando les expliqué lo que me pasaba, me dijeron: «vamos a hablar con el director, que él te resuelve esa carta enseguida». Y así fue. El director se llamaba Félix, como mi abuelo y era un tipo de unos 30 años, al que le decían «el loco Sautié». Yo había llevado algunos dibujos para que los evaluaran, porque no le tenía mucha fe a la música y quería garantizar en lo que ya tenía experiencia: historietas, emplane y diseño gráfico. Por suerte, en mi tiempo en las FAR no me había estancado. Aun cuando hacía preparación combativa, también me solicitaban ayuda en el trabajo gráfico. Incluso, en el último año, había trabajado en dos importantes revistas militares. O sea, pude desmovilizarme gracias aquella carta que decía que en el departamento de dibujo de *Juventud Rebelde* me esperaba un puesto. Claro, que aún faltaba un requisito. Porque, para desmovilizarme, todavía debía trabajar en una zafra azucarera.

Uno de los centrales al que las FAR mandaban macheteros, era el Camilo Cienfuegos, antiguo Hersey, pegado a Santa Cruz del Norte. Para allá me mandaron en un tren. Pero no estuve muchos días en el corte. Enseguida se dieron cuenta de que promediaba poco y acabé en una báscula de cañas. Días después me enfermé de la garganta, que ya era mi padecimiento antes de volverme trovador, mi familia me fue a ver y me encontró emburujado en trapos sucios y temblando.

Varias veces he contado que me desmovilizaron un día y al día siguiente estaba debutando en un programa estelar de la Televisión Cubana. Lo vuelvo a mencionar, porque siempre me he sentido muy agradecido de aquellas personas que confiaron en mí, a pesar de hacer canciones con dos o tres acordes. Tomando en cuenta el nivel de ingenio y talento que por entonces hacía gala la canción cubana.

El primer responsable de aquel vertiginoso cambio en mi vida fue el extraordinario pianista y director musical Mario Romeu. El propuso presentarme en *Música y estrellas*. En segundo lugar, Manolo Rifat, que dirigía el programa y le hizo caso. En las semanas siguientes intervino también el escritor de aquel espacio, Orlando Quiroga.

Hay otras personas que inmediatamente tuvieron que ver mucho con mi continuidad en el medio televisivo, donde nunca me sentí muy cómodo, pero al que reconozco haber dado a conocer mi trabajo inicial. Hablo de Juan Vilar, de Marta Hernández, de Humberto García Espinosa y de Eduardo Moya. Juanito, Hubertico y Moya, además, tuvieron que cortar muchas cañas y abrir muchos huecos en el cordón de La Habana, cuando después me botaron de la televisión, hace ya más de cuatro décadas.

En 1989, *La Gaceta de Cuba* pidió a varias personas que escribieran sobre un año específico. Un año que recordaran especialmente. Yo escogí 1967 porque, desde que empezó, intuí que iba a ser fundamental para mí. Sonará raro, pero así lo escribí en los primeros días de enero de aquel año, en una agendita que usaba cuando trabajaba en la revista *Verde Olivo*. Por delirante que parezca, todo lo que narra esta tetralogía es cierto. Hasta la canción.

1967[3]

I

Al fin me dieron la baja. Tres años con tres meses de espera. Llegué a pensar que la demora era un castigo por las fugas, que se me iba a enredar la pita en alguna maraña de las mías. Me parece estar viviendo aquella noche en que llegué como a las 11 y encontré un chofer con casco y Aka-M en la puerta de la revista. Desde que lo vi supe que estaba en llamas: otro estado de alerta. ¿Cuántos son? Perdí el conteo hace milenios. Estamos en zafarrancho de combate desde que cumplí 12, y ya ando los 20. Ahora, para colmo, otra vergüenza más. Por eso evito el ascensor y agarro la escalera, para estirar la cosa, llegar arriba y sentarme a esperar a que termine el que está despachando con el jefe, para entonces escuchar la levedad temible de su voz diciendo: «Dile que entre». No hace falta ni mencionar mi nombre, todo el mundo sabe que me volvieron a coger fuera de base y que tengo arriba tremenda cabeza de caballo. Bonito fuera que ahora, a punto de cumplir, me manden para la bendita Unidad Militar en Apoyo a la Producción (UMAP), profecía que me vienen haciendo en todas las unidades.

Debiera saber mostrar cara de niño bueno, pero no sé cómo me lucen las caras que pongo y me da pena practicar con el espejo: parezco un comemierda. Ante el cristal solo ensayo semblante de duro, de furioso, de ácido; pero la gente, no más de verme, piensa que si me soplan puedo salir volando. ¿Qué le digo al teniente? ¿Qué estaba en la Biblioteca Nacional? Nananina, porque allí me buscaron mientras estaba tomando leche fría, en casa de mi madre. Eso no me lo cree ni Cristo. Más fácil es decir

[3] Tomado de http://www.cubadebate.com;_6 de enero de 2012. Texto publicado por Silvio Rodríguez en *La Gaceta de Cuba*, mayo de 1998.

que estaba con alguna niña, haciendo cochinadas por ahí. Eso siempre cae simpático, te ven machito y se despierta el factor solidario. Jodido estoy si suelto lo del litro de leche. ¿Quién ha visto a John Wayne tomando leche? Por eso me paro ante la puerta con su letrero lumínico de *lasciate omni speranza voi chi entrate*, sacando cuentas y revisándome los botones, cuando me acuerdo que me han mandado a pelar 70 veces y yo metiendo curvas, procurando que la baja no me sorprenda con el pelo al rape. Estoy requetejodido. De esta me pudro picando asesinas en un central.

Así y con cara de quién sabe qué, entro por fin al aire acondicionado y me pongo ligeramente en posición de firme —no del todo, porque en la revista no se usa eso y no quiero que el jefe piense que estoy bajando apendejamiento o guataquería— y espero calladito, hasta que se digne a sacar los ojos del papel seguramente importantísimo que lee, cuando en eso suena el teléfono afuera, en el buró del oficial de guardia, quien se asoma y dice que es para mí. El jefe, sin levantar la vista, me dice: «Usa ése», señalando uno de los tantos aparatos que tiene sobre la mesa. Lo tomo y es Zulema —Dios mío, la loca de Zulema a esta hora— que, automáticamente, como una victrola con una peseta, da rienda suelta a su rutina de que cuándo nos vamos a ver, que está acabadita de bañar y con toda la piel cubierta de goticas de agua —hace tanto calor—, que quién tuviera una lengüita secadora y que mira, ahora mismo se va a pasar el teléfono por donde yo sé, para que escuche crujir lo que yo sé y yo más blanco que la hoja importantísima que el jefe está leyendo, hasta que éste alza la mirada y me dice: «Y a ti ¿qué te pasa?». Entonces me desprende el teléfono de la mano —que hace una involuntaria resistencia— se lo pone al oído, frunce el ceño y mientras cuelga murmura algo sobre la puñetera estática en las comunicaciones. Acto seguido me suelta la perorata de rigor, de la cual lo único que escucho son las últimas palabras, que me sé de memoria: «... hasta que yo me acuerde» y salgo de allí más muerto que vivo, sin saber qué decir a los socios que preguntan cuál fue la sentencia, ni dónde coño estaré cuando el jefe se digne a recordarme.

Y esa madrugada, lógicamente, me clavan la guardia más sabrosa, la de 3 a 6 —mal rayo los parta— que, por supuesto, aprovecho para practicar un acorde nuevo que suena rarísimo, pero con tremendo *swing*.

II

¿Dónde está el Che? Yo aquí, comiendo mierda en la Televisión Cubana, en medio de gente de otra onda (y algunas buenas hembras) y el Che quién sabe dónde jugándosela por uno, por América Latina, el tercer mundo, el universo y hasta por esta gente y sus culitos de transición. Dicen que a Iris la cogieron presa con un grupo, yéndose en un bote y que cuando en Villa Marista la interrogaron dijo que iban a hacerse guerrilleros. Partían por la costa sur. Capaz que hubieran llegado a Isla de Pinos y les hubieran caído a tiros. Yo sabía que a alguien se le iba a ocurrir meterle mano a esa idea, porque si no estás en el circuito de la confianza estás jodido. Hay gente que se cree dueña hasta del derecho a ser solidario, creen tener la llavecita que abre el portón de la insurgencia universal. Carné para los sentimientos. Está bien, ellos hicieron la Revolución, pero ¿y qué?, ¿más nadie puede? Claro, a mí me tocó la generación de los pelúos, la que no se pone las bataholas esas de los años 50 y eso despierta suspicacias. ¿Y por qué coño uno no puede ser guerrillero y ser moderno? Uno puede ser zurdo y de Matanzas, como dice Piniella. Pero los sabrosones con salvoconducto para conspirar andan con camisas McGregor, tienen un Rolex Oister y ruedan Vedoblevés con chapas estatales. Son los misteriosos, que siempre miran como si te supieran algo. Porque uno es un conflictivo, uno es un desviado intelectual, uno come helados en Coppelia hasta las tres de la mañana, cosa muy sospechosa, muy extraña y digna de investigación; uno hace canciones raras, surrealistas, movimiento de la decadencia occidental; a uno le gusta la música beat y ojo con la batería extranjerizante, imperial y sajona, ojo con esas extravagantes notas musicales. Luego te enteras de que el que te hace la vida un yogur, tiene la colección completa de los Beatles, además de tronco de equipo estereofónico.

En la televisión te bautizan con el signo de Caín, porque no te da la gana de coger la ropa esa, de la tienda especial para artistas, con la que debes salir en la pantalla para lucir correctamente burguesito. Abrase visto. ¿Para salir a la calle y parecer marciano? Todo el mundo con una camisita de apéame uno y tú con un saco de lamé. Combatientes de harapos y greñas de gloria que pretenden vestirte como el poder que derribaron. Qué bonito, qué poco sospechoso, qué natural, qué armónico. Ya sé que Lenin definió la cosa en el congreso de Proletcult: convivir con lo válido del pasado, el viejo Tolstoi y eso, pero el otro León no hubiera transado con esa jiña de cuello, corbata y lentejuelas.

¿Qué diría el argentino de estas cosas? ¿Dónde estará metido, con la falta que hace? Es cierto que el mundo está de madre, pero esto también. Por eso yo pensaba que había que morder el cordobán aquí en el patio y no entendía lo del internacionalismo. Fue suerte no ser militante cuando aquella vez, en mi unidad, pasaron la planilla de disposición. Pero desde entonces transcurrieron tres años. Ahora lo entiendo demasiado y si los misteriosos acapararon el derecho a irse, que se jeringuen y me aguanten aquí, porque esta jodida existencia se juega al duro o no se juega. Lo otro es ilusión y abalorios, máscaras, pura mierda.

III

No puedo parar de hacer canciones, no sé cómo decir lo que veo, lo que siento. Siempre quisiera más, que lo que logro. ¿Seré malo? ¿Seré ambicioso? ¿Le habrá pasado esto a Prometeo? Vietnam no me cabe en una canción, ni la burocracia, ni el oportunismo, ni los ojos azules de Tu Beso, aguados en la semipenumbra del hotel Rex (Tiranosaurio Rex, toda la vida, como dice Alomá). Las calles no me caben en una canción, ni los perros nocturnos, ni este borracho envuelto en vómitos, que ronca a mi lado mientras espero la confronta. Hay hormigas circunvalando mis botas rusas. Son una hilera larga y llevan una cucarachita boca arriba, como para un entierro. Qué silencio pesado el de esta hora y qué ruido de tripas. Aquí llega el aroma de la panadería, pero no puedo aparecerme por tercera vez en esta semana, diciendo que solo tengo el medio de la guagua. Descaro never. Al fin y al cabo, solo soy otro insomne en la ciudad, defenestrado por la jeva: La Catedrática no soporta que acostado y en plena madrugada, agarre la otra mujer y me la ponga encima. A esta hora Coppelia ya está en surna, y Alí Lafuán y El Tránsfuga deben haber llegado a la Casbah. No tengo más remedio que irme solo hasta casa de Argelia, despertar a María para quitarle el colchón del boxspring y arrastrarlo hasta la sala, para luego colarme en el baño a tocar bajito la procesión de hormigas que se me acaba de ocurrir, tratando siempre de no acostarme demasiado tarde, porque mi madre necesita temprano la sala de peinar y poner tintes. Dos mil y pico de pelos han tumbado los vietnamitas. Si cada avión cuesta mil millones, ¿cuánto dinero en armas se gasta en yankilandia? ¿Qué se podría hacer con tanto? Industrializar el país, llenarlo de carreteras, museos, teatros y comprar brujón-pila-montón-puñao de libros de ediciones Aguilar. Más comida y más transporte, el famoso metro, cero libretas. Se podrían traer instrumentos y yo a lo mejor hasta me empato con una guitarra eléctrica. Caca, excreta, miasma, mierdísima es lo que tengo en el moropo: estoy penetrado. Pero qué bestial que el mundo en vez de bombas hiciera música. «Haz el amor, no la guerra», como decían aquellos chamas yankis que fueron a «Mientras tanto», flower power. Gente del country de los ácidos luciferinos que hacen pintar mujeres-soles al pintor de las mujeres-soles. SRD es como LSD, o sea vuelo, cosmos, Buck Rogers, cómics, revista Mella, crisis de octubre —allá va eso—: tercera guerra mundial. Dondequiera aparece una bomba atómica y yo necesitando un pan con guayaba. ¿Por qué me decido? ¿Me quedo en La Habana o voy al (ratatá-ritití) Primer Festival de la Canción Popular de Varadero? (cantar por cantar, ese es Zu-le-maaa, su re-li-gioooón, ¡pingón!). Me invitó Odilio Urfé, que es buena gente, pero tendría que trabajar en la oscura gruta del Kawama y para lo único que sirven los clubes es para apretar —gente curdando, metiendo muela y metiendo mano—. ¿El Che cantaría en un club? El Che está muerto, mulato, no jodas, calla por pudor, como diría Julio Antonio, el bacán de la enfermísima Tina Modotti. Voy al festival, qué carajo y vengo los domingos a hacer el Mientras Agonizo, si es que no lo acaban de suspender. Y allí canto con Marta Valdés y Teresita, conozco a Cotán, a *So-*

norama 6, aprendo a tomar Carta Oro, me arrebato, hago un intercambio de dedos bajo la mesa con una lesbiana famosa y preciosa, y al día siguiente le constato un ojo ponchado por Billy the Kid, su apetitoso compromiso. Allí veo un ovni en un amanecer. Allí escribo «Esta canción», el día que cumplo veintiuno. Y allí, por último, Luis Taboada, recuerdo que esta mismísima noche de vacilación y degenere, sin perol y aún con menos de masticar, arrojado a la intemperie por una ninfómana celosa (allá ellas), opto por el pan caliente que me hace llegar «herido de sombras» hasta la puerta de mi madre, introducir un fósforo en vez de la llave e ir en cámara lenta hasta mi hermana, que sueña con huir de la casa, despertarla la pobre y cargar el colchón, para por fin correr al baño y encerrarme irremediablemente solitario, a jugarme la vida con

IV

LOS FUNERALES DEL INSECTO

Hace un rato, solo, he visto
a un insecto agonizar.
Y he pensado:
no hay remedio,
nadie va a su funeral.

El insecto agonizaba.
Yo empezaba a canturrear
la canción más solitaria
que haya escrito sin llorar,
pues me puse a comparar:
¿Qué hará la tierra con los huesos
del que muere sin regreso,
en virtud de su ambición?
Sus funerales sin amigos,
sus adioses sin testigos,
sus domingos sin amor
serán como el del insecto aquel,
muriendo solo, sin después.
Morir así es no vivir,

morir así es desaparecer.
La pobre gente que dispone
de la vida por oscuros corredores
¿qué se hará?
Y los que venden la palabra,
los que ríen, los que no hablan,
¿quiénes los despedirán?
Serán como el insecto aquel,
muriendo solo, sin después.
Morir así es no vivir.
Morir así es desaparecer
... totalmente.

UNA TROPA SIN IGUAL

GRUPO DE EXPERIMENTACIÓN SONORA DEL ICAIC

No hay creación donde hay moldes estrechos.

Alfredo Guevara

Leo Brouwer, Silvio Rodríguez, Alfredo Guevara y Nelson Domínguez.

Sara González formó parte de esta tropa sin igual, desde allí se catapultó como novel figura de la música cubana. A partir de aquí, nos aproximaremos a los primeros miembros del Grupo de Experimentación Sonora del ICAIC (GESI).

Aunque Sara entra al grupo casi dos años después de creado, permaneció entre ellos aproximadamente hasta el final; para entonces era su única intérprete femenina. Sobre la sabiduría adquirida en este fenómeno cultural, afirmó: «la estancia en el grupo me enseñó a trabajar en colectivo».

»Además, Leo nos entrenó dilucidando problemas conceptuales y llevándonos a enfrentar la creación a partir de un criterio definido. En las clases, analizábamos desde lo más popular hasta lo más complicado. Y no había convencionalismos. Leo llegaba y nos resumía los aspectos básicos de la armonía tradicional en diez minutos. En verdad, esa etapa de aprendizaje constituyó casi un privilegio como artista, porque no coinciden siempre el apoyo de una institución, un maestro semejante y compañeros como aquellos, rememoró la intérprete.

Sobre ella, comentó Leo Brouwer: «Un día se apareció Silvio con una muchachita, delgadita, rubita y nos dijo: ella es Sara González y yo quiero que ustedes la escuchen y… ¡se acabó el mundo!»; más adelante agregó que Sara tenía «una de las voces más admirables de la historia del canto, una voz privilegiada».

Después de la rosa y la espina

Justo a fines de julio e inicios de agosto de 1967, la Casa de las Américas realizó varios conciertos de «La rosa y la espina», en este evento participaron alrededor de 50 cantores, de 18 países, interpretando su música en diferentes idiomas; sería esta la época de mayor auge de la Canción Protesta para Latinoamérica. Las décadas de 1960, 1970 y 1980 son las de más esplendor para este tipo de música. De esta cita se produce un álbum doble, con 27 canciones.

También quedó aquel afiche de Alfredo Rostgaard —dibujante publicitario, pintor, diseñador gráfico y profesor— que proyectó para siempre el buen nombre de la cartelística cubana. Cierto aire ingenuo le confiere a esta obra una gran vida. Alfredo Rostgaard, su autor nacido en Guantánamo en 1943 y fallecido en La Habana en el 2004, fue muy exitoso en todos los géneros de la gráfica, aunque con este cartel de «La rosa y la espina», logra el concepto y el símbolo de una idea poética de notable fuerza.

El póster del Primer Encuentro Internacional de la Canción Protesta «La rosa y la espina», manifestaba poéticamente esta corriente musical, así como su aspecto doliente y de confrontación, «el festival, como también se le llamó, se alzaba como vía de exteriorización y compendio de los dilemas políticos y sociales de los pueblos oprimidos».

La composición de Violeta Parra, *Que vivan los estudiantes*, fue interpretada por su hijo Ángel, en el encuentro de 1967 en La Habana. A partir de ahí, la peña de Los Parra —los hijos de la chilena, Ángel e Isabel— perpetúa el símbolo con la canción comprometida.

Violeta Parra, fue uno de los grandes iconos de la música popular chilena; se suicidó a principios de 1967. Ella, Víctor Jara, Rolando Alarcón y Patricio Manss, marcaron una impronta en la lírica y el uso de instrumentos indígenas latinoamericanos, así como con el contenido político y de justicia social en sus canciones.

A propósito, el New Cork. Mc Graw-Hill Books, editó en 1970 el primer libro sobre el cartel cubano en español, inglés y alemán. Salió con el título *The Art Revolución,* del autor Dugald Stermer y la introducción de Susan Sontag. En su portada, estuvo la ilustración del cartel de Rostgaard, para el Festival de la Canción Protesta.

En esta cita, hubo discusión artística y política acerca de la función social de la Canción Protesta y las presentaciones musicales fueron su «plato fuerte». En temas discursivos, algunos artistas no se sentían totalmente identificados con el término. «Se nos etiquetó como *protesteros*», dijo Silvio. «En verdad, en ese momento nuestras canciones consideradas de «protesta» se movían más o menos en las temáticas reconocidas: la guerra de Vietnam, la discriminación racial y el antimperialismo». Así mismo consideró «chato» el término, porque ellos sentían un fuerte compromiso con toda la trova, con la libertad de la poesía y la belleza. Les parecía que esa aspiración no tenía límites y estaba mucho más allá de una frase.

A 50 años de la canción hecha rosa y espina: el Primer Festival de la Canción Protesta, también el aniversario del Movimiento de la Nueva Trova, la Casa disquera más antigua de Cuba, Egrem celebró su cumpleaños 58 en la Casa de las Américas.

Allí presentó en formato de *pendrive*, la colección *La Nueva Trova y más. 50 años*; con canciones de Sara González, Silvio Rodríguez, Pablo Milanés, Noel Nicola, Amaury Pérez, Augusto Blanca, los hermanos Vicente y Santiago Feliú, Buena Fe y Raúl Torres. La compilación estuvo a cargo de Enrique Carballea y Fidel Díaz Castro.

La vigencia de este hecho, no permite pasar por alto el antimperialismo que, en los años sesenta del siglo XX, tuvo importantes componentes culturales. El Primer Encuentro de la Canción Protesta, marcó pauta en el compromiso político desde la creación artística, en el marco de la guerra fría y fue un parteaguas para conformar la solidaridad entre los jóvenes músicos presentes o no.

Daniel Viglietti, quien vivió la experiencia, se convirtió en uno de los más importantes exponentes del canto popular uruguayo, al referirse al festival expresó: «vivíamos aislados. Nos éramos desconocidos, aunque nuestras voces, desde hace tiempo moldeaban un mismo rostro de lucha y rebeldía». En el encuentro cantó una de sus composiciones más populares, *Canción para mi América,* que dio título a su siguiente disco:

América está esperando
Y el siglo se vuelve azul
Pampas, ríos y montañas
Liberan su propia luz
La copla no tiene dueños
Patrones no más mandar
La guitarra americana
Peleando aprendió a cantar.

En rememoración, se reconoce que, en aquel momento, querían hacer algo para celebrar la fundación de la Organización Latinoamericana de Solidaridad (OLAS) y surge este homenaje de la Canción Protesta, como alternativa para embestir la Guerra Fría.

Al respecto, la destacada documentalista norteamericana Estela Bravo, comentó lo siguiente: «es necesario seguirle cantando a la lucha, hoy en la América Latina». La cineasta residente en Cuba, tuvo mucho que ver con el curso de este evento:

»Fue un momento muy especial en nuestra vida y, todo empezó de una manera espontánea, pero de gran importancia en nuestra trayectoria. Llegamos a Cuba en el año 1963 y, por ese entonces, tenía un programa que se llamaba: *Canciones de los pueblos.* Yo coleccionaba música folclórica y música de contenido cuando vivía en la Argentina y todavía conservo muchos discos y cintas de aquel tiempo.

»En aquel momento Olga —Andreu— la directora de la biblioteca de la Casa de las Américas, me pidió que diera una charla, sobre la canción protesta en los Estados Unidos. Yo era amiga de Pete Seeger, conocía a Joan Baez, a Bob Dylan.

»Ese fue mi primer contacto con la Casa de las Américas. Luego recibí una carta para entregarle a Haydeé Santamaría y ella sabía que yo había dado aquella charla en la biblioteca. Me miró y me dijo «tengo una idea». Ella era así, se le ocurrían cosas inesperadas.

»Y así fue como comenzó el encuentro con la canción protesta, comentó la reconocida cineasta, que ella conocía a Ángel e Isabel Parra, cantautora, intérprete y folclorista chilena y a mucha gente más del devenir de sus viajes, por lo que hicieron una lista con direcciones y el director de orquesta, compositor, pianista y profesor, Harold Gramatges Leyte-Vidal, les mandó la invitación.

»Habían transcurrido dos años de la invasión de Estados Unidos contra el noble pueblo de Vietnam «y apoyar a ese país fue la lucha principal». «Entonces por qué no invitar gente de Vietnam. Y así fue creciendo», precisó Estela Bravo. «Recuerdo que el maestro decía 'yo no sé de esto, yo sé de música clásica', era otro mundo para él. Se invitó gente de todas partes del mundo. Pocas veces ha ocurrido un encuentro donde ha habido gente de Asia.

»Ese fue el Encuentro de la Canción Protesta. Se formaron lazos muy especiales de todo el mundo con Cuba. En agosto del 1968, le escribí una carta a Haydeé resumiendo el encuentro y le puse que este movimiento se hizo sentir en el país, que constantemente los jóvenes llegaban a la Casa de las Américas, cantando canciones de contenido social. Hay que apoyar ese movimiento.

Estela elogia el apoyo de su esposo Ernesto Bravo, de Roberto Fernández Retamar y también Mario Benedetti. «El padre de Amaury Pérez, que era director de televisión, nos ayudó muchísimo e hicimos todos los meses un encuentro con la Canción Protesta, siempre con un tema específico en el programa. Aquí cantó Silvio: *Fusil contra fusil*, por primera vez».

»María Rosa Almendros, que apoyó mucho ese movimiento nuestro y estaba cantando una canción muy linda, nos dijo que era de un muchacho que se llamaba Pablo Milanés y nos sugirió que nos pusiéramos en contacto con él. En aquel entonces María Rosa, Silvia Gil y Chiqui Salsamendi, eran de un grupo de mujeres muy solidarias con todo; ellas averiguaron dónde vivía Pablo.

»A partir de ahí, yo firmaba cartas para que lo dejaran salir, porque él estaba en ese momento en el ejército. Cuando él vino por primera vez al Centro de la Canción Protesta, le comenté sobre el encuentro y le pregunté si no tenía nada hecho de contenido social, sobre las cosas que pasan en el mundo y me dijo: sí, yo hice una canción.

»Le di la guitarra que estaba firmada por todos los que habían venido al encuentro y cantó 'Yo vi la sangre de un niño brotar, vi un niño llorar por su suerte y me pregunto ¿por qué tanta muerte?, Tanto dolor, tanto *napalm*, pues vi la sangre de un niño brotar...' sobre un niño de Vietnam. Llamé a Santiago Álvarez enseguida, le dije 'tengo algo para tu noticiero', llamé a Melba Hernández y también le mandamos la canción. Él había escrito esa canción para el encuentro, eso que pasó aquí les tocó a ellos también, además, de que era un tema sensible en el mundo: la lucha de Vietnam.

Estela Bravo explica en la carta que le hizo a Haydeé Santamaría: «hay que apoyar este movimiento. Cuba está creciendo constantemente y nos están pidiendo mandar cantantes a los actos y nos están pidiendo cantar cosas de contenido. Hay jóvenes que han hecho canciones que vale la pena divulgar y hay que averiguar cómo apoyar a ese movimiento de jóvenes».

Allí quedó definida la revista *Canción Protesta*, único boletín publicado por el Centro de la Canción Protesta de la Casa de las Américas en 1968. Su edición facsimilar fue publicada en boletín Música, no. 45, enero-abril, 2017.

«Trabajadores de la Canción de Protesta», quizá esa fue la definición básica, la confrontación con la música mercantilizada, desde el rescate de la música popular y fungió como una de las consignas centrales. En cierta medida, esta característica fue aglutinante de las expresiones musicales, que adquirían así su carácter antimperialista, al estar fuera del circuito industrial de la música y en contra de la cultura de consumo promovida por el imperialismo cultural, como señala en su artículo, el máster en Historia, Juan Alberto Salazar Rebolledo, de la Universidad Nacional Autónoma de México.

La resolución final del Encuentro de la Canción Protesta, 1967, lo refleja: «los trabajadores de la Canción de Protesta deben tener conciencia de que la canción, por su particular naturaleza, posee un enorme poder de comunicación con las masas, en tanto, rompe las barreras que, como el analfabetismo, dificultan el diálogo del artista con el pueblo del cual forman parte. En consecuencia, la canción debe ser un arma al servicio de los pueblos y no un producto de consumo utilizado por el capitalismo para enajenarlos».

Concierto de la canción revolucionaria y de protesta Casa de las Américas, 1968.

Concierto en Casa de las Américas, 19 de febrero de 1968. Son invitados a cantar por primera vez Noel Nicola, Pablo Milanés y Silvio Rodríguez.

En febrero de 1968, por primera vez son invitados a este concierto los que derivarían en figuras icónicas de la Nueva Trova cubana: Noel Nicola, de 21 años, Silvio Rodríguez de 22 años, Pablo Milanés, con 25 años.

El más joven definió su compromiso muy tempranamente, como sus compañeros, con este movimiento: «a través de una profunda revalorización de nuestras tradiciones, de nuestro acercamiento desprejuiciado y crítico a los valores más genuinos de nuestro acervo cultural, es como podremos desarrollar un arte verdaderamente revolucionario».

En el disco dedicado a la obra de estos jóvenes cantautores cubanos, editado por el centro de la Canción Protesta, Casa de las Américas, aún se le nombraba «canción revolucionaria y de protesta antimperialista en Cuba». Cuentan que ese día el repertorio preparado fue insuficiente, porque el concierto se extendió durante horas. Los asistentes continuaban pidiendo canciones, entonces Silvio invitó a tres jóvenes trovadores desconocidos para la mayoría: Eduardo Ramos, Martín Rojas y Vicente Feliú.

«No recuerdo exactamente cómo llegué a Casa de las Américas ese día. Supuestamente se trataba de un concierto de canciones políticas, porque meses antes se había realizado en ese mismo lugar, el Primer Encuentro Internacional de la Canción Protesta, en donde participaron cantadores de todas partes del mundo y el único cubano invitado había sido Carlos Puebla», recordó Vicente Feliú.

»Este concierto —de Silvio, Pablo y Noel, señala Vicente— sería, el primero de lo que después se convirtió en el núcleo de la Nueva Trova, no fue hasta cuatro años después que el movimiento se asentó como organización.

«Allí —en Casa de las Américas— tuvimos lo que necesitaba un joven: comprensión y respeto, sentirse atendido y apoyado». Y continuó Silvio Rodríguez; era un escenario de proyección del cual supo darse cuenta Haydeé Santamaría y un hogar de acogida para los jóvenes creadores, muchos de los cuales, consecutivamente integrarían el GESI.

El Grupo de Experimentación Sonora del ICAIC, creado en 1969, reunió algunos de los rebeldes de la época. Según Silvio Rodríguez, «Haydée sabía que Casa de las Américas no tenía la estructura para sostener un grupo musical. Junto a esto estaba su percepción sobre el movimiento de la canción y de cuán lejos podría llegar, por eso, preocupada por no poder hacer más, le propuso a Alfredo —Guevara— que acogiera la creación del GESI dentro del ICAIC. Yo era un trovador solitario y ahí por vez primera comencé a compartir la música».

»Yo pienso que entre 1971 y 1972 el grupo fue, sin lugar a dudas —refiere Silvio— la vanguardia de la música popular cubana desde todo punto de vista. Por sus arreglos, por su concepto de concebir el trabajo como un problema sonoro, para alcanzar el sello propio. Antes que ningún otro, fue el primero en trabajar la línea de la música cubana con la tímbrica moderna, con un sonido diferente comprometido con Cuba y Latinoamérica.

»Un montón de quilos dentro de un pañuelo para sonarlos en las grabaciones y el bajo que usaba Eduardo tenía las cuerdas de alambre de teléfono. Esos éxitos nacionales: *Cuba va*, *Canción de la columna juvenil del centenario*, todo eso se grabó con ese bajo [...] aquello representó una verdadera escuela. Ciertamente Leo nos enseñó mucho, contó Silvio hace más de una década.

»Fui un afortunado, me tocó estar dentro de un grupo de músicos excepcionales, con maestros excepcionales como Leo, Alfredo Guevara, Haydée Santamaría, entre otros. Y me siento tributario de esas excepcionalidades, beneficiario absoluto de ese compendio de maravillas, destacó Silvio en el homenaje al GESI, realizado por el festival Jazz Plaza del 2020.

El proyecto fue concebido por Alfredo Guevara y Haydée Santamaría, el presidente del ICAIC y la directora de Casa de las Américas. Sobre ella, el maestro Brouwer recordó: «Quizás muchos, muchísimos, no sepan que el alma que hace posible esta reunión de talentos, fue Haydée Santamaría».

«El otro lugar que había en La Habana en aquel momento, salvo la Casa de las Américas y el ICAIC, por supuesto, era Teatro Estudio. Si hubo una tercera persona que de verdad se preocupó por la trova, fue Raquel Revuelta y no solo por los trovadores, sino por toda una serie de gentes con inquietudes», afirmó Pablo Milanés.

Para conocer su génesis, el «supercorchea» como le decían los muchachos a Leo Brouwer, bajo cuya conducción musical estuvo el proyecto, relató que el GESI reunió a músicos, autores e intérpretes de composiciones, que acompañaron con éxito la proyección audiovisual de la industria cubana de cine.

Con apenas 21 años, Leo Brouwer fue el primer director del Departamento de Música del ICAIC y fue importante su trabajo para establecer la estrecha relación que se produjo entre cineastas y eminentes músicos cubanos, durante y, después, de su etapa en este departamento, desde 1960 hasta fines de 1962.

Al encaminar al GESI, Brouwer contaba alrededor de 30 años, en plenitud de oficio y aptitud creativa: «la obra que realizamos en ese período fue trascendental, se hizo poesía musical de la más alta calidad y eso se reflejó en la gran aceptación que tuvimos hasta mucho antes de comenzar a promocionar nuestra música en los medios».

La iniciativa incluyó a Silvio Rodríguez, Pablo Milanés, Noel Nicola, Eduardo Ramos, Emiliano Salvador, Sara González, Sergio Vitier, Pablo Menéndez, Leonardo Acosta, Norberto Carillo, Genaro García Caturla, Leoginaldo Pimentel, Carlos Averoff y Norberto Carillo, entre otros talentos.

En diferentes grabaciones participaron los oboístas Ana Besa y Amado del Rosario, el baterista Ignacio Berroa; los tecladistas Alfredo Pérez, Raúl Ondina y Jorge Aragón. Igualmente, Manuel Valera, saxofonista, los trombonistas Lázaro Cruz y Jorge Varona.

Asimismo, unos veinte músicos estuvieron por breve tiempo en sustitución de quienes salían, como Manuel Valera, que estuvo por poco tiempo. Amaury Pérez, quien trabajaba en el ICAIC, asistía a las clases como oyente, como también lo hizo Lucas de la Guardia. Los maestros Federico Smith y Juan Elósegui, junto a Leo Brouwer, contribuyeron a la formación de los músicos.

Fue en ese momento, que se reunieron jóvenes de «extraordinario talento, que se encontraban aislados», insistió Leo Brouwer, hoy reconocido como una de las personalidades cubanas, más influyentes de la música en el siglo XX. Compositor en el ámbito de la música académica, director orquestal, célebre guitarrista y pedagogo.

«Leo, como gran autodidacta, logró resolver todo el aspecto escolástico de la enseñanza, de una forma individual. Él tuvo que desentrañar, que buscar atrás, de manera que le permitiera llegar más rápido al objetivo y conocimiento fundamental y yo creo que eso nos lo trasmitió a nosotros [...] Así nos dio todo. Él solucionó esos problemas para él y luego nos los enseñó», comentó el músico Eduardo Ramos.

EL ICAIC NO SOLO ERA CINE

«Yo recuerdo cuando te grabé en el noveno piso, aquella tarde de septiembre del 68 porque Alfredo quería oír tus canciones… y me quedé loco con aquello… eran cinco o seis canciones, entre ellas, *Viven muy felices* y al otro día todos los técnicos y los otros grabadores, me pedían que les pusiera una y otra vez todas aquellas canciones, con aquellas letras que nos ponían a funcionar el «coco».

Dijo el Premio Nacional de Cine, Jerónimo Labrada al cantautor cubano Silvio Rodríguez, el día en que reunieron a varios miembros del Grupo de Experimentación Sonora del ICAIC, para celebrar en 2019 su cumpleaños cincuenta: «fue un privilegio llegar de un pueblecito remoto del Oriente y sumarme, sin tener mucha experiencia, a este marasmo que fue la época de experimentación sonora. Fue un gran proyecto cultural, cuyo éxito aún resuena. Todavía se escuchan esas canciones, esos instrumentales fabulosos». Los músicos del GESI mantuvieron contacto con los sonidistas, particularmente con Jerónimo, quienes los acercaron y adiestraron en la técnica electrónica de los estudios de grabación.

El musicólogo Roberto Valera, puntualizó que, en el ICAIC por esos tiempos, no solo se hacía cine: «la institución formaba a cada uno de los que estaban ahí y gracias a su política en contra del dogmatismo y la rigidez cultural, se llegó a crear una agrupación de ese elevado nivel».

Tres generaciones de trovadores e intérpretes han bebido de esa esencia e igualmente miles de personas de Cuba y el mundo, crecieron escuchando sus canciones imperecederas, con influencia en la apreciación estética y el pensamiento.

Por ello puede afirmarse que, definitivamente, el GESI enriqueció el universo musical cubano. Al respecto Pablo Menéndez, nacido en Estados Unidos de Norteamérica e hijo de la artista del folclor, el blues y la Canción Protesta, Bárbara Dane y fundador del grupo *Mezcla*, describió la dedicación de aquellos jóvenes músicos para componer melodías y temas de alta calidad estética, que enaltecieron el ámbito cultural cubano.

Es importante conocer que, sin el amparo del Instituto Cubano del Arte e Industria Cinematográficos, surgido el 24 de marzo de 1959, no hubiera sido posible la prodigiosa filmografía y la obra documental cubana.

Alfredo Guevara

Destacamos especialmente la década de 1960 a 1970 y, consecutivamente, la fundación del GESI, así como la influencia ejercida por Alfredo Guevara, su figura cimera. Un hombre que luchó y sobrevivió la etapa de la clandestinidad, la persecución y la cárcel, como líder estudiantil y opositor a Fulgencio Batista.Al triunfar la Revolución Cubana, Alfredo eligió a la cultura como arma de combate y se convirtió en un lúcido intelectual. «Una revolución es una conmoción tan grande, es un proceso de destrucción y fundación y transformación de valores tan profundos que no puede, sino salvar —en el marco de una generación, o en el marco de un grupo de generaciones entrelazadas—, no puede sino salvar y destruir vidas, salvar y destruir corrientes y puede que un largo período sea, incluso, difícil fundar».

Alfredo Guevara junto a Silvio en un recital.

Llegó a hacerse doctor en Filosofía y Letras y además se desempeñó como Embajador de Cuba en la UNESCO. Fundador del ICAIC y posteriormente, presidente del Festival del Nuevo Cine Latinoamericano de La Habana. «No hay creación donde hay moldes estrechos», advirtió Guevara.

Fue él quien sentó las bases para la concepción de la cultura y el arte, al tiempo de redactar la Ley 169, que fundamentó la creación del ICAIC. Aun así, sentenció: «No existe ni instituto de cine, ni de artes plásticas, ni de música, ni de nada, no existe ninguna institución estatal que pueda sustituir la presencia y la actividad de los artistas».

Cuando Alfredo Guevara fue entrevistado por José Padrón, para el Noticiero ICAIC, no. 1428, expresó sobre aquel acontecimiento: «la creación del Grupo de Experimentación Sonora, fue un trabajo para convertir reveses en victorias, porque evitábamos confrontaciones y era dar un ejemplo, de cómo se podía actualizar con pocos recursos —y desde luego, si llegaban los muchos también—, cómo se podía hacer una búsqueda, que permitiera que el sonido musical en Cuba alcanzara el nivel que internacionalmente tenía. Por supuesto, esto no era en ningún momento, rechazo de lo que pudiera ser un conjunto musical tradicional, no se trataba de olvidar, ni se trataba tampoco de superar, sino de enriquecer. Y esto no lo podía hacer el que habla, eso lo pudimos hacer, porque contábamos con alguien del talento, de la cultura integral y musical de Leo Brouwer».

El GESI per se

«Éramos creadores aislados, que aprendimos a trabajar en conjunto. Para esto tuvimos que hacer una carrera en tres años, que normalmente se concreta en 14. Nos separamos, porque cada uno de nosotros éramos individuales», comentó Leo Brouwer. El grupo trabajó en pos de un objetivo común: la realización de música para el cine y como «arte música *per se*» (Brouwer, 1970).

El GESI fue parte del imaginario social de la revolución cubana; una realidad expresada dentro de lo experimental, la búsqueda, el diálogo musical y el trabajo colectivo, categorías para entender la manera en que trasmitieron su discurso musical.

Silvio Rodríguez se refiere al trabajo de equipo en el proyecto, en el cual fue fundamental Leo Brouwer, para integrar las tendencias que eran debatidas en ese «espacio formativo».

Al respecto, rememora el maestro Brouwer: «vamos a poner en práctica todo lo que hemos aprendido y especulado». Evidente en la obra *Granma,* con más de veinte minutos de duración. Esta compleja y rigurosa labor colectiva, pone en práctica todos los tipos de variantes posibles, «desde la música electrónica, dos o tres temas cantados, que eran necesarios, porque había que cantar versos». Se refería al sexto y último disco del grupo, que editó la EGREM en la década de 1970.

«En fin, era colectivo cuando nos reuníamos a trabajar entre nosotros experimentalmente, a recibir las informaciones o las clases que yo daba y a poner en práctica ejercicios de composición y a analizarlos a cantarlos y a tocarlos. Ahora bien ¿crear colectivamente, al mismo tiempo? Esta es una tesis que es muy difícil, no ya solo en Cuba sino en el mundo, salvo los Beatles que sí lo hicieron». (Rodríguez *Apud.* Hernández, 2000: 124-125).

A propósito, el cantautor Noel Nicola, dice en entrevista a Guillermo Villar acerca del tema musical *Cuba va*: «fue una pieza solicitada al grupo, por el cineasta inglés Félix Green, como tema para un documental del mismo nombre».

«Silvio, Pablo y yo —dice Noel— nos pusimos de acuerdo en la casa de Sergio Vitier en una tonalidad, en un ritmo *beat* cubano y en hacer cada uno de nosotros una estrofa además de un posible estribillo. A los tres días ya estaba hecha la canción. La estrofa de Pablo tenía más bien carácter de introducción, la mía de cuerpo central y la de Silvio conclusiva». (Nicola *Apud.* Vilar, 1989: 15).

»Escogimos tres bloques, con su correspondiente estribillo. El estribillo que varió fue el de Silvio, por lo tanto, ese estribillo lo decidí poner al final, entonces intercambié todos los textos y las transiciones serían más rockeras. Porque quisimos hacer una obra más cerca del rock que de la canción, continúa Noel Nicola. Pablo Menéndez hizo los puentes en rock. Analizamos sofisticadamente las características de cada uno de los tres temas, la relación temática, el espectro donde se coloca para que sea cantable, el análisis de un repertorio popular conlleva todo eso.

«La obra no es creación que permite todo, esa es la fase experimental a la que nos pudimos referir, tú puedes hacer una canción virada al revés, le puedes poner la introducción, la pones al final como coda, o la podemos poner como lo hemos hecho miles de veces como transición, como puente; o como transición, puente y coda con lo mismo, o usas, como en *Cuba va*, los tres temas unidos por las transiciones, las transiciones son fijas, los temas varían, es al revés en el jazz, el tema no varía, lo que varía son las transiciones y las variaciones. Entonces, escoger el concepto, pero todavía no es obra, hasta que tú compruebes que eso es efectivo (Brouwer, 2015). Refiere en su investigación Ivette Céspedes Gómez.

El GESI en uno de sus primeros conciertos.

De igual forma destacan los procederes vinculados a la música contemporánea de vanguardia, como «los efectos electrónicos fueron realizados con anterioridad, junto a los sonidistas y, sobre ese resultado, se montaron los músicos. Conté con Caturla, que era un excelente improvisador en la flauta», (Vitier, 2015). Es evidente cómo remarca que el interés, también estaba en «lograr una poesía sonora: no era solo el contenido del texto, sino también el mensaje sonoro instrumental era fundamental».

Pablo Menéndez, quien se incorporó en 1970, explicó que «el nivel de debate era altísimo, sobre todo el diálogo con Leonardo Acosta era fundamental, en la elevación del nivel teórico de lo que estábamos haciendo, porque Leonardo era un intelectual con mucha más preparación».

Se destaca el tratamiento tímbrico de la percusión, con sonoridades de la música latinoamericana, patrones de diferentes músicas folklóricas, principalmente africanas. El proceder contrapuntístico y la utilización de los instrumentos de la sección de madera, muestran esa integración abogada por Brouwer.

«La base de la experimentación es lo popular, aunque actualmente no se puede hablar en términos de música culta o popular, ambas se mezclan y producen la música universal» (Brouwer *Apud.* Pereira, 1972).

En su experimentación, utilizaron el *beat,* el pop y los rock, referentes de música foránea, expresados y fusionados con sonidos locales. Se conoce que esta práctica de la música contemporánea de vanguardia, fue enfatizada en los talleres de creación de Brouwer y Smith.

En ese sentido el especialista Guille Villar, destaca el aporte significativo de Brouwer: «es el llamado montaje analítico que, en opinión de los especialistas, es la mayor influencia de Los Beatles en la música contemporánea, lo que le permite aplicar al GESI el mismo sistema de estructura».

«En este montaje analítico, Los Beatles articulan una pieza y analizan el trabajo realizado; después mezclan y desarrollan hasta llegar a un concepto de perfección final», precisa el propio Leo Brouwer.

El estudioso Guille Villar, señala sobre la contribución de uno de sus miembros: «el origen californiano de Pablo Menéndez, como miembro fundador del grupo, resultó un aporte de primera mano, a la visión descolonizadora sobre la manipulación de las grandes transnacionales del disco, además de ofrecer un ángulo genuino de la música norteamericana».

»Si en instrumentales de Pablo se aprecia su admiración por el sello del guitarrista John McLaughlin y la pieza *El rey de las flores,* recuerda por la orquestación de Silvio, el lirismo de los Rolling Stones de esa época, no obstante, el rock en el GESI tiene un lenguaje nacional, logrado también en *Porque somos* y *Un hombre se levanta*, ambas interpretadas por Sara González o, en *Éramos* de Pablo Milanés, continúa el Guille.

En igual sentido califica: «en cuanto al jazz, la presencia de Leonardo Acosta, un inveterado cultor del género, más la sólida formación de Vitier, le insuflan un desarrollo que se manifiesta en piezas como *Contradanza*, la primera composición del pianista Emiliano Salvador. Aquí la improvisación jazzística, dialoga con la influencia de Manuel Saumell en un tono orgánico, cubanísimo».

A propósito, destaca la elaboración del trabajo colectivo, evidente en la pieza *Tonada*, para una versión de dos poemas de Rubén Martínez Villena, con texto y música de Emiliano Salvador y de Silvio Rodríguez, quien recuerda: «llegué con un sentido de la estructura y en realidad casi todo se improvisó allí, en el estudio».

Por su parte, el batería Leoginaldo Pimentel también rememora ese día: «Empezamos a descargar durante un buen rato hasta que Silvio nos detiene y le pide a Emiliano, armonías menos complejas en el piano y a mí me dice: coge las escobillas y hazme como si fuera una marcha dentro del mismo compás».

»Y así —sin arreglo y sin papeles— estuvimos batallando desde las dos de la tarde, hasta las nueve de la noche, para hacer lo mejor posible la grabación —continúa el baterista— inclusive, después del puente le agregamos el timbre de nuestra organeta, con un sonido que acopla muy bien a la canción. Fue la única versión de *Tonada,* para dos poemas de Rubén. Obra de profundo lirismo, del Grupo de Experimentación Sonora.

En entrevista concedida en 1973, a la periodista cubana Susana Lee, el maestro Leo Brouwer explicó la esencia de este grupo: «el nombre —de experimentación— era indicativo del sistema de trabajo que nos propusimos y que consiste en un análisis experimental del producto. Nosotros terminamos un producto que en sí no estaba terminado, lo pasamos, lo sonamos, lo grabamos, le dimos una vuelta, a lo mejor lo transformamos completamente o lo eliminamos. Se experimentó sobre un trabajo artístico, lo cual es una tesis que en el arte no se mantiene, porque cuando se realiza una obra se supone completa».

En otra oportunidad, Brouwer afirmó: «fue un trabajo experimental, lo demás 'rarezas', que sobre todo hacen Vitier y Ramos, que consiste muchas veces en tratar de realizar una simbiosis de sonidos auténticos de tambores originales, treses, bandurrias y, asimilarlos, actualizarlos, haciendo música electrónica con esos elementos».

Legado

«Por diversas razones, yo creo que el período esencial del grupo, es hasta el año 1973. Ya a partir de ahí empieza a trabajar como un grupo artístico, no como taller, como el lugar de estudio, de reunión, de confrontación del trabajo, tal como era entre el 69 y el 73, su etapa gloriosa y de mayor productividad, experimentación y estudio», reflexionó Pablo Milanés, acerca de esos primeros años.

Silvio Rodríguez en el barco pesquero Playa Girón.

»Todavía se conservan las grabaciones de lo que se conoce y lo que no, de aquellos ensayos musicales que tuvieron lugar en los estudios del noveno piso del ICAIC y de Prado, donde se produjeron los temas más reconocidos del GESI y otros muy notables, que constituyen verdaderas singularidades para el momento.

De la travesía que, durante cinco meses, hizo Silvio Rodríguez en el barco pesquero Playa Girón —septiembre 1969 a enero de 1970— surgieron más de 60 canciones. Trascendieron muchas, entre otras *Ojalá, El rey de las flores, Cuando digo futuro* y *Playa Girón.* Al retorno, se reincorporó al GESI.

Un legado de inestimable valor, fue entender tempranamente que la música también sería un emblema de la época. Lejos de recurrir al facilismo de utilizar la música «enlatada». Aunque no era para sus integrantes una «obligación» entregarse únicamente a las obras del ICAIC, éstas contribuyeron a la trascendencia de la creación del GESI. A propósito, el miembro fundador y musicólogo Leonardo Acosta, dijo: «El Grupo de Experimentación Sonora es una experiencia única en la música cubana».

Cuentan que su primera presentación en público fue en octubre de 1971, compartiendo el escenario en Casa de las Américas, con la extraordinaria artista chilena Isabel Parra. En diciembre de ese propio año, hicieron su primer concierto dedicado al XV Aniversario del desembarco del Granma, en la Cinemateca. Igualmente ofrecieron un concierto en el Encuentro de Música Latinoamericana, realizado entre septiembre y octubre de 1972, en la Casa de las Américas.

Otro momento trascendental fue la actuación en el cine Charles Chaplin, para los cinco conciertos Cuba-Brasil, donde presentaron versiones de temas brasileños y además interpretaron parte del repertorio del grupo. El GESI estaba en armonía musical con el movimiento de la nueva canción brasileña. Entre las obras, estaban las de autores perseguidos y censurados en Brasil.

En marzo de 1974, realizaron una actuación resumen de toda la obra, en la recién fundada Escuela Vocacional Lenin, de La Habana. Este fue el último concierto en que Leo Brouwer fungió como director y, la acogida fue tal, que se vieron obligados por el juvenil público, a repetir más de seis de canciones fuera del programa.

En 1975, se presentaron en la Casa de las Américas, en vísperas del Día de la Mujer. Interpretaron doce canciones y seis instrumentales. En este concierto se integró el percusionista Daniel Aldana. Para explicarnos en algún sentido, por qué sus actuaciones eran en el ámbito del ICAIC y «La Casa», refirió Silvio Rodríguez: «Hubo una época en que la música nuestra, no se pasaba por la radio, ni por la televisión. Me acuerdo que hubo un intento por el ICRT de hacernos un programa y cuando llegamos al estudio, nos vieron con los 'pelos' y con las 'fachas' como las teníamos y dijeron: 'Bueno, es que así no puede ser. Aquí hay una serie de normas...' y con la misma agarramos todos los bafles, nos los llevamos otra vez y ya».

Durante un tiempo, los jóvenes músicos participaron en el trabajo voluntario en el campo, como lo recuerda Eduardo Ramos: «de las movilizaciones fuimos una vez a Alquízar, al plan de vegetales y viandas e hicimos un trabajo voluntario. Pero la mejor fue otro año que fuimos a los estudios del ICAIC, que están por Atabey. Eso ahí está lleno de marabú y el trabajo era precisamente ese, cortar el marabú. Un día trabajamos por la mañana y por la tarde improvisamos una balsa con caña brava y con tablas, hasta que se terminó. Nada más y nada menos que había que enfrentarse al río Quibú».

»Leo llevó una botella de ron, para hacer la inauguración de la balsa. Nos tomamos la botella, por supuesto y, después, ¿quién era el valiente que se subiría? Fue Sergio Vitier. Aquello no se hundía completamente, había cierto nivel de flotación, pero, muy por debajo del nivel del agua y con el agua casi por la cintura, avanzaba lentamente. Imagínate, nada más pudo subirse Sergio, si otro lo hacía, sí que se hundía hasta el fondo. Sergio estuvo después como una semana sin poder ir al ICAIC, porque le dio una fiebre tremenda y estaba lleno de unos forúnculos por todo el cuerpo, ocasionados por los desperdicios del río Quibú. La simpática anécdota la contó Ramos, en el 40 aniversario.

Dos semanas después, ofrecieron conciertos consecutivos los días 14, 15 y 16 de marzo de 1975, en el teatro Auditorium Amadeo Roldán, que disponía de una perfecta acústica. Esta presentación del GESI fue espectacular y la primera que apoyó el Consejo Nacional de Cultura, con excepción del Concierto Cuba-Brasil. Como en otros momentos, incorporaron luces procesadas y proyección de imágenes y colores. El programa incluyó, conjuntamente con la música, la proyección de fragmentos de documentales y fotos fijas sobre dos pantallas laterales. Las imágenes se correspondían con los textos de las canciones y para esto fueron usadas precisamente secuencias de aquellos documentales que llevaban música del GESI, como *La nueva escuela, Cuba va, No tenemos derecho a esperar*, entre otros materiales».

«Sincrónicamente, sobre una pantalla que estaba en el centro del escenario, el pintor y también diseñador del Consejo Nacional de Cultura, César Leal, proyectaba un abigarrado mundo de formas y colores en movimiento. Se sumaron las luces y el montaje quedaba perfecto. Los técnicos de sonido hicieron un excelente trabajo para ese concierto. La labor recayó sobre Adalberto Jiménez, de la EGREM y, Germinal Hernández, del ICAIC». En ocasión del 40 aniversario, así lo narró Isabelle Hernández.

El disco LD *La Nueva Trova cubana en vivo*, recoge momentos inolvidables de las presentaciones realizadas en España por los integrantes del GESI, quienes, en 1975, poco después de la muerte de Francisco Franco, realizaron una gira con emotiva acogida.

Un ciclo de cuatro presentaciones a finales de marzo de 1976, fue de las últimas actuaciones en Cuba. Precisamente con motivo del XVII Aniversario del ICAIC, lo titularon «Recuento 70-76». Fue celebrado a sala repleta en el cine 23 y 12, mientras las personas coreaban las canciones, *¿Qué dice usted?, La canción de los CDR, Yo pisaré las calles nuevamente, Los años mozos, La vida no vale nada* y *Girón, la victoria.*

INQUIETUDES, EXPECTATIVAS, DESINTEGRACIÓN

Para el año 1978, se produce la desintegración del grupo, teniendo en cuenta las inquietudes profesionales y expectativas diversas de sus integrantes. La madurez musical fue una resultante, por lo que aun Silvio Rodríguez reconoce: «todavía cuando termino alguna composición, me doy cuenta que suena al Grupo de Experimentación».

Fue también el camino de renovación y evolución de Pablo Milanés y Eduardo Ramos. Por su parte Emiliano, queda en el grupo de Pablo. El otro Pablo, Menéndez, continúa el rumbo hasta formar su agrupación Mezcla.

Sergio Vitier, de alto nivel estético con influencia afrocubana, crea el grupo Oru. Carlos Averoff, con probada excelencia en el premio EGREM 1988, ganado con su LD *Solamente con amor*. Leoginaldo Pimentel, es el grandioso baterista de la agrupación de Alejandro García (Virulo).

Se recuerda a otro bardo notable, Noel Nicola, quien más que trovador, poeta, ofreció unas 400 composiciones y de conjunto con la trayectoria de Arte Vivo, en 1988 obtuvo con su LD *Tricolor*, el Gran Premio EGREM en orquestación.

«Sara era un fenómeno en cuanto a su voz, ella tenía un timbre impresionante», dijo Silvio Rodríguez, quien propició que la primera grabación de la artista, fuera el tema compuesto por él, *Antesala de un tupamaru* para *Los comandos del silencio*, el espacio Aventuras de la televisión cubana.

Después del GESI, Sara González experimentó diversas formas y estilos. También con el grupo Guaicán, con nuevas composiciones, así como con sus clásicos *Su nombre es pueblo* y la canción *Girón, la victoria*.

«Desde el ICAIC nosotros pudimos influir en la música de nuestro país, pues luchamos por descolonizar la cultura y creo que lo logramos, pues de no ser así, no estaríamos hablando del Grupo de Experimentación Sonora, después de 50 años», sentencia Pablo Menéndez.

Hace una década, el propio Menéndez realizó la siguiente observación: «nosotros hicimos un análisis muy profundo, éramos un verdadero taller de experimentación y creación colectiva. Hicimos fusión, rock, jazz, géneros cubanos, lo que queríamos. Estábamos muy identificados con el proceso revolucionario, de manera que éramos lo que Alfredo Guevara y Leo Brouwer se habían planteado».

»Éramos como un 'foco guerrillero' dentro de la cultura, para mostrar en la práctica, toda una tesis cultural sólida, coherente y revolucionaria en todo sentido. Entre eso y el hecho de juntarnos a todos nosotros, 'jóvenes rebeldes', entregarnos un mínimo de acceso a los medios de comunicación, vincularnos a una industria y darnos clases teóricas, sólida formación integral de música, artes, con audiciones de todo tipo como para poder concretar lo que teníamos de intuición, fue lo que hizo una explosión realmente de creatividad y renovación, concluyó el artista.

Entonces, el Encuentro de la Canción Protesta puede ser el núcleo, para que el 2 de diciembre de 1972, se funde el Movimiento de la Nueva Trova cubana en la ciudad de Manzanillo, del oriente cubano. Justo el día de conmemoración del desembarco del yate Granma, que trajo hasta Las Coloradas, próximo a este lugar, a aquellos otros jóvenes rebeldes que fundaron la Revolución cubana. Sucede como un proceso, uno de los capítulos más interesantes de la música cubana, la creación de un movimiento artístico musical con nueva estética, donde convergen muchos de estos talentosos creadores.

A partir de aquí, la actividad creativa no cesó. Sobre ello, relató Vicente Feliú: «de alguna manera colaboramos con que se hiciera incluso, una música popular más culta. Y una de las cosas fundamentales que nos planteamos, fue la de rescatar toda la obra de los viejos trovadores y tratar de grabarlos. Debo decir asimismo que muchas veces fuimos incomprendidos, había cierto paternalismo, por lo que los 'choques' fueron constantes».

Acerca de su desaparición como organización, Feliú dijo a Cubadebate: «Desde que la conformamos, Noel —Nicola— decía que tendría la finalidad de desaparecer como organización. Fue importante para encontrarnos, para definir ideas y hacer una canción mejor, que sirviera como punta de lanza contra mucha baratería musical que había en la radio y la televisión». Ya, hacia los años 80, sentimos aún más el peso de la burocracia por lo que decidimos detonar todo lo que nos trababa. Y así, desapareció espontáneamente, pero aún hay exponentes que la mantienen viva, declaró Vicente.

Para el trovador cienfueguero Lázaro García, un gran exponente entre aquellos fundadores: «La Nueva Trova marcó un hito en la historia de la canción cubana. Ese movimiento estuvo muy vinculado a los profundos cambios de la sociedad a partir del triunfo de la Revolución en 1959».

«La generación que aparece como fundadora de esa forma de hacer canciones —precisó García al periódico cienfueguero— todavía eran niños o adolescentes en ese luminoso enero; de modo que esa nueva realidad —sin estar muy conscientes de ella—, nos fue llevando hacia otras maneras de asumir el nuevo derrotero de nuestra juventud».

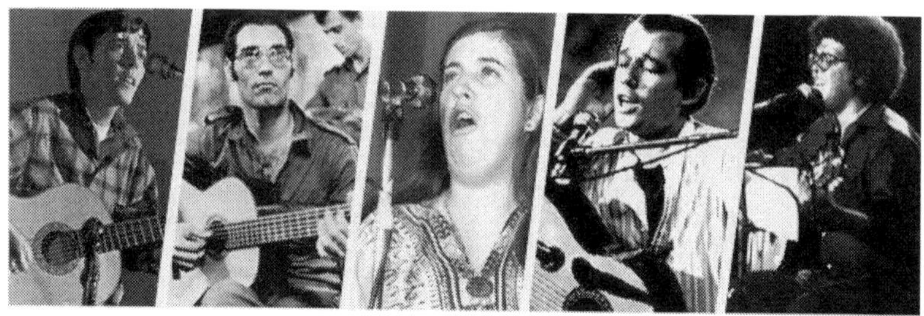

Noel Nicola, Vicente Feliú, Sara González,
Silvio Rodríguez y Pablo Milanés.

«Por eso Silvio y muchos compañeros trovadores, afirman que ese movimiento fue más bien generacional. Pienso que, en la historia de la canción cubana, la Nueva Trova como heredera de las tradiciones más ricas de nuestra música, tiene un puesto inobjetable y sigue y seguirá existiendo en cada contexto histórico que vivan nuestros jóvenes trovadores, porque —concluye Lázaro García—, la trova no es un género; sino una asunción de valores estéticos y humanos ante la canción».

Los lazos culturales, creativos y humanos que se tejieron desde entonces, entre trovadores cubanos y cantores internacionales, fueron para siempre.

En aquel mismo noveno piso, donde todavía queda la energía de esos jóvenes de entonces, se develó una tarja en ocasión del 50 cumpleaños del Grupo de Experimentación Sonora del ICAIC. El simpático recordatorio, lleva un cartel conmemorativo del Premio Nacional de Cine Juan Padrón, donde aparecen los miembros fundadores del GESI y Elpidio Valdés, un personaje icónico de la caricatura cubana, nacido también en esos estudios. Para siempre dice: «A tropa sin igual, con cariño insurrecto mambí».

ELEGÍA A LA COHERENCIA

VICENTE FELIÚ

Créeme
Cuando te diga
que el amor me espanta
Que me derrumbo
ante un te quiero dulce
Que soy feliz
abriendo una trinchera…

¿Nos tomamos un cafecito? Con esa gran excusa, nos vimos en una esquina del Vedado habanero, donde los jóvenes se reúnen a leer y a charlar. Encontramos el espacio en Cubalibro, durante una calma de la cruda pandemia de Covid-19, para conversar sobre Sara González y la Nueva Trova e incluir su testimonio en el libro en ciernes.

Corría el año 2020 en que todos cedimos a la reflexión. Fue tal el entusiasmo de Vicente, y tanto lo que disfrutó de la evocación, que se animó a hacer un recuento más amplio sobre la Nueva trova cubana, con encuentros sucesivos que nunca se dieron, Pandemia mediante.

»La primera imagen que tengo de Sara debe ser de finales del año 1968 o a más tardar 1969. Eran los conciertos del Centro de la Canción Protesta de Casa de las Américas, que se crean a partir del Primer Encuentro de Trovadores que tuvo lugar en Cuba, el primer encuentro mundial fue en 1967.

Vicente, háblame de ese concierto, del primero.

Del concierto iniciático… en el público estábamos Martín Rojas, Eduardo Ramos y yo. Silvio ha escrito sobre eso: «La suerte fue que en el público estaban Vicente Feliú, Martín Rojas, Eduardo Ramos y Belinda Romeu y, entre todos, sí que pudimos armar algo parecido a un concierto de 'canciones de contenido', que era como se les decía por entonces». Otra de las suertes era que el ICAIC filmaba y documentaba todo eso, porque nosotros estábamos prohibidos. De nosotros no se hablaba y no salíamos en la televisión.

¿Prohibidos?

Para 1968-69, la televisión era dirigida por Jorge «Papito» Serguera, donde estábamos completamente prohibidos. Solo salíamos en el Noticiero ICAIC. Debes haber visto esas imágenes donde salen Pablo, Noel y un montón de gentes más, que cantaban en esos conciertos mensuales.

¿La primera vez que viste a Sara, fue allí?

Pues fui con mi pareja de entonces y en esa tarima, se sube aquella muchachita gordita y rubiecita, con saya escolar con rayitas, cantando con una guitarra: *La era está pariendo un corazón.* Era Sara González y la interpretaba descomunalmente. Eso lo supe años después, porque Sara aparece en algún momento, posiblemente, en esos mismos conciertos. Cuando Silvio regresa de su viaje en barco, en enero de 1970, se funda el Grupo de Experimentación Sonora y la llama para que grabe el tema *Los comandos del silencio.*

Esa fue la canción que la proyectó comercialmente por la televisión.

Era el tema del espacio televisivo «Aventuras», que dirigió Eduardo Moya. Pobrecita, Silvio se la dio, con dos o tres tonos por debajo del de ella. O sea, se la muestra grabada con su voz —Vicente imita a Silvio cantando— *Un hombre se levanta, temprano en la mañana.*

Eso nada más lo sabían los músicos.

Exacto, porque Sara en eso era «una bestia». Lo hizo mejor que nadie. Era una tromba aquella muchachita. Así apareció en los conciertos de Casa de las Américas. Ya en el Grupo de Experimentación Sonora, nos empezamos a conocer más.

¿Desde entonces coincidieron?

Sí, a partir de la creación del Movimiento de la Nueva Trova, del encuentro de jóvenes trovadores el 2 de diciembre de 1972, cuando nos reunimos en la ciudad de Manzanillo.

¿Sara estaba incluida en el movimiento?

Sí, como todos los trovadores que nos encontramos en Manzanillo, después de hacer una caminata desde playa Las Coloradas, hasta allí. Era una ocasión histórica a propósito de la fecha del desembarco del yate Granma.

¿Cómo la recuerdas?

Muy jodedora, bromista. Divinamente indisciplinada, Noel siempre la fustigaba y todo se nos olvidaba cuando compartíamos. A partir de eso, empezamos a conocernos. Entre el año 1973 o 1974, ella asume la dirección del Movimiento de la Nueva Trova de la provincia de La Habana. Yo estaba en la dirección nacional desde el principio. Y bueno, la apoyé muchísimo. Incluso, a mediados de 1974, nos emparejamos y estuvimos muy cerca. Recuerdo cuando hizo su maravilloso disco a José Martí, estábamos próximos. Estuve muy cerca de ella cuando compuso el tema *La victoria.* Como sabes se hizo para el concierto del 4 de abril, aniversario de la UJC y los pioneros.

¿En qué tiempo se hicieron esas canciones?

En muy breve tiempo. Eso se preparó con par de meses de antelación. Era una guerrilla permanente. Frank Fernández fue el director de ese concierto, yo hice 'un poco' como asistente de él.

¿Cómo se mantuvo la relación entre ustedes?

Estuvimos muy cerca siempre. Incluso, esa relación de extraña pareja que fuimos por un tiempo, tanto mi esposa Aurora, como Diana la pareja de Sara, la asimilaron de una manera hermosísima.

¿Quedó alguna composición tuya, que ella te inspirara?

Hay dos canciones a Sara. La primera, se la hice en Cienfuegos y, la otra, recién 'empatados' nosotros. Se llama: *Donde empieza mi canción.* Una vez la escuchamos los cuatro, en su casa de la calle Línea y al terminar, nos echamos a llorar. Era un tema muy entrañable.

¿Cómo describes su personalidad?

Era un ciclón. Una fuerza extraordinaria. De una concepción, un sentido muy fuerte de la patria. O sea, no le toques la patria a Sara, porque te mata.

¿Ni a los amigos?

Ni la Patria, ni a los amigos. ¡Y a Fidel, cuidao! Él se la disfrutaba tremendamente y ella lo trajinaba en la manera campechana de tratarlo. Le decía coño Fidel, esto o lo otro… y él se moría de la risa. Los recuerdos que tengo de Sara son muchísimos. Algunos no divulgables, sus secretos especiales, ni aun cuando se fue estoy autorizado a divulgarlos.

Sus allegados, confirman el sentido lúdico que Sara tuvo de la vida. ¿Cómo lo evocas?

Era una jodedora. Mira, cuando Sara y Liuba se juntaban eran un peligro sumo. Sí, cada una lo son por separado, imagínalas juntas. Nada más de mirarlas te reías. Por eso es que Virulo, que es otro parecido a ellas, un chiste en sí mismo, supo encauzar su alto histrionismo en la escena. Pancho Amat, debe tener buenísimas anécdotas, porque hicieron juntos su primer viaje al extranjero con Manguaré. Cualquier anécdota contada por Sara, era simpática. Hay una en Italia, descargando en la casa donde se quedaron durante esa gira. Dice Sara que Pedroso —Andrés Pedroso el compositor y director del grupo Manguaré— estaba nostálgico recostado en el balcón y vino a hablarle la viejita de la casa. A Sara se le ocurrió "enseñarla" en idioma español. Entretanto la señora le dice: ¿Pedroso, está 'empingado'? ¡Ya te imaginarás la cara de Pedroso! Se cayó de nalgas. Deben haberle dicho a la viejita italiana, que eso significaba tristeza. Ese cuento hecho por Sara, te arrastrabas de la risa.

¿Cómo narrarías esos momentos importantes del comienzo de la Nueva Trova?

A Manzanillo llegamos más de setenta personas. Nunca tengo el dato exacto. Entre nosotros, muy pocos nos conocíamos. Yo me relacionaba con el Grupo de Experimentación Sonora, conocía a Augusto Blanca y a un par más. A Lázaro García y a Miguelito Escalona, los conocimos allí. A partir de ese momento dejamos de ser proscritos. Previamente, no viajábamos a ninguna parte, ni a las provincias y mucho menos al extranjero. Yo recuerdo que hice una canción dedicada a los carnavales de 1970, en Santiago de Cuba. La canté en un recital y no sé quién era el secretario de la Juventud entonces, que dijo cuando salí de allí: «ese no entra más a Santiago». Una cosa así. Me enteré porque alguien me lo contó después.

¿Y qué podría decir una canción como esa?

Hablaba de la Polonia jodida, de lo que resultaron los carnavales del «70», una gran catarsis por — la zafra — los 10 millones que no fueron. Era una canción muy loca.

¿Cómo se llamó?

Elegía a la incoherencia. Cosas así. Allí en Manzanillo nos conocimos todos, Freddy Laborí popularmente «el Chispa», Ramiro Gutiérrez, Los Novo, la gente de Pinar del Río, de Matanzas. En

1973, se empezó a armar el MNT. En marzo, comienza a organizarse desde La Habana. En diciembre de 1973 se hace el segundo encuentro otra vez en Manzanillo, donde aparecen unos cuantos más. Por ejemplo, a partir de 1974, Silvio va a Matanzas como delegado, a buscar a los trovadores. La Juventud Comunista no había sugerido a nadie.

¿O sea, Matanzas no asistiría al evento?

Porque los más importantes eran los de Nuestra América y eran «religiosos católicos». Los habían planchado por completo. El secretario de la Juventud, Oscar Cuesta, era amigo personal de Silvio y mío. Llevó a Silvio por toda la provincia y ahí aparecen ellos. Estando en eso, se prepara el concierto que lideró Frank Fernández y aparecen presentadas todas esas canciones emblemáticas.

¿Tuviste alguna canción en ese evento?

Sí, se llama *Empieza el año.* Se hizo un guion para definir de qué iba el espectáculo. Y se decidió hacer una panorámica de la historia de Cuba, es cuando me designan para abordar el triunfo de la Revolución. Mi canción la cantó Ramoncito Adriano, el de Los Cañas.

¿Alguna vez la grabaste tú?

Claro, en una ocasión, en Cienfuegos.

¿Ahí también quedó, La victoria?

Mira, con *La victoria* pasó una cosa tremenda que quiero decirte. En un acto de la Juventud donde estaba Fidel, que no recuerdo cual, pero sí que llamaron a Sara y le pidieron que cantara *La victoria.* Ella estaba con su guitarrita y tenía a Fidel casi en el hombro. Estaba nerviosa, pero cantó como pocas veces. Alberto Rodríguez Arufer, quien fue fundamental en el inicio de la Nueva

Trova, me dijo que le escuchó decir a Fidel, al final de la interpretación de Sara, que «esa canción expresa la fuerza de la Revolución». Cuando se lo conté a Sara, entonces se puso más emocionada aún, que en el momento mismo en que la cantó. Y es verdad, es una canción tremenda. Fidel no era de buen oído musical, pero supo apreciarla.

Vicente Feliú.

¿Después de ese evento en Manzanillo, cómo funcionó el trabajo de la Nueva Trova, cómo se insertan ustedes?

Ya no era solo la salvación que hicieron Haydeé Santamaría y Alfredo Guevara. A partir de este momento, fue el espaldarazo para fortalecer el Movimiento de la Nueva Trova.

¿Te consta de esa relación que arropó inicialmente a los trovadores?

Haydeé, con ese primer concierto y luego con la constitución del Centro de la Canción Protesta. Eduardo Ramos, con *Sonorama 6* y Silvio. Ahí cantó Belinda Romeu y, entre otros, también yo. Pero, la Casa de Las Américas, no tenía posibilidad de ofrecernos trabajo. Alfredo acababa de regresar de Brasil donde vio y sintió el «Tropicalismo». Este fue un movimiento de ruptura, que sacudió la atmósfera de la música popular y la cultura brasileñas, entre 1967 y 1968. Sus participantes formaron un gran colectivo, cuyos destacados cantautores fueron: Chico Buarque, Gilberto Gil, Elis Regina, Badem Powell, Edu Lobo, Caetano Veloso, George Bem;

luego, Milton Nascimento, María Bethania y tantos otros. También aprecia las 'brutales' películas brasileras. Entonces llama a Leo Brower, para que un grupo pudiera apoyar musicalmente al ICAIC y les crean esa posibilidad de trabajo.

Leo Brouwer, un músico de gran inspiración creativa, logra el junte de dos grandes maestros. El primer genio era Federico Smith, un norteamericano loco que se queda en Cuba. Entre 1969 y 1972, Smith también forma parte del profesorado del Grupo de Experimentación Sonora del ICAIC. Fue considerado de la vanguardia musical cubana y, al mismo tiempo, un pedagogo *sui generis.*

El segundo genio, tocaba la viola en la sinfónica. Sus libros de música, solfeo y teoría eran de referencia obligatoria para estudiar música en Cuba. El profesor —primer viola de la sinfónica— con su original método de solfeo, impartió clases a los compañeros que hasta entonces solo tocaban 'de oído', como era el caso de los trovadores, salvo Eduardo Ramos.

En el año 1969, 1970, el profesor Juan Elosegui tocó a la puerta de Silvio Rodríguez y le abrí yo. Me dijo: «hola Vicente, ¿aquí vive Silvio? Yo soy profesor de música y quiero darles clases a ustedes. Y es para que sepan lo que han estado haciendo, no para que hagan nada a partir de mí». Se nos ofreció y nos daba clase en el edificio de 23 y 14, en su casa: incluía clases y comida. Luego creó otro espacio para la enseñanza, en los altos del teatro Amadeo Roldán. Seguidamente, Leo Brower lo llamó.

Esos fueron los grandes maestros de Silvio, Pablo, Noel y de Sara, que cuando entra, ya tenía conocimientos de música, porque era Instructora de Arte.

¿Sara fue la única cantante?

Sara era la única mujer cantante y había otra mujer-músico, Ana Besa, tocaba el oboe. Amaury Pérez, fue sonidista.

¿Y tú, te motivaste?

Si tú supieras que no estaba para estudiar música. Alfredo Guevara me dijo, lo que queremos es que estudien, para ponerlo en función del cine y le dije: «Alfredo, esa no es la mía».

¿De todos los fundadores, quiénes tenían educación musical?

Algunos de los músicos, los trovadores no. Noel por el Instituto Superior de Arte (ISA), pero muy poco. Realmente arrancaron de cero. Agruparon a estos tres, cabezas fundamentales y ofrecerles un espacio de creación. Ya sabes lo que resultó para la cultura cubana el Grupo de Experimentación Sonora del ICAIC.

Que años tan especiales. Pienso que se debe reiterar esa historia, no leída suficientemente. Va a ser nueva cada vez que se cuente, porque hay quien no conoce los tiempos fundacionales.

Porque no nos ponemos para eso. Hay personajes fundacionales como Raquel Revuelta, ella fue primordial. Comprendió lo que hacíamos y nos abrió el teatro Estudio, cuando no podíamos tocar en ningún otro lugar de La Habana.

¿Cómo ella los insertó, cuando su actividad era teatral?

Raquel Revuelta procuraba tener días para que actuáramos en sus predios. Por ejemplo, Teatro Estudio funcionaba de jueves a domingo. Había dos días libres y con la escenografía de la obra que ella estuviera exponiendo, nosotros cantábamos. Era un espacio pequeño, donde no había sonido. En lo particular, yo mismo di cualquier cantidad de conciertos. Es de las primeras cosas que hicimos en teatro con Carlos Gómez, Noel Nicola, Melinda Romeu y yo, con dibujos de Pancho Varela. Pintaba mientras cantábamos.

¿Se conserva algo de todo eso?

En la mente está todo. Silvio Rodríguez 'hizo' el teatro a reventarse, fueron los cuatro conciertos completamente llenos, al regresar del viaje. Cantó casi todas «las canciones del mar» y eran 62. En esa época —creo que en 1971— entró Marta Valdés como asesora musical de las obras del grupo teatro Estudio, Mike Porcel y Jesús del Valle, «Tatica».

Antes de la Nueva Trova, había cuartetos: Los Dimos y Los Cañas. Ellos dieron el único concierto que hicieron juntos. Hubo otra agrupación, el cuarteto Tema 4. No había aparecido Sara, porque era la más jovencita. No recuerdo que pasara por allí.

Pero sí evoco el concierto de Ñico Rojas, destacado compositor y guitarrista cubano, considerado uno de los fundadores del estilo de canción cubana reconocido como *filing.* En un momento conversaba de la peña de Sirito y desde el fondo del teatro, como haciendo historia, se oyó una voz grave que decía: «Ñico, aquí esta Sirito».

Vicente se refiere a la peña de Sirique, — Alfredo González Suaso — que se hacía los domingos por la tarde en una herrería donde trabajaba en el Municipio Cerro, considerada un santuario de los trovadores. En el concierto de teatro Estudio, entre los años 1968 y 1969, José Antonio —Ñico— Rojas, de la vanguardia del filing, habló de Sirique y el aludido, con su voz de trueno lo saludó desde el público que abarrotaba el teatro.

Ahí se dieron conciertos de Pedro Luis Ferrer y un cuarteto, el único que dieron. Creo que Miriam Ramos también cantó, aunque entonces estaba más como cantante y menos cerca de los trovadores. Todos los conciertos los tengo en mi mente, entre mis mejores recuerdos.

Sara, Noel Nicola y Miriam Ramos.

A partir de 1971 la cosa cambió, ya no éramos tan proscritos. No recuerdo haber vuelto a cantar solo. Únicamente esos dos conciertos que di allí. La organización juvenil los asumió, pero eso no cambió el espíritu rebelde de la Nueva Trova. Sus canciones son irreverentes, reflexivas. No han dejado de tener detractores, aunque sus canciones son testimonios de fe, aun cuando lo cuestionan todo. Siempre hubo gente que nos quiso, otros, no nos entendieron.

Y habrá gente que no los entiende.

No, no entienden.

Vicente, ¿cómo era Sara?

Sara era irreverente, todo el tiempo lo era. Cuando tú decides, te sientes revolucionario, no lo haces a la hora de salir a la calle o a la de dormir y mucho más Sara, era así todo el tiempo. La quieres o no. Podría estar equivocada, pero era genuina. Es algo que te ganaba. Con ella no había doble de nada, no era doble rostro, era así, transparente.

¿Tuviste oportunidad de hacer giras artísticas con ella?

No. Cantamos y coincidimos en muchos eventos de la trova, en conciertos, en actos. No en conciertos de viajes. Primero, estuvo con el GESI y, luego, con La seña del humor.

Cuando intentas definirla con esa personalidad transformadora, incluso, en su vida privada, en momentos de tanto prejuicio en una sociedad machista, ¿cómo lo harías tú, el amigo?

Yo la quería mucho y también por eso la admiraba. En un momento determinado hubo un crecimiento del Partido dentro de la Nueva Trova. Me llamaron para que hablara con Sara.

¿Fue militante de alguna organización política?

No.

¿No quería?

A mí me dicen que le hable porque le querían dar la militancia del Partido a Sara.

O sea, había que convencerla para que lo aceptara.

Fui a verla y le expliqué lo que me dijeron. Ella me respondió, 'mira Vicente, te lo agradezco'. Y la interrumpo para decirle que a mí no tiene que agradecerme nada, estaba informándole algo. Ella continuó, '¡mira Vicente, yo paso el proceso del Partido y al primero que me cuestione si soy lesbiana o no, lo mando para casa de la p… con todas las letras'.

Mira, la primera vez que tuve una casa fue en 1985. Desde 1979 me uní a Aurora Hernández. Ya habíamos tenido broncas donde vivíamos con mis tías, porque eran insoportables. Problemas de convivencia con personas viejas, porque entonces deambulábamos mucho. Nos quedamos en casa de la madre de Eduardo Ramos, que fue de enfermera a una misión en Iraq, por el año 1983.

Entonces Sara fue a un viaje y nos dejó en el lugar donde ella vivía. En esa casa de San Rafael, fue que le dije esto que te conté. Un poco más tarde, le dieron un apartamento pequeño a Sara y, lo primero que dijo fue, por qué no se lo dan a Vicente que está más jodido que yo. Esa era Sara.

Antes, cuando yo estaba viviendo con Aurora en casa de Maximina, hubo un accidente y a mí me ingresaron un par de días en el hospital de Holguín. Fue la noche antes del regreso que el chofer se quedó dormido cuando estábamos de camino —creo que a la playa— y murieron dos muchachas que iban en el viaje. Yo no me maté de milagro.

Pablo, Vicente y Silvio, junto a Fidel, en el homenaje a los trovadores, ofrecido por el Ministerio de Cultura en la Casa de las Américas, el 11 de mayo de 1984.

Estábamos en un evento donde estaba Sara, que debía regresar a La Habana. Incluso, ya le habían cerrado el hotel y todo, pero Sara no se fue. Se quedó a mi lado en el hospital, hasta que yo estuve de alta. Y me entregó a Aurora, sano y salvo. 'Aquí te lo dejo'. Así era su sentido de la lealtad. Para mí, era más que amiga y familia. Era una célula de uno, un pedazo de mí.

Nota de la autora: Al conocerse la repentina y dolorosa noticia del fallecimiento de Vicente Feliú, a causa de un infarto —17 de diciembre de 2021—cedimos este texto, publicado en diferentes medios, de la que pudiera resultar la última entrevista al cantautor.

Instituciones de la cultura cubana, sus amigos y muchos de sus admiradores de pueblo, lamentaron la muerte del entrañable artista a sus 74 años. Su hija, la trovadora Aurora de los Andes, informó: "Estaba en un escenario. Empezaba a cantar La Bayamesa. Se fue en toda su estatura y con el corazón más grande que el pecho. ¡¡¡Te amo, papá. Te amo!!!".

IRRADIABA UNA DESPREJUICIADA CERCANÍA QUE CAUTIVABA

LÁZARO GARCÍA

No hay pretexto mejor que la ternura
para cantar al cielo si anochece
un pacto con la flor en los reveses
desborda el corazón con su dulzura.

Sara y Lázaro García.

Lo que me trae la lluvia. Leo una de las últimas entrevistas de Lázaro García, mientras me envuelvo en sus versos:

Y admito hasta el valor de lo llorado
después de haber amado tantas veces
porque sé sonreír al cabo de sentir
la vida como buena suerte.

Siempre será el amor,
siempre será el amor
quien venza el duelo de las sombras con la vida.
No hay un arma mejor, siempre será el amor.
Yo lo sé
siempre será el amor,
yo lo sé.

El cantautor Lázaro García Gil, fallece el mismo año del cincuenta aniversario de la constitución del Movimiento de la Nueva Trova, del cual fue fundador. Fue reconocido por su autenticidad, por su sencillo y profundo lirismo, con canciones mayormente de contenido amoroso y filosófico.

El relevante músico de 74 años, grabó seis discos, intervino en giras internacionales y fue productor de destacados exponentes de su género. Se dice de él, que fue «un modelo de compromiso, espiritualidad y ética en cada creación» y por sobre todas las cosas, un gran ser humano.

La musicóloga y máster Samantha de Zayas Muñoz, resume parte de su trayectoria: «fue asesor musical de la EGREM. Además, fundó y dirigió el estudio de grabaciones cienfueguero Eusebio Delfín y, entre 2004 y 2008, dirigió los estudios Abdala. Su obra cuenta también con música incidental para teatro (Guiñol Nacional) y para el cine (ECIFAR)».

«Cuenta con varias producciones discográficas, entre las cuales, por solo citar algunas, están *Al Sur de mi mochila* (Egrem, 1986); *Si de tanto soñarte* (Producciones Abdala, 2002); *En pos del mar* (Bis Music, 2004); *Pescando una canción* (Producciones Colibrí, 2006), *Como si fuese ayer* (2019), acompañado por el guitarrista Jesús «Chuchi» Saura, así como innumerables homenajes a través de grabaciones de discos con canciones del autor desde las voces y estilos de artistas como Ingrid Rodríguez Díaz de Villegas con el disco *Tejiendo un rostro en la canción,* producido por Eduardo Rodríguez Saura, en 2019».

«Canciones como *Carretón*, *Al sur de mi mochila*, *Dardos de miel* y *Pequeñín,* son algunos de los títulos que ocupan un lugar relevante para el propio autor. Han sido retomados en proyectos discográficos posteriores, como es el caso *Carta de amor*, con un evidente impacto social e, interpretada por artistas como Liuba María Hevia, Amaury Pérez, Silvio Rodríguez, Nelson Valdés, entre otros». En su vida, como en su música, demuestra una estética muy propia. Acerca de la cultura dijo: «es más que política e ideología porque la lleva implícita».

El periódico local recordó aquel momento en que se fusionan las organizaciones de creadores: «nosotros siempre coexistimos con los jóvenes, pues teníamos perfiles comunes en casi todas las manifestaciones. Cuando la Nueva Trova se fusionó para crear la AHS, muchos de nosotros teníamos más de 35 y estuvimos un poquito 'flotando'. En el caso de Cienfuegos, la Casa de la Trova se convirtió en la sede de la nueva organización y allí dimos algunos conciertos y descargas y mantuvimos una estrecha relación. Tiempo después, ellos me hicieron miembro de honor, condición que con mucho gusto y satisfacción acepté».

«En síntesis, todos teníamos los mismos objetivos: la lucha por la estética, la buena canción, la buena poesía, la plástica... Personalmente he visto, durante este tiempo, el trabajo de la Asociación Hermanos Saíz (AHS) y sé que se esfuerzan mucho, mantienen esta lucha, que es bastante difícil, contra la mediocridad, para elevar el gusto estético. A nosotros nos tocó una época en la cual se combatía por otras cosas; cambió el escenario, pero el arma es la misma. Yo sigo sintiendo que tengo el cordón umbilical con la AHS, igual lo siento con la trova tradicional, pero también en estas generaciones que me sucedieron».

Cuando le escribí a Lázaro, aún en etapa pandémica, para conocer sobre sus memorias de Sara González, me dijo que con gusto me enviaría algunos apuntes. No sé cómo logró hacerlo, porque me confesó: «tengo rota la computadora y tampoco tengo conexión a internet».

Lo cierto es, que él quería participar y, se me ocurrió acudir a un incondicional amigo, el periodista Omar George, colega y hermano de los años mozos en la televisión, quien con gusto lo visitó y logró enviarme por vía del correo electrónico, el material escrito por Lázaro. Todo, por el impedimento de visitar al trovador en Cienfuegos, en medio de las limitaciones de la pandemia, con el obstáculo que significaba el agravamiento de su salud.

Así nos narró en exclusiva, las respuestas a las preguntas que quizá se convertirían, en sus últimos apuntes.

»Conocí a Sara en Manzanillo, en 1973. Era la primera vez que participaba en un encuentro nacional del MNT (Movimiento de la Nueva Trova), estaba admirado de conocer a esos trovadores, de los cuales había oído algunas de sus obras y me impactó la sencillez y cordialidad de muchos de ellos.

»Recuerdo a Pablo, Noel, Silvio, Vicente, Augusto y, por supuesto, a Sara. Todos me acogieron de manera cariñosa y afable, pero en ella irradiaba una desprejuiciada cercanía que cautivaba e, inmediatamente creció una empatía que prosperó con el transcurso de los años, hasta convertirse en una inquebrantable y hermosa amistad. Sobre la base de mi admiración artística ante una intérprete excepcional, fue creciendo una empatía personal muy sólida, su frescura, su cubanía, su sentido del humor tan criollo fue cimentando una hermosa hermandad.

»Nos encontrábamos, no solamente en los encuentros y festivales del MNT, sino también solíamos visitarnos frecuentemente, tanto en La Habana, como en Cienfuegos. Nos reuníamos, intercambiamos canciones, solíamos asistir a muchas descargas musicales de amigos trovadores y disfrutábamos mucho. Porque donde estaba Sara no había espacio para la tristeza, tenía siempre a mano, la broma, la anécdota oportuna, en fin, era una contagiosa alegría la que irradiaba en cada momento de estos encuentros.

Las anécdotas chistosas en su cotidiana relación, fueron muchas, algunas muy conocidas, otras impublicables. Una vez, estando en la casa de la trova de Cienfuegos, se desarrollaban los festejos de un aniversario de la ciudad, Sara estaba programada para cantar y hubo que demorar la hora del concierto, pues en la calle marchaba una conga con su comparsa y el pueblo que le seguía bailando y divirtiéndose. A la sazón Armando Hart (Ministro de Cultura, por ese tiempo) visitaba nuestra casa de la trova para conocerla. Sara no estaba y nos preocupaba, no sabíamos a dónde había ido. Mientras tanto, el ministro y trovadores, nos acercamos al portal para ver pasar el festejo de la conga. Y para nuestra sorpresa, a través de la muchedumbre descubrimos a Sara tomando y arrollando con el pueblo, al pasar por la casa de la trova, miró y descubrió entre nosotros al ministro. Como por arte de magia, desapareció la botella y con exagerada sobriedad, entró para saludarlo. Nosotros no pudimos detener la risa y hasta el propio Armando empezó a reírse.

»Sara en su condición de mujer, ponía de relieve, las transformaciones en el campo del género, que enfrentaba nuestra sociedad en los primeros años de revolución. Era indudable que el MNT, revelaba en algunas composiciones que ya destacaban, el grado de participación de la mujer en muchas tareas sociales. Teníamos antecedentes de mujeres trovadoras como María Teresa Vera, Mirian Ramos de nuestra generación y otras, además de incorporar a nuestro repertorio, canciones de Violeta Parra, Chabuca Granda y otras cantautoras latinoamericanas. Hoy en día, las trovadoras cubanas son parte esencial de este movimiento.

»Una de las satisfacciones más gratas que he tenido en la vida, fue cuando Sara le cantó a mi madre, la canción que yo había hecho en Angola: *Querida vieja.* Fue aprovechando una estancia que hizo la trovadora por mi ciudad, mientras yo permanecía en la misión en esa república. Fortuitamente ese día de las madres, Sara estaba en Cienfuegos, se la cantó a mi madre, como supliendo mi ausencia.

Querida vieja:
Qué palabra decir que no te duela.
De cuánto orgullo se me anega el alma,
que he preferido la canción que vuela
desde esta selva a tu querida palma.

Me siento bien, digamos que me siento
alegre por tu amor y por mi vida,
dichoso de estrenarme en el tormento
de hacer al hombre aún, cuando la herida.

Cada mujer reparte tu mirada;
cada niño es tu vientre y cada niño
es una flor desnuda y lastimada,
muriéndose de sol por tu cariño.

Me despido de ti muy sonriente,
y habrás de compartir mi regocijo
con el beso de todos en la frente.
Hasta luego, mamá:
Tu hijo.

»Sin dudas, pasó a ser uno de los gestos más bellos, que mereció el agradecimiento más profundo que le guardo. Además, a mi regreso, cuando se la oí cantar, supe que su interpretación demostraba, no solo su emotiva y encendida voz, sino también una delicada ternura.

»Sara supo llevar sus variadas dolencias con mucha dignidad, nunca le oí una queja que doblegaran su orgullo y altivez, cargando admirablemente sus penas y sus dolores y, en su disco-

homenaje después de su deceso, le escribí esta canción cuyo texto les muestro.

Soneto a Sara

Ya en Manzanillo su voz la conocía
por aquello de... Un hombre se levanta…
entonces descubrí que la que canta
también un corazón de flor tenía
por ella descubrió mi madre un día
su aliento de ternura en una carta
y supo de ese abrazo que amamanta
y cura ausencias desde su alegría
no hay soledad, tristeza o desamparo
indiferentes a sus ojos claros
la Patria es la verdad de su belleza
y el amor, la luz de sus reclamos
guitarra enamorada que te besa
porque sabe muy bien por qué cantamos
porque sabe muy bien…
amor mío no te vayas, que lloro.

Lázaro García

SARA ERA LA VERDAD

AUGUSTO BLANCA

Sara y Augusto, celebración en la peña musical, El Jardín de la Gorda.

Augusto Blanca es un artista completo. Un escritor sabroso, de esos que te lees sin imaginar que caminarías por surcos, reirías con sus ocurrencias y vivirías con él, a través de su prolífica vida narrada. Es también un asombroso artista de la plástica cubana. Teatrero, escenógrafo, compositor, cantor-trovador y tantas cosas juntas. Y por sobre toda génesis, es el amor de Rosi y viceversa.

Me recibieron en su casa, en una pequeña habitación atiborrada de arte y poco espacio para sendos sillones. Fue en un momento de terror ciego por el virus pandémico. Así que, para tomar café, uno lo hizo primero y otro después, siempre reponiendo la odiosa mascarilla y guardando la distancia.

Yo estaba tan agradecida de que estos dos seres humanos tan maravillosos, se atrevieran a recibirme, en medio de la desesperada situación de la Covid-19. Y ellos, sobre todo él, aferrado al recuerdo de Sara. Ahora que lo pienso, se sentía allí como un ángel inquieto, revoloteándonos a todos sobre las cabezas.

Augusto me comenta sobre sus libros, me regaló uno precioso, que leí ese mismo día. Me habla de *Huellas en los rieles*, una serie de crónicas, desde donde ha relatado su vida desde que nació. Iba ya por más de cien escritos y comentó que redactaba otras en el momento que conoció a Noel Nicola. Comparte las crónicas en días alternos por Facebook y, asegura feliz, que la gente lo está recibiendo muy bien.

»Porque hay cosas… figúrate he sido escenógrafo, trabajé con orquestas bailables, estudié pintura, detalles que pueden ser útiles para las nuevas generaciones. Así pueden entender el trabajo que pasábamos para hacer las cosas. Te interesaría la parte prehistórica de la Nueva Trova y ya estoy llegando a Sara.

»Yo soy de Banes. Cuando todo esto empezó, llegué a Santiago de Cuba. Tú no habías nacido, fue en 1962. Allí me cogió el terrible ciclón Flora y trabajé con el cabildo teatral de esta ciudad.

¿Cómo empezaste a vincularte con la música?

Desde los ocho años tocaba guitarra, porque pensaban que era muy musical, según me cuentan. Pero le cogí odio al primer profesor que tuve. Entonaba cuanto escuchaba por la radio y mis padres decidieron buscarme un maestro, hasta que por fin fui entrando en ese mundo. A mí lo que más me gustaba era pintar y cantar, no tocar. A los dieciséis años me fui hasta Santiago de Cuba, para hacer una prueba de escenografía. Pero llegué tarde al examen de Cubanacán, o sea, de aprobar, debía venir a estudiar a La Habana.

Entonces, me quedé con una tía y con mis primos, quienes estaban armando una orquesta. Conclusión, que le agradezco a la vida haberme quedado en Santiago de Cuba. Por estar en 'la cuna de la trova', comenzó mi vínculo. Porque mi antecedente solo era de traganíqueles y bolerones de la radio. Pero en Santiago me hice asiduo a la casa de la trova, a donde acudía diariamente.

Ya venía haciendo canciones muy extrañas, que eran como fábulas. Cuando las comencé a cantar en público, decía que el autor era un loco de Banes; pero nunca dije que eran mías. Las canciones eran una onda fantasmagórica, realmente muy raras y no quería dar mala impresión, porque no tenían nada que ver con lo que se escuchaba por allí.

Los bardos de la trova vieja me asumieron, porque me encontraron muy simpático. Así empecé hasta que, en 1967, vi a Silvio cantando por la televisión. Entonces me di cuenta de que había otros con canciones más locas que las mías y confesé la verdad. Todas aquellas canciones raras que les canté, son mías, les dije. Comencé a hacer señales de humo, para poder enterarme cuándo alguno de aquellos jovencitos trovadores, llegarían hasta Santiago de Cuba.

Me dicen de un tal Pablo y un susodicho Noel. Fue un concierto en la Casa de las Américas de la Canción Protesta, en 1968. También me entero y conozco a Miguelito Escalona, en Camagüey. Me vinculé mucho a los poetas Waldo Leyva, Jesús Cos Causse, además de los teatristas. Simultáneamente comienzo a estudiar Artes Plásticas y a trabajar en el Conjunto Dramático de Oriente. Todo esto empezó a generar en mí una gran inquietud.

¿Qué edad tendrías?

Unos dieciocho años. Empiezo a conocer gente de la antigua provincia de Oriente y comenzamos a unirnos. Ramiro Gutiérrez, de Holguín; Freddy Laborí, conocido como «el Chispa de Baracoa». José Antonio Rodríguez, de Las Tunas. Así intentamos contactar con la gente que estaba en La Habana.

¿Cómo lo logras?

El primero que cae un día a las cuatro de la tarde en mi casa, fue Noel Nicola. Ya había escuchado hablar de este loquito. Noel, se aparece con Bertica del Castillo, profesora de la Universidad de Oriente y Grisel Franco una actriz y poetisa. Arrancamos a cantar y la descarga terminó a las once de la noche; fue un amor a primera vista trovadoresco. Con él, le envío a Silvio un casete, que en una 'cara' tenía mis canciones y en la otra las de Miguel Escalona.

¿En qué año fue?

Lo del casete fue en 1969. Luego estuve un tiempo estudiando escultura, pero regresé; eso es historia aparte. También vine a La Habana y a través de Pablo Labañino, pintor con quien estudiamos en la Escuela Nacional de Arte (ENA) y Gloria Parrado, teatrista, se crea la posibilidad de un encuentro en su casa, con Vicente Feliú, Belinda Romero, Jorge Gómez y alguien más que no recuerdo. Esa misma noche había un concierto de ellos en Teatro Estudio y Pablo Labañino, me da 'una cañona' para que cante. Fue la primera vez que lo hice aquí y fue en el concierto de Noel, Vicente y Jorge, en 1969.

Sigo haciendo mis cosas y en 1970 me invitan al Festival de la Trova en Santiago de Cuba, «Pepe Sánchez». Los trovadores jóvenes estábamos muy entusiasmados porque conoceríamos a Silvio, famoso por su irreverencia. Era muy protestón. Porque también, entonces, nos enfrentábamos a los burócratas y todas esas cosas.

En 1968, tres meses antes de que muriera Sindo Garay, el poeta Jesús Cos Cause, me presentó al viejo trovador, que estaba próximo a bajar las escaleras del Ayuntamiento, frente al parque Céspedes. Para mí aquello fue mágico, se trataba de Sindo Garay, el más grande de todos. Tiempo después, en la parte de debajo de esa misma escalera, José Rodríguez Lastre —Nikitín— un teatrista de Camagüey, me presentó a Silvio Rodríguez.

Eso no es casualidad.

Fíjate que yo hice una canción. Fue en la misma escalera, arriba Sindo y con dos años de diferencia, abajo conocí a Silvio. Después de eso, todo fluyó de una manera diferente, cuando venía a La Habana, iba a casa de Silvio.

En 1971 nos vimos para otra reunión y nos hicieron una audición a un montón de trovadores. El asunto es que querían hacer un grupo de Música Latinoamericana, para ir a Chile. Fue el grupo Manguaré, pero como me negué, por poco me queman en una pira. Yo no quería pertenecer a un grupo. Sobre eso, Silvio me dijo: «tú quieres ser trovador y ya está, lo de formar parte de un grupo no es ninguna misión».

Imaginé que nunca me volverían a llamar para nada más, pero no fue así. En 1972, aun no existía el Movimiento de la Nueva Trova, me avisan que viniera a una reunión en el Consejo Nacional de Cultura. Llego con mi guitarrita y al verla, destartalada como estaba, me dan otra para que toque algo. ¡Una 'clase' de guitarra preciosa! Cuando termino, me dicen vas a la «Rada» con Silvio y Eduardo Ramos.

¿Has escrito sobre eso?

Hice un diario, que me lo editó Silvio y te lo voy a regalar. Yo iba que no cabía en mí, porque creía que me habían regalado la guitarra de mi vida. Entonces llamé por teléfono a Rosi y le conté lo que era más importante para mí: el asunto de la guitarra. Después le dije que, en el mes de enero iba para un sitio que se llamaba la Rada, porque ni había entendido bien. Yo era un guajiro bastante culto, pero no estaba en nada de eso. Ella es la que me dice: ¡Niño, es la RDA! ¡Te vas a la República Democrática Alemana!

Pero antes, como éramos tantos pululando por todo el país, la UJC y el Consejo Nacional de Cultura, decidieron reunirnos en Manzanillo para determinar qué queríamos hacer los jóvenes trovadores. Nos decían Joven Trova, Canción Comprometida y un montón de otros términos.

Es en diciembre de 1972, que conozco a Sara. Ella era miembro del GESI. El grupo, ya casi estaba como disolviéndose. Tuvieron una vida muy corta, porque fueron muy incomprendidos, hasta que Haydeé y Alfredo los auparon. Fueron rechazados muchas veces, sobre todo Silvio, que era muy contestatario.

El caso es que mi encuentro con Sara fue muy bonito. Ella estaba en la punta de una mesa y yo en el otro extremo. No olvido que me enfocó aquellos ojazos azules y nos quedamos mirándonos, ese día supe que tendríamos una larga historia. Ella me miró desafiante, como para descifrarme y luego sonrió. Enseguida estábamos conversando, como si nos hubiéramos conocido de toda la vida. Sara era muy divertida, siempre lo fue. Muy justa, seria, pero jodedora. Ella era una fiesta. ¿La conociste personalmente?

«No». Apenas la vi actuar en un concierto.

Ella tenía una frase que decía que era «una fea inolvidable». Ese mismo día hicimos una súper descarga. Paramos en el club Diez, en Manzanillo.

¿Por qué escogieron Manzanillo?

Porque intentamos que aquella reunión, coincidiera con el desembarco del Yate Granma. Planeamos hacer la caminata desde Las Coloradas, hasta Alegría del Pío.

¿También estuvo Sara?

Sí, Sara hizo la caminata. Quisimos enlazar el movimiento, la tradición cultural de Manzanillo, al poeta Navarro Luna y a toda esa trayectoria histórica y cultural. El caso es que, en medio de la euforia y la descarga, en ese frío diciembre, se nos ocurrió tirar a Sara a la piscina.

¿Cómo?

Eso no es todo, aquel depósito no había sido usado hacía mucho tiempo y exhibía una nata verde encima del agua. Sara se resistió, que no y que no, por eso cayó en aquella cosa y lo único que sentimos en la caída libre fue: « ¡yo soy asmáticaaaa!»

¡Qué clase de grupo!

Bueno, todos acabamos en el policlínico de Manzanillo. Sara tenía un ataque de asma que por nada se muere. Fue una locura. Ese fue nuestro primer encuentro.

¿Qué otras características, recuerdas, la distinguieron?

Era muy conversadora. Le gustaba 'tirar cabos', dar opiniones a la hora de «tallerear», sobre todo con los más jóvenes.

¿Desde el comienzo fue así?

Siempre. Lo mismo te tiraba de las orejas, que nos estimulaba. Cuando había que musicalizar poesía y lo demostró con su famoso trabajo sobre José Martí, insistía mucho en los puntos y las acentuaciones. Decía que era preferible cambiar la música, que el texto. Una palabra mal dicha, es una mala palabra. Había que respetar el contenido. El texto es de un poeta conocido, no lo puedes desacentuar. Para evitar los 'arboles' y los 'pajaros', nos comentaba en broma.

Es muy difícil, ¿cierto?

Demasiado. Debes darle una intensión, respetando el original. No sacrificar el contenido en ningún momento. Si el texto es propio, es tu asunto. Acerca de las interrogantes, debes tener mucho cuidado, para que no parezca una afirmación. Hasta la melodía debe ser intencionada, en una interrogación. Ella insistía mucho en eso. Aunque no fue de gran producción musical, pero su obra es perfecta. Una obra de arte.

Entonces, ¿ella elegía interpretar?

Sí, ella prefería interpretar. A mí me gusta más componer, prefiero el dolor del parto. Rosi me dice, 'te pones peleón' y eso pasa cuando tengo una frase trabada, que no me sale. Sin embargo, Sara disfrutaba más cantar, porque interpretar tiene otro encanto. A la hora de interpretar, era otra 'abelardita', como yo le decía. Porque escudriñaba mucho, sobre todo con los autores vivos, la intención de cada frase. Ella interpretó varias canciones mías.

¿Cuáles, por ejemplo?

Trovada matamorina, la cantábamos desde que fuimos a Italia. Otra que grabó en tres discos, con tres versiones distintas, a las que añadimos una más y en vivo, fue *Colina de la serenata*, una elegía a Santiago de Cuba. Hizo una interpretación de un texto de

Waldo Leyva, que arreglé para ella. El disco se llama *Definitivamente jueves*. Estuvo conmigo y con Waldo por muchas horas, investigando cada frase, pero cuando fue al estudio, hizo una sola toma.

Entonces, ella necesitaba entenderla, antes de asumirla como propia.

Cada interpretación la interiorizaba, hasta que la hacía de ella, porque cantar una canción de otra manera, era como una reproducción sin alma. Tenías que imaginar y sentir todo lo que sufrió el autor para hacerla.

Sucedió con las canciones de Marta Valdés, porque se reconocen como "difíciles".

Así fue. En el disco de *Mujeres*, también. Así con cada una de las letras. Las canciones que le interpretó a Pepe Ordaz, *Mírame*, *Un son para ti*, parecen que son de ella.

Muy minuciosa en el montaje de cada obra, se dice.

Es que solo conozco a dos personas así. Sara González y Mirian Ramos. Son así hasta el último de detalle. Cuando van a cantar todo está pensado y sentido.

¿Para no fallar en nada?

Ellas iban listas a cantar. Otra cosa, decía que interpretar el contenido de la canción, ayudaba si te fallaba la memoria. Una palabra y ya sabes a cuál acudir, porque estas dentro del sentido de lo que quieres decir. Se establece una cadena, eso se estudia en teatro.

Pero, en teatro todavía es más fácil, ¿O no?

Claro, en teatro se puede improvisar. Son recursos que se usan; Corina Mestre tiene la maestría en eso. Es la actriz con mejor memoria que yo conozca. Pero en asuntos de la canción, sabes a qué acudir, porque puedes meter la pata y cambiar el sentido. Pero no te sucede, si tienes claro el objetivo de qué quieres decir, siempre se te ocurrirá una palabra afín. Ella sabía qué hacer para resolver un remiendo.

¿Tuvieron la oportunidad de hacer giras?

Tuve la dicha de ser testigo de su primera salida al extranjero, que fue en 1975 con Manguaré. Fue muy buena y muy divertida.

¿En qué consistió?

Estuvimos invitados por el Festival del Periódico L'Umanitá. Fue en Bolonia, pero después se hizo una gira por toda Italia. Sara era la única mujer del grupo y me divertí tanto con ella.

¿Se sentían cómodos con ella, siendo la única mujer?

Es que era muy maternal, ella era quien nos cuidaba. Aunque nosotros la malcriábamos mucho. A mí, ella me compraba con mayonesa.

¿Por qué?

Es que a mí me encanta lavar en los viajes y me decía: « ¿enanito, me lavarías siete pullovers?» Entonces, yo protestaba. Al poco rato, abría la puerta y me traía un pomo de mayonesa. « ¿Cuánto me dijiste que era?», me decía. Y cuando se daba dos tragos, más nos reíamos con ella.

Un día, estábamos cantando ante un público con Santiaguito García, *Cuando miro tus ojos, veo en ellos a la patria.* Yo tocaba unas maraquitas. Sara estaba con la clave y, en un momento, las pone en el piso. Como soy teatrista al fin, para evitar cualquier cosa en el escenario, le doy con el pie a las claves y las tiro para atrás. Cuando ella ve lo que hago, sigue cantando: «quédate para siempre… búscamela maricón…» y repetía entre dientes: «quédate para siempre… búscamela maricón». Es que, en la segunda parte de la canción, ella necesitaba las claves.

Por esa época no nos interesaba tomarnos fotos, todo era compartir. En otra ocasión, estábamos celebrando la Semana de la Cultura en Santiago de Cuba, para la despedida nos reunimos en casa una santera santiaguera, mujer de un bailarín del cabaret. Muy del ambiente de artistas. ¡Y así mismo estaba aquel altar, lleno de ofrendas de los famosos! Marcia Reingijo, era madrina espiritual de Pablo Milanés. Por eso, muy solemnemente la santera le entrega un brebaje a Sara, para que se lo dé a Pablo e invoque a los santos. Todos nos fuimos con tal ceremonial, que parecía que habíamos hecho la primera comunión. Una vez Marcia le dio un clavel a Silvio y este salió de allí caminando con aquel clavel en la mano, con una rigidez tremenda.

En esa oportunidad, yo venía para La Habana con Sara y salíamos en una guagua de madrugada para Holguín, porque el aeropuerto de Santiago estaba cerrado. En medio de aquella molestia y durante esa larga travesía en aquel ómnibus lleno de músicos, Sara me dice: «tú crees que los muertos se pongan bravos si probamos el brebaje». Le contesto que no era bueno hacer aquello, pero me convenció. Era una botella de aguardiente preparado con yerbitas. Él no se va a poner bravo, yo le llevo una botella de aguardiente, me aseguró. Conclusión, de Palma Soriano hasta Holguín, fuimos cantando y se acabó el mal rato. La guagua entera iba aplaudiendo.

De los momentos en que hayan compartido, ¿cuáles recuerdas especialmente?

Cuando Sara cantaba *La victoria*, siempre era el clímax del espectáculo. En Italia, un partisano subió al escenario y le entregó su medalla para que se la diera a Fidel, mientras las lágrimas de Sara, salían a chorro limpio. Con la primera gran delegación de la Nueva Trova que visitó a España en 1978, recorrimos como diez ciudades. Cuando llegamos a Zaragoza me dijo: «esta es mi ciudad, aquí me puedo portar mal». Cuando llegamos a Barcelona en esa gira, quien nos debía recoger no fue y el que estaba allí, era Joan Manuel Serrat. Así que nos fuimos todos y amanecimos en su casa, tomando vino y comiendo chorizos. Allí nos aprendimos a coro: «unos se creen que nos mató el tiempo y la ausencia». Estuvimos Amaury, Sara y el Chispa, entre otros. Los famosos atuendos que llevábamos puestos, eran prestados por la tienda El Louvre de La Habana, porque eran 'sobretodos' invernales, que no usaríamos nunca más. El Chispa, que llegó tarde, se apareció con el último sobretodo que quedaba, era de color rosado y una maleta con costuras rosadas, también. Cuando vimos a aquel guajiro llegar, fue para morirse de la risa. Sara era para nosotros el cascabel y la seriedad al mismo tiempo. Porque a la hora del tema solemne, ella era quien daba el trastazo, con *La victoria.* Por otro lado, no paraba de hacer cuentos.

¿Podrías comentar acerca de la acogida en España?

Los conciertos fueron muy hermosos, en Paraninfos, a tope de público. Fue cuando el Onceno Festival Mundial de la Juventud y los Estudiantes en Cuba y, todo el dinero recaudado, más el estipendio, lo echamos en un pote y se lo entregamos al secretario de la Juventud de 1978. Esa gira fue muy variada y agotadora, 'veintipicos' de conciertos en un mes. No hubo problemas, todo lo contrario. En estas presentaciones estuvieron Silvio y Pablo, que eran grandes amigos y abrieron nuevas oportunidades para todos, en posteriores invitaciones.

Una de las canciones que cantábamos todos a coro, fue —tarareada— *El nacimiento del mundo se aplazó por un segundo…* y después cerrábamos con *La victoria.* Fueron «concertazos» a teatros llenos.

Cuentan que tu cumpleaños, se convirtió en una motivación para ella, coméntame sobre eso.

Fue cuando cumplí los sesenta años. A espaldas mías, ella lo organizó todo. Hicimos la primera parte en el Jardín de la Gorda, con el Trovandante: Waldo Leyva, Rochi Ameneiro, Pepe Ordaz y yo. La segunda era ella y sus invitados. Cuando terminamos de actuar, Rosi me dijo: ven a sentarte aquí delante y yo me quedé fumando atrás. Yo si veía un montón de cositas de cumpleaños, pero ni imaginarme. Entonces, voy y me acomodo, así puedo ver a Sara cuando empieza a decir: «ahora voy a dedicarle a un amiguito mío, que yo quiero mucho, porque es un enanito así, que ayer cumplió sesenta y le voy a hacer un regalito musical». Arrancó a cantar Kiki Corona: *Amor en los tiempos.* ¡Que sorpresa tan linda! Cantaron diez canciones mías, que ella 'montó' secretamente con Liuba, con Amaury, con Rochi, con Heidi, Diego Cano, con Marta… por poco me da un infarto de la emoción. Estuve tres días afónico. Sara fue una amiga a lo Corina Mestre, de las que no son para elogiarte nada más. Sara me llevaba a paso de conga, pero igual mira sus gestos hacia mí. Nos adorábamos.

En pleno Período Especial, ella traía la comida para que mi madre nos cocinara, comenta Rosi. Yo fui cómplice completa de toda la organización del cumpleaños. Previamente Augusto me dijo: «bueno, menos mal que mañana son un par de canciones». Yo lo miraba y decía para mí: ¡si tú supieras! Hubo una piñata inmensa que hizo Diana, era un guitarrón. Todos con los gorritos y los globos escondidos.

Augusto la interrumpe para decir, que era su jardín y sus jardineras, así decía Sara refiriéndose a su público. Cada presentación era un proyecto. Era muy buena anfitriona. La última vez que cantó allí, ya vino enferma y en el siguiente, no estuvo, mando una grabación hablando de la vida. Cuando ella fue a cumplir sesenta años yo le hice una canción, que está en el disco homenaje que se concibió cuando ella falleció. Es *Pequeña fábula del sinsonte y el ruiseñor*, en que termino cantándole a modo de regalo *Amor mío no te vayas.*

Esa canción que le hice para su cumpleaños, ella nunca llegó a escucharla grabada.

¿Pero, le llevaste la canción, estando enferma?

Bueno, la escuchó cantada por mí, porque se la canté en el hospital. Semanalmente íbamos a verla, hacíamos cuentos. Allí nunca se hablaba de enfermedad, sino de la vida.

Ese día, como a las cinco de la tarde llamé a Diana, acota Rosi. ¡Qué intuición tiene una a veces! Le pregunto, 'cómo anda la cosa' y me responde, 'muy mal'. Inmediatamente le propongo si quiere que vayamos para allá y me dice que sí.

Augusto toma el hilo de la conversación, aun conmovido.

Como a las seis y pico, nos dicen que se murió. Enseguida llegaron Silvio, Abel, Abelito, José María y Amaury. Entré y le cerré los ojos a Sara. Aquellos ojos azules, que me miraron desde la otra punta de la mesa, en Manzanillo.

Lo que desfiló en la trovada fue todo el pueblo, hasta un barrendero, otra señora que vende flores. Ese honor de la despedida, recibido en la fragata, no se lo han dado a nadie, pero ella se lo merecía.

Cuando Diana tiró las cenizas al mar, que estaba apacible hasta ese momento, comenzó a moverse aquel barco y Frank Fernández dijo: «La Gorda nos está respondiendo». Cuando íbamos saliendo por el puerto, en uno de los balcones había un cartel que decía: ¡Sara vive!

Sara entre Augusto y Rosy, esposa del trovador.

Ahora recordamos que todos los 31 de diciembre, los pasábamos en la terraza, con ella. A las doce de la noche, esa mujer se paraba a cantar el himno nacional. Lo hizo hasta el final, casi sin fuerzas. Sara era la verdad. Integra, de convicción profunda. Nunca olvido que, en una tribuna, cuando yo iba a cantar una canción de Tony Guerrero, donde previamente había cantado Jorge Gómez —ya sabes lo alto que es— y no me dio tiempo a cambiarme de micrófono. Entonces comencé a cantar, mientras levantaba la cabeza hacia el aparato aquel. Cuando terminé, yo mismo pensaba, prepárate Augusto que esto se va a prestar para el relajo. Nada más que entré a mi casa, siento el teléfono sonar y quien tú crees que era.

Sara.

Me dice: «óyeme enano maricón. No se te ocurrió coger el micrófono como lo hacía Roberto Carlos y virarlo. Parecía que te estabas bañando con una ducha, comemierda». Yo me recuerdo cantando y mirando para arriba. Esa gorda me llevaba a paso de conga.

Después de reírnos tanto y sentir apretado el corazón con las anécdotas de Augusto, cierra Rosi, su bella mujer, expresando: «Lo mismo Sara que Diana, son dos amigas incondicionales». A lo que Augusto añade: «Amigas de esas, que se mueren por ti».

SARA ES UN ESPÍRITU INMORTAL

AMAURY PÉREZ VIDAL

Sara y Amaury por siempre.

Amaury es una leyenda en el mundo de la música cubana. Cantautor prolífico, escritor de novelas y poemas, presentador de televisión, conversador insaciable, controversial, ingenioso e hidalgo.

En tiempo pandémico, cuando nos costaba salir a la calle, caminé hasta su casa muy lejos de la mía. Llegué hecha una «sopa», allí me esperaban Petí, dulce y gentil, su primorosa perrita Chanel y Amaury, quien de inmediato se acomodó en su terraza, buscando el espacio justo, el de siempre, entre sombra y sol para prender su tabaco.

Observo su ritual y con el primer aroma del tabaco, recuerda el espíritu vivo de su padre muerto: «cuando fui a quitarle la guayabera, había dos tabacos de la bodega en su bolsillo. Esa larga noche de funeraria el 19 de febrero de 1990, fue la víspera de un viaje a Venezuela, al cual fui un día después. Me fumé ese tabaco, luego el otro y hasta hoy. Nunca he fumado cigarro, no sé aspirar, nunca he aspirado nada».

»De qué va este libro, cuéntame.

»No sé por qué, en este tiempo borrascoso, empecé a escuchar la música de Sara. Le pregunté a Diana si le interesaba hablar del tema y me dijo que fuera a verla. No sabía quién era, no nos conocíamos personalmente y tampoco que se había editado un libro en ocasión de su muerte. Así comencé a hacer esta compilación de testimonios, que ha resultado una suerte de meditación colectiva.

»Hay quienes escribieron un poco más frío en la web. Otros, son grandes testimonios, como el de Silvio, en ocasión de su muerte. Como fue en un contexto luctuoso, no todos mencionaron a esa Sara musical, alegre y lúdica que tanto se recuerda. Fue un momento en que muchos sacaron el corazón, para ponerlo en el papel. Una madrugada fui a coger el libro de Sara y me ocurrieron cosas: como que me cojo el dedo con una puerta, tropiezo y me caigo.

»Pero, bueno…

»Ya sabes, hasta que dije —y tú sabes quién soy yo, el hijo del Papa— no voy a coger más ese libro. Sara no quiere que lo lea más.

¿O quizás te hace maldades?

Yo disfrutaba a Sara. Después que se operó las caderas, cuando venía a esta casa, se sentaba ahí, justo donde estás y lo que más le gustaba era decirme: «me cago en Dios, perdóname Amaury». Hasta que un día le dije, puedes seguir haciéndolo, allá tú. Yo no soy cura. Yo no lo digo, pero si tú lo dices… entonces me respondió, ¿no te ofendes? Le expresé que no, pero cuando ella se unía con mi mamá, lo que formaban con eso, era mucho y siempre terminaban riéndose.

De sus primeros años ¿Qué recuerdas?

La conocí bien cuando entró al GESI. Pero verla, fue cuando entró en el Conservatorio de Música. Entonces ella comenzó a interpretar las canciones de Silvio. Teníamos una amiga en común, que estudió conmigo en la secundaria y era la sobrina de Conchita Fernández: la secretaria de la República. Y si Isabel Fernández estuviera viva, porque murió de cáncer en los ganglios cuando era muy joven, sería una gran intelectual cubana. Recuerdo que en aquellos tiempos, también nos escribíamos muchas cartas.

Nuestra amiga Isabel tenía una inteligencia natural. Cantaba, tocaba guitarra, piano y Sara siempre iba allí con un grupo diverso y variopinto. Esas fueron las primeras veces que vi a Silvio. Sin hablarle de nada, solo iba y me sentaba allí. Por ejemplo, —Silvio Rodríguez— estrenó en esa casa del edificio Ñico López: *Te doy una canción*. Puede que fuera en el año 68 o quizás 1969.

Era un grupo tan grande y heterogéneo. Allí se daba cita media UNEAC: Roberto Fernández, Fajad Jamis, Roberto Branly, hasta Silvita —Silvia Rodríguez Rivero— creo que iba también. Es que Isabel era un imán para la gente.

Luego cuando Isabel muere, dejamos de vernos. A mí me llamó la atención esa muchacha tan delgadita, con aquellos ojos de un color muy sólido, porque no eran ni azules y que cantaba tan bien. Era Sara.

Ella tenía una prima que murió ya, María Eugenia. Gracias a ella y Connie, su pareja norteamericana, que nos traía discos de música de ese país y la traducía para nosotros. Fue así que escuchamos cosas que aquí no se oían. Menos mal que ella nos comentaba la letra, porque no sabíamos una palabra en inglés.

Yo trabajaba para el ICAIC, por eso recuerdo bien cuando Silvio le da aquella canción a Sara, destinada a ser el tema de las aventuras de la televisión: Los Comandos del Silencio, que se conoció como *Un hombre se levanta*. Cuando me comenta que la va a cantar una muchacha, le pregunto: ¿ya le cambiaron el tono? Ella la cantará en cualquier tono, me dice. Es que no había tiempo para nada. Preciso con él, a qué hora es la grabación y veo que aún me da tiempo de llegarme a la Pelota a comer cualquier cosa, junto al técnico de aquella grabación, mi amigo Germinal Hernández.

Sara venía caminando con aquel pelo rubio espectacular, un pantalón de corduroy negro y un pulovito verde. Viene de un comedor, con tarjeta y todo, que tenía el ICAIC en 25 y 12. Se hizo la grabación y enseguida brotó esa química con Sara. Yo solo era el asistente de sonido. Esto fue a principios de 1972 y el MNT se crea en diciembre de ese año.

¿Ese fue tu primer trabajo?

No, a mí me estuvieron botando desde antes. Cuando salgo de la escuela Secundaria, no quería seguir estudiando —porque no se podía repetir el décimo grado tantas veces— y mi mamá me dijo que tenía que trabajar. Entonces dibujaba bastante bien y fui a trabajar a los Estudios de Animación del ICRT, ubicado en la antigua funeraria Caballero, pero de allí me botaron porque tenía el pelo largo.

¿Solo por eso?

Imagínate tú, yo era un muchachito en el año 1970. Hablé con mi padre, le dije que me botaron y me mandó a buscar trabajo al departamento de orientación revolucionaria, en la parte de promoción. Estaba ubicado en donde ahora está Relaciones Internacionales del Ministerio de Cultura y lo dirigía Mirta Muñiz Egea.

Estuve un año con un cubo lleno de engrudo, pegando carteles por toda La Habana, de aquellos que decían, «La Zafra va». Como ese trabajo era de poner carteles revolucionarios en la calle, con el pelo largo y esa imagen de mala influencia, tampoco les convenía y también de allí me sacaron.

Entonces hablé con Noria, en ese tiempo era el marido de la bailarina Cristi Domínguez. Lamentablemente él murió en un terrible accidente y al velorio fuimos juntos Sara y yo, porque ya éramos muy amigos para entonces.

Sara vivía humildemente en Marianao, en una pequeña casita. Su padre se llamaba Berto y era tabaquero. Cuando nos vimos, me regaló un tabaco que guardé, porque tenía forma de cachimba. Sara estaba pasando trabajo, porque terminaba tarde en sus actividades diarias, no podía llegar a la casa a esa hora, para levantarse al día siguiente, a coger dos guaguas y llegar al ICAIC. Mi mamá hizo una linda relación con Sara y le dijo que se quedara a dormir en casa. Así lo hizo durante un año.

Sara dormía en la habitación de mi hermana, recuerdo que cayó con la menstruación en mi casa. Salió y le dijo a mi mamá, que le prestara una latica, supongo para asearse. Ella no tenía maldad. Mi madre fue quien le explicó lo que era la menstruación y le dio unos pañitos, que era lo que usaban las muchachas en esa época.

Te puedo decir que llegó a ser «una jodedora», pero nunca tuvo maldad en su alma. Siempre fue demasiado sana, nos hicimos hermanos desde entonces. En esa época Sara tenía novio, un romance de verdad. Y también fue novia de Santiago Botalin, de Santiago de Cuba, quien fue marido de Mirian Ramos. Una gran persona, ya fallecido.

Ella aún no componía canciones, pero todos nos vinculamos enseguida a la Casa de las Américas. En esa época éramos Silvio, Sara, Pablo y Amaury. Los demás entraban y salían, pero nosotros vivíamos metidos allí. Cuando venían invitados nos íbamos todos al Náutico, donde vivía Haydeé, ella sacaba una sartén enorme, porque le encantaba hacer unas tremendas tortillas de papas para todos. ¡Por esos años, aquí convergían tantos artistas!

Recuerdo que Serrat vino a Cuba en 1973, Sonia Silvestre, Roy Brown y terminamos tirando cojines en el piso en casa de Haydeé.

Amaury y Sara. Al centro Haydeé Santamaría, creadora y patrocinadora del Movimiento de la Nueva Trova.

Un día, cuando apagaron las luces, comenzó el 'fuego' de cojines. Un bando lo capitaneaba Silvio y el otro Pablo, Sara y yo en éste. Era una muchachería que divertía demasiado a Haydeé, quien se moría de la risa mandándonos a callar. Aquello se acababa cuando llegaba su esposo, Armando Hart. Yo había encontrado el lugar perfecto detrás de una escalera, para meterle un cojín por la cabeza a Silvio. Cuando tomo impulso, no puedo hacerlo porque Hart cogió el cojín por detrás y lo impidió. ¡Qué cosa es esto! Dijo él y todos nos fuimos corriendo.

Al otro día tenía mi turno de trabajo entre las 6 pm a las 6 am, donde debía hacer unos «recording» en unas máquinas enormes, que unían el sonido con los efectos del Noticiero ICAIC. El día que te narro, terminé más temprano. Llegué a mi casa sobre las 12 de la noche y encontré a mi madre —Consuelito Vidal (La

Habana, 4 de diciembre de 1930 - La Habana, 7 de octubre de 2004) actriz, presentadora de televisión y animadora cubana— ensayando su próxima obra en Teatro ICR, se trataba de *Bodas de sangre*, de Federico García Lorca.

Me hizo escucharlo tantas veces, que terminé repitiéndolo y aprendiéndolo. Recuerdo esa frase final… «Con este cuchillo, se queden los hombres duros, con los labios amarillos. Y apenas cabe en mi mano, pero penetra frío, por las carnes asombradas, y allí se para, en el sitio, donde tiembla enmarañada, la oscura raíz del grito».

A esa hora de la noche, una persona de confianza me manda a buscar y dice, le han informado que Sara era homosexual.

¿Cómo reaccionaste?

Estaba claro que la tenía que salvar. Yo siempre la vi con hombres, no tenía por qué afirmarlo o dudarlo. Ella dormía en mi casa, me tenían que creer. Con la misma le dije, eso es mentira, Sara tiene novio, le confirmé. Esa noche le cuento a Sara y se puso a llorar.

Al otro día yo tenía una grabación de «Álbum de Cuba», en el Palacio de los Capitanes Generales y ya eran como a las dos de la madrugada. Mientras hablábamos, le dije, lo más importante es que a mí no me importa. No me interesa, pero a partir de ahora, somos novios. Andamos de la mano y hasta nos daremos un besito. Así fuimos al premio Casa de las Américas de ese año, la cogí por la cintura, le llevé un trago y le di un besito. Todo un show. No éramos novios, ni algo parecido.

Poco a poco Sara fue asumiendo su preferencia sexual. Yo conocí a sus parejas que, por cierto, no fueron muchas. Nunca fue promiscua. Ella era como una aristócrata de la homosexualidad. No hablaba ni presumía para nada de ello. Era natural para ella, como lo es en realidad.

Como sucede con la mayoría de las personas, que no hablan de sus preferencias sexuales.

Claro. Sabes, a casa de Sara iban sus amigos, sin ninguna distinción de la preferencia sexual. Ella siempre fue íntegra, discreta, nunca fue chismosa, ni de hacer cuentos de nadie. Nuestra amistad continuó. Recuerdo cuando más tarde le dieron una casita frente al parque Trillo, como también acaricio la idea de que siempre me consentía. Fíjate que una vez viajó y del dinerito que le dieron, me trajo el primer *jean* que usé en mi vida.

Algo apreciado para un joven de la época.

No fue un *jean* normal de costuras amarillas, sino uno azul con bolsillos a los lados, porque Sara no quería que yo llamara la atención.

Háblame un poco más del vínculo con Haydeé Santamaría.

Con Silvio y Pablo ella fue muy cercana. La amistad fue más profunda; también ellos eran mayores que nosotros, siempre fueron mucho más cultos y preparados. Pablo podría haberle llevado a Sara, unos ocho años y diez años a mí; cuando eres joven, la diferencia de edad, solo pesa en la madurez. Ellos eran Silvio y Pablo. Haydeé nos protegía mucho a todos, fue como una madre. Primero estuvo ella y después, Alfredo Guevara.

Hubo momentos en que comenzó una batalla contra la Nueva Trova y Alfredo crea el GESI. Había gente que no quería que Sara estuviera allí. Unos dijeron que preferían más músicos, para qué querían a una cantante, si ya tenían a Silvio, a Pablo y a Noel. Los que defendieron a Sara, a capa y espada, fueron Pablo el americano y Silvio Rodríguez. Ella era conocida, por haber cantado aquella canción de Silvio, para una aventura de la Televisión Cubana y convencieron a Alfredo de que debía estar allí. A su vez, él la defendió. No era nada contra Sara. Para qué otra cantante, solo decían eso.

¿Por qué los jóvenes trovadores eran relegados y por qué surge ese amparo?

Más que todo era una desprotección. Éramos como algo que se había colado en el medio de la cultura cubana, sin que nadie lo previera y no respondíamos a nada. Sobre todo: Silvio, Pablo y Noel, nosotros no éramos bien vistos. Haydeé nos amparaba, pero ella sola no podía, por las fuerzas ideológicas del momento, hasta que...

¿Tampoco ella podía emplearlos?

No. No teníamos como sustentarnos, hasta que habla con Alfredo y crea el GESI. Teníamos a Alfredo que era una «cuatrobocas». ¿Quién se metía con Alfredo? Venía del Movimiento 26 de Julio, amigo de Fidel y de Raúl. Tenía una historia tremenda. Durante la dictadura de Fulgencio Batista, a Alfredo le machacaron los huevos con un martillo, en la Quinta Estación de Policía, porque sabía dónde estaba escondido Fidel y ante la tortura, Alfredo no habló.

A Fidel lo buscaban para liquidarlo. Alfredo le dijo a Fidel, métete en la bombonera —donde después muere José Antonio Echeverría— un albergue de estudiantes universitarios con plata, que venían del campo y se hospedaban ahí. Por obvio, a nadie se le podía ocurrir buscarlo en aquel lugar.

Posteriormente, alguien tiene la idea de que el Movimiento de la Nueva Trova, forme parte de la Unión de Jóvenes Comunistas. A algunos de nosotros no nos gustó esa idea, porque era un movimiento que surgió espontáneamente a partir de Silvio, Pablo y Noel, Vicente también. No era institucional. Entonces lo institucionalizan y tampoco a Sara le gustó eso. Porque sentíamos que era una forma de controlarnos.

Hasta que se produce la fundación del MNT, aquel activo en Manzanillo al que no puedo ir porque tenía trabajo en el ICAIC.

El director de sonido no me dejó ir, aunque eran tres días. Ciertamente he sido anti institucional. Nunca me gustó eso del carné, el presidente y el vicepresidente, nunca.

¿Tú no fuiste parte de la institucionalización del MNT?

Sí, no me quedaba más remedio, pero no acepté el carné. Aunque, en principio, yo no tenía la menor idea de nada. Lo que sabía de la Revolución cubana, era por mi papá y mi mamá, quien se convirtió en una gran fidelista, como en principio lo fue mi padre. Ella tenía sexto grado y escuchaba a mi papá. Fue quien dirigió el control remoto que transmitía a Fidel por muchos años, después fue amigo de Celia Sánchez.

En 1974, se produce un espectáculo magistralmente dirigido por Frank Fernández. A cada uno, nos mandaron a hacer canciones para un cuatro de abril. La petición era sobre distintos temas de la Revolución. Noel la hizo sobre la Campaña de Alfabetización. Pablo compuso aquello de: «Bolívar lanzó una estrella, que junto a Martí brilló…». La llamó *Canción por la Unidad Latinoamericana.* Silvio hizo una interesante trilogía, *Preludio*, después Eduardo Ramos, con *Girón, la batalla* y Sara hizo *Girón, la victoria.* Fidel fue y quedó rendido con la canción de Sara.

¿Tú participaste ese día?

Sí, hice una canción dedicada a la Columna Juvenil del Centenario. Se llamó *Quién sabe más.* Malísima. Allí gustó, pero a mí no.

¿No te gustaba o no trascendió? Eso le sucedió también a otros, no necesariamente por su calidad.

Claro. Pero es que yo creo que era mala; sin embargo, fue la primera canción mía que se puso por radio, también formó parte de un disco. Antes se produjo uno en colectivo, cuando el Golpe de Estado en Chile. Ahí canté una canción que había escrito: *Andes lo que andes* y otro tema que hice, que se llamaba *La canción es un alma de la Revolución*. Esa tampoco me gustó y no recuerdo cuál cantó Sara.

Un día estamos en casa, después del ICAIC, porque seguía trabajando…

¿Continuabas como sonidista del ICAIC?

Hasta finales de 1975.

¿Y cómo músico?

Aficionado, por eso no cobraba. Los 127 pesos eran por mi trabajo en el sonido. Ni un peso más, ni menos. Sara ganaba unos 138 pesos. Creo que Silvio unos 200 pesos, quizá el que más cobraba era Pablo, porque tenía algo que en esa época se llamaba «sueldo histórico», porque había sido integrante del cuarteto Los Bucaneros, creo que eran unos 400 pesos. No sé exactamente, puede ser hasta menos dinero.

Cierto día estábamos en casa conversando y llega en automóvil un oficial vestido de verde olivo y pregunta por Sara. En casa le comentaron que la estaba buscando un escolta de Fidel. Sara se 'cagó' pero de la risa, cuando se lo dijeron.

¿No se le ocurriría que algo así le sucediera?

Eso era impensable para ella. Y le dicen que sí, el escolta estaba hasta con su ametralladora y todo. Fidel estaba en la casa de la calle 12, con Pierre Trudeau, el Primer Ministro de Canadá —1968 al 1984— y quería que escuchara *La victoria*. Pues cuando ve que es cierto, Sara se dispone a irse, coge su aparatico del asma y se lleva mi guitarra. Era la que había.

¿Sara no tenía guitarra?

No. Y nos quedamos esperándola, para que nos contara qué pasó en la casa de Fidel. Sara llegó a las cuatro de la mañana y nos contó que Fidel andaba en plantillas de medias, con un pantalón y una camiseta. Trudeau sin camisa y que Fidel le pidió cantara aquella canción unas 12 veces.

¿No exageraba?

Quién sabe, pero le decía, cántamela de nuevo. Esa fue su canción. Él le preguntó, de qué era el aparato que traía en su mano, Sara le dijo que ella era asmática. Sara había ido a Italia, invitada al Festival L'Unitaá, pero no se le ocurrió comprarse un nuevo aparato de esos. Después, Fidel le enviaba ese aparatico para el asma, que era tan necesario para ella. Cuando Sara sacaba aquel aparato delante de los asmáticos, era como si exhibiera un collar de perlas.

Siempre me haces reír.

Así lo contaba Sara. Desde entonces Fidel la llamaba para todo, también cuando venían invitados. Fundaron una amistad hasta el final de su vida. Es la única persona, que yo conozco, que trataba a Fidel de tú. Y a él le daba mucha risa, lo disfrutaba tanto. Imagínate, hasta el final de sus días, lo traté de usted. Comandante en Jefe.

Ya en 1976 me voy del ICAIC, el director de sonido casi 'me ofrece' para que me lleve el Servicio Militar, pero como siempre he tenido tantos problemas de salud, no pasé el examen médico. Mi madre me había dicho, el día que peses cien libras, te voy a hacer un pollo entero. Y así fue y allí estuvo Sara, también estuvo quien posteriormente fue la madre de mis hijos, porque la había acabado de conocer en ese mismo espectáculo del cuatro de abril de 1974. Una bailarina de la Escuela Nacional de Arte, de Danza Contemporánea, todavía es muy bonita.

Pues me caso con Magdalena y en 1976, se hace la primera gira del GESI: Polonia, Bulgaria y España. Yo me había propuesto para ir a Angola, pero no me aceptaron. Entonces llega un chisme sobre mí y es Sara la que me llama y me lo dice. Sesionaba el Consejo Nacional de Cultura y Rember Egües sería el director de esa gira, él mismo informó que yo no quise ir a Angola. Por eso me sacan del viaje.

¿El Consejo Nacional de Cultura, todavía existía?

Sí y fui allí. Llevé el papel del médico, donde decía que a mí no me aceptaron para ir a Angola. La guerra estaba empezando y allá fueron Silvio, Vicente, Manguaré, el mago Aira de Santiago de Cuba, el grupo Los Cañas y no recuerdo quien más.

¿Entonces Silvio no va a esa gira?

No, fue para Angola. El grupo de GESI era pequeño, algunos ya no estaban. Hacía falta un cantante que interpretara las canciones de Silvio. A ese viaje fue Alina Sánchez, Frank Fernández, todo el mundo. Para España, la Nueva Trova.

Franco había muerto en 1975, había una transición, pero seguía latiendo una dictadura. Un mes antes, hasta revisaron las letras de las canciones y fueron comprobadas por personas acreditadas para ello, en las dos patas del escenario. Estaban allí para botarnos de España, si las cambiábamos. Pero ya escuchas cómo era Sara. Ella cantaba y decía tan rápido cualquier frase, que los censores no podían seguirla.

¿Fue la primera vez que fueron a España?

En abril de 1976. Con un frío terrible y tuvimos tanto éxito, que nos invitaron después a una gira más grande. De ello quedó un disco. Fuimos tres intérpretes: Sara, Pablo y yo. La Nueva Trova Cubana actuó en el Monumental de Madrid, una sala de espectáculos de la calle Atocha. Hace poco vi el teatro, porque yo pensaba que habíamos actuado como para 50 000 personas y era una cosita chiquita. Fue para unos cuatro mil espectadores y yo lo veía tan grande. Hicimos un mes de gira, todo en Cataluña, Barcelona y al finalizar, Madrid.

¿Alguna anécdota que destacar?

Sucedió algo muy gracioso. Nosotros no teníamos experiencia internacional, excepto Pablo, quien había estado en Chile con Silvio, donde cantó *Yo pisaré las calles nuevamente*. Silvio, estuvo en Santiago de Chile y Pablo había estado en Alemania, eso era todo.

El que era director de Cubartista, Redento Morejón —luego estuvo en el ballet— fue quien planificó esa gira con un empresario catalán nombrado Franches Ribalta. Morejón es una persona maravillosa; se queda observándonos y dice que para actuar tenemos que comprarnos ropas y nos lleva a escogerla al Corte Inglés. La presentación sería en el auditorio Palau de la música catalana, un bello teatro situado en el barrio Gótico, donde sólo se cantaba el estilo lírico.

Fuimos a la carrera, por lo que a nosotros no nos dio tiempo ni a planchar la ropa. Sara compró un traje estilo mexicano, que allí costaba un huevo, con un hermoso bordado sobre tela de color amarilla. Unas botas iguales para Pablo y para mí, de cabritilla. Eran de color negro, muy bonitas y cómodas. Pablo se compró un pantalón de piel de manzana, de pana, en color carmelita y una camisa del mismo color, algo brillosa. No de brillo, pero llamaba la atención. Y yo idéntico, pero en verde.

Salimos muy orgullosos, porque consideramos que actuamos muy bien y apreciamos cómo estuvieron encantados con nosotros. Al día siguiente fue a visitarnos al hotel Astoria en la calle París, un cantautor llamado Luis Llach. Lo habíamos conocido en la rueda de prensa y nos confesó que le encantamos. Él que se dio cuenta de que Sara era lesbiana y pensó que yo también, era lesbiano.

Bueno, el artista que cantaba en catalán, se hizo amigo de nosotros. Era el momento en que estimulaban su lengua catalana, fíjate que a Serrat lo tenían medio 'planchao', porque cantaba en español. Lo cierto es que estaban encantados con el MNT cubano y me invita a desayunar. Sara, que es tremenda jodedora me dice:

este te quiere para otra cosa. Le digo que no, que vamos a desayunar. Lo cierto es que había salido una crítica periodística, que hablaba muy bien sobre nosotros y como estaba publicada en catalán, el artista la tradujo para mí. En una parte decía: «que lindos los cubanos nuevos, con los pliegues de su ropa a flor de foco». Claro, si las camisas nuestras y el vestido de Sara, aún estaban con las rayas definidas, tal y como aparecen dobladas en las tiendas. Pero eso no nos importó, nos aplaudieron mucho e hicimos tremenda gira.

Fue en Polonia donde conocí la nieve; Sara hacia ese cuento mejor que yo, porque allí hasta me cagué y me limpié con los calzoncillos. Es que ya en esa época, la relación entre Sara y yo evoluciona, porque ella me consideraba no solo su hermano, sino que se sentía como mi mamá. Ella tuvo conmigo un sentimiento maternal toda la vida. Cuando me decía Amaury, sabía que venía la candela. Pero habitualmente me decía Mau, porque me estaba queriendo mucho.

Existían muchas cosas en común entre ustedes. Incluso, ese espíritu lúdico de la vida.

En eso, ella era peor que yo. Me defendía mucho también. En 1977 fuimos con una brigada, en una segunda gira. La primera, fueron pueblos y ciudades de Cataluña.

¿Había una tendencia procubana?

Y la hay. Aunque Sara no me dejaba salir del hotel, porque decía que me iban a secuestrar.

¿Eso por qué?

Dos o tres veces me amenazaron, porque yo cantaba una canción que fue tema de una aventura: *Quien quiera miel* y otra *Por siempre Puerto Rico.* Había sido grabada por la disquera Paredón Records, de Bárbara Dane. Entonces, puertorriqueños independentistas que vivían en Cataluña la 'sonaban' mucho y los de derecha trataron de secuestrarme con amenaza de muerte y todo. Sara, lo sabía. El primer intento fue en la puerta del hotel y lo que hice fue mandarme a correr.

¿Nadie los protegía?

No, que yo sepa. Era contra mí, por esas dos canciones, por eso Sara no me dejaba solo. Algo muy gracioso es que, con la dieta que nos daban de doce dólares para desayuno, almuerzo y comida, yo quería ir a la esquina, donde había una cafetería. Como estaban de moda aquellos refrescos Fanta, deseaba tomarme uno. Sara me dijo, yo te los traigo, tú no te mueves de aquí. Así fue siempre, con ese instinto hasta el final. Fue una de las obligaciones que se puso en la vida: protegerme. Fue mi amiga, mi hermana y mi madre.

Luego siguió viajando mucho y cada vez que regresaba, de su dieta que era siempre exigua, me traía un regalito. Siempre. Aunque coincidimos bastante en giras en el extranjero y puedo decirte que era muy buena compañera de viaje, siempre dispuesta a ayudarte, muy solidaria. Tenía una característica, si tú estabas muy bien en tu vida, puede ser que no te llamara. Pero si Sara sabía que tú tenías un problema, enseguida aparecía, ahí estaba.

Luego seguí mi carrera por otro lado.

¿Ya sin el grupo?

El grupo del GESI se acabó en 1976. Sara se quedó un rato trabajando allí, porque no es que les quitaron el trabajo a los que estaban en plantilla. Yo me fui en 1975, para la División Nacional de Música con Tony Enrique. Allí estábamos Pedro Luis Ferrer, Mike Porcel, el grupo Tema Cuatro, Jesús del Valle-Tatica y después Sara.

Pablo había hecho un disco dedicado a Martí, precioso. Era una cajita con muchos discos de 45 revoluciones, extraordinario.

Haydeé llamó a Sara. Se le ocurrió que hiciera un disco con los versos de José Martí. Fue su primer disco. Entonces cada uno tenía su vida, aunque nos veíamos muchas veces. Ella vivía en casa de su tía Romelia, una cuadra antes del hospital Amejeiras, me llamaba, me cantaba por teléfono sus canciones y le daba mi opinión. También estuvimos juntos en su grabación. Yo no hice nada al respecto, quizá una nota que terminaba abajo y le recomendaba que utilizara esas condiciones vocales maravillosas y la terminara arriba. Pablo, el americano, fue un arreglista importante de ese disco. Fue una dicha acompañarla en este gran acontecimiento.

¿Escuchas su música?

A veces la escucho, pongo su disco cuando me entra eso de tenerla más cerca. Luego la vida sigue y los caminos. Para entonces, ya estoy casado, nace mi hijo y vienen problemas frontales contra mí en la Nueva Trova. Me pasaba la vida en consejos de trabajo, en el ICAIC me mandaban constantemente, por lo que de nuevo me botan en 1980.

¿Por qué?

Yo venía de una familia donde el espectáculo era otra cosa. Luces, canutillos, lentejuelas, maquillaje. Eso por supuesto era como un mal ejemplo. Me contaron que en un activo del MNT, el grupo de trovadores santiagueros hizo una ponencia — cuando ya me habían botado— que se llamó «Causas y consecuencias de Amaury Pérez en la Nueva Trova». Fue cuando fui preso.

¿Qué?

Estuve en villa Marista.

¿De qué se te acusaba?

Te cuento. En esa época mi mamá estaba filmando la serie «Julito el Pescador». Por esa razón, la casa siempre estaba llena de oficiales militares. Eran los asesores de la serie de televisión, más el actor protagonista, René de la Cruz. Alguien de la Juventud, la esposa de un guitarrista que se llamaba Ramón Huerta, está en Miami ahora, llamaba todos los días en la madrugada, para decirle a mi madre lo que se decía en las reuniones. El debate era para ver cómo me trituraban.

Mira, Sara vino un día en su carrito cremita, tocó el claxon y bajé. Venía con unos tragos y me dijo, te van a llamar, te va a pasar esto, te quieren joder. Le digo no te preocupes, acabo de hablar con Sirgado, en quien se inspiraron para hacer el personaje de *En silencio ha tenido que ser*. Dijo que hablaría mi situación con el ministro del Interior, no podría pasarme nada. Pero Sara, se reúne con alguien y les dice no se metan más con Amaury que habló con el ministro. En vez de decir, le hablarán de él. Por supuesto, llamaron al ministro y lo negó, porque en realidad yo no había hablado con él. Entonces me metieron preso, no recuerdo que tiempo fue.

¿De qué año hablas?

Fue en 1980, ya me habían botado de la Nueva Trova.

Recuerdo porque en ese año entré a la Universidad, andaba aquel proceso llamado «Profundización de la Conciencia Revolucionaria» y se cometieron muchas injusticias, habían separado de la Universidad a muchos jóvenes valiosos, aun lo son.

Estaba acusado de «debilidad ideológica». En ese año habían muerto Celia y también Haydeé. Yo no tenía a quien llamar.

Las madrinas no estaban.

Ya no estaban. No me habían dejado cantar en el concurso Adolfo Guzmán, una canción preciosa dedicada a Celia, que había hecho Carlos Alfonso. Me la quitaron y se la dieron a Argelia Fragoso, entonces la cantante oficial de la UJC, que al fin y al cabo no la aceptó. Podía haber ganado, pero no me dejaron cantarla, la canción era de primer premio. Carlos se pone bravo por habérmela quitado y la cantó él, le dieron el tercer lugar.

Yo la grabé en otro momento, pero no la pude defender en el concierto del Guzmán. Todavía se escucha bastante bien, por cierto. Hace poco la oí, porque Carlos me la compartió por WhatsApp. Esa noche del concurso, las hermanas de Celia Sánchez me llevaron al escenario, las orquídeas del 'orquidiario' de Celia.

¿Entonces, participaste?

Participé cantando canciones mías, porque no pudieron quitarme totalmente. Interpreté *Acuérdate de abril* y *Hacerte venir*, mezcladas y me aplaudieron muchísimo. Fue diciembre del año 1980.

¿Cómo terminó todo?

Sara había combatido con todas sus fuerzas, porque había una campaña de descrédito contra mí. Salí al escenario con una bufanda blanca y me cogieron entre *Bohemia* y *Juventud Rebelde*... y yo me reía, porque era joven. Aunque todo ese fenómeno fue de una agresividad violenta. Recuerdo que yo estaba entrenando para un personaje de la película de ficción: *Leyenda*, de Rogelio Paris y Sara me repasaba las letras. Rogelio me incluyó en muchas escenas de esa película, donde interpretaba a un personaje que era un oficial de la CIA. Jorge Fraga llegó a terminar la película, porque Rogelio enloqueció.

Ya había participado en dos o tres películas, porque me dije, si no puedo cantar en ningún lado y tampoco viajar, pues hago otra cosa. Fue Julio García Espinosa, quien me dejó permanecer en el Ministerio de Cultura. Él atendía a la música, pero también me sacan de allí. Yo tenía un niño chiquito, pero como no tenía llamados, casi nunca podía cobrar los 138 pesos. Magdalena más o menos sostenía la casa.

Esa noche tenía que cantar en el teatro Carlos Marx, con el grupo Síntesis, en un evento que se hacía llamar «Lunes de la Juventud» y me dio una trombosis.

¿De veras?

Estuve en coma. Siempre me acompañaron Carlos Alfonso y Arsenio Jiménez, director de radio; ambos se turnaban en el hospital. Mi mamá, que tenía unos ovarios bien puestos y ante la inminencia de mi muerte, porque el médico le dijo que yo no reaccionaba, decidió demandar a Armando Hart, Ministro de Cultura hasta 1997.

Mi mamá se busca a Sara, con ese amor eterno por mí y porque sabía que lo que me habían hecho era una 'mierdasa'. También busca a Alicia Alonso y a Nicolás Guillén, como testigos de la acusación.

¿Se llegó a hacer ese proceso?

Me cuentan que estuve muchas semanas en coma. Se armó todo eso y se deshizo cuando yo reviví.

Cuando mi mamá le explicó a Sara, ella arrancó para donde estaba a apoyarnos, a riesgo de caer en aquellas redes. Previamente, cuando estuve en Villa Marista, algunos miembros de la Nueva Trova, lograron entrar donde estaba preso. Pero la primera que entró fue Sara. Recuerdo que había un sofá para dos personas, yo estaba sentado en una esquina y los dos interrogadores en frente. Buenísimas personas, por cierto, me trataron muy bien. Ni ellos mismos se explicaban por qué yo estaba allí, es que yo no había hecho nada. A uno le decían Maceo y el otro, después estuvo como jefe de seguridad en la televisión, ya murieron ambos.

¿Cómo fue ese encuentro?

Cuando Sara me vio, entró corriendo y aunque había un espacio a mi lado, se sentó prácticamente encima de mí, porque ya estaban entrando los demás. Es porque me quería decir algo muy bajito, mientras los interrogadores estaban saludando a Silvio, a Vicente, a Toni Pinelli, a Virulo, a Pancho Amat, entre otros. Sara me dice, yo voy a decirles que yo fui la que me equivoqué, que tú no me dijiste eso. Le dije, déjalo así Sara o vamos a terminar presos los dos. No te metas en esto, tal vez me sueltan a mí y te dejan a ti. Es que yo aún no entendía nada, nada. Aún no lo entiendo, aunque no lo dramatizo.

De todo ese grupo que no me hablaba, ella es la primera persona que vuelve a ser mi amiga, como siempre. Algunos se disculparon directamente; otros, sencillamente un día me saludaron con un abrazo.

Pasaron algunos años y llegó el momento en que Silvio terminó la Nueva Trova con una conferencia de prensa. Fue en 1985. Sencillamente dijo, esto se acabó. Nadie sabía que aquello iba a suceder, ni yo tampoco. Fue en una cafetería que estaba al lado del Carlos Marx.

Recuerdo que mi mamá me vio tirado en el piso, mientras estaba jugando con mi niño pequeño. Tan «ella». Andaba con una bata de casa, que daba pena y sus chancletas de goma todas jodidas; se me paró delante y me dijo: cántame una canción nueva. La miro y le digo: 'ay mamá, por el amor de Dios, qué coño voy a hacer canciones nuevas, a quien le importa eso. No puedo cantar en ninguna parte, ni viajar, no puedo hacer nada'. Mi madre me mira y me dice: 'mira Amaury, tus canciones le gustan a casi todo el mundo. Lo que no le gusta a casi nadie, es el autor de tus canciones'.

¡Uf!

»Amaury sonríe recordándola.

Antes de salir de la habitación, concluyó: 'si no escribes alguna canción pronto, entonces si te van a ganar'. Fue entonces que escribí, *No lo van a impedir.*

¿Por qué no has escrito tu propio libro?

Nunca hago esos cuentos. Eso pasó hace más de cuarenta años, no vale la pena.

¿Y con Sara, continuó la amistad?

Sara fue todos esos años «para mí». Siempre estuvimos muy cerca. Cada disco que tenía en ciernes, me lo consultaba. Contaba con mi opinión para su trabajo, cuando todavía había posibilidades de hacer arreglos. Ella hizo un disco muy bonito con dúos.

¿Interpretó tus obras?

Sara fue mi primera intérprete. Fue entre todos los artistas, la que hizo y grabó más canciones mías.

¿Cuáles, por ejemplo?

Que yo recuerde, la primera fue *La guitarra*, luego la hicimos a dúo. Grabó, *Cuando miro tus ojos*, con texto de Fajad Jamis. *Andes lo que andes*, también. La siguiente fue muy alegre, la hice para ella y se llamó *Colores*. La cantaba con sabrosura. Cantó *A que te olvide*. Creo que fueron seis o siete canciones. Y por supuesto, *No lo van a impedir*.

¿Fue la primera en grabarla?

No, primero lo hizo Lucecita Benítez, de Puerto Rico. Estuvo en Cuba y yo la había acabado de hacer. Incluso, la grabó con la letra original, que al grabarla yo, le hice algunos cambios. Hace poco alguien me envió un periódico argentino, donde el «hit parade» del año fueron: *No lo van a impedir* y *Yo tengo un amigo,* la que también grabó Lucecita. Después la cantaron muchos artistas. En Cuba fuimos Sara, Santiago Feliú y yo. Santiaguito me decía, que era «una canción multipropósito, sirve pa' todo». A Sara le jodía eso, se encabronaba y le respondía, 'cómo vas a decir eso'.

¿Cuándo fue la última vez que cantaron juntos?

Recuerdo que en el año 2007 estuvimos juntos, porque ella grabó *No lo van a impedir*. Ese día la salvó, aunque se equivocó en el tono, la salvó.

Cuando recuerdas a Sara, qué viene a tu mente.

Su absoluto desprendimiento de las cosas materiales. Eso no existía para Sara. Era extraordinariamente simpática y cariñosa.

¿En sentido verbal o físico?

Físico también, era de besos y besos y besos. Eso de ven pa' ca, y cariños.

¿Y cuándo se incomodaba?

Cuando nos fajábamos, la bronca duraba 24 horas o al menos no pasaba de una semana.

Era la pasión.

Sí, se encabronaba conmigo por algo que yo hacía, pero no duraba nada. No podía durar.

¿Y que más reconoces en su personalidad?

Humildad en el mejor sentido de la palabra. Recuerdo que viajé con Sara a varios lugares. Una vez por un espectáculo fuimos a Baeza, España. Nunca la vi interesarse en ir a una tienda para nada. Si a alguien le gustaba algo que ella tenía, era muy desprendida de todo y terminaba por regalarlo, aunque fuera un detalle que le significara mucho. Esos espíritus, esas almas, tienen un sentido de la inmortalidad que los lleva a la muerte.

¿Cómo lo explicas?

Sara pensó que cualquiera se moría, menos ella. También mi mamá fue así. Ellas fueron muy afines. Tenían un espíritu inmortal.

Y lo son.

Lo son de alguna manera. Fíjate, Sara fue enfermiza, igual que mi mamá. Cuando pienso en mi madre, veo a una mujer enferma.

Siempre tenía algo. Su médico de cabecera trabajaba en el hospital nacional, por cierto, era tío de Díaz Canel y su psiquiatra, era el otro hermano. Un día, cuando nosotros teníamos apenas 16 años, mi madre le preguntó al psiquiatra, cuándo sabía que alguien era homosexual. Sara se puso pálida. El doctor le dijo: 'fácilmente, si les gusta el ballet, Rosita Fornés y las canciones de Bola de Nieve, son homosexuales'.

Pero, ¡que maniqueo!

Es un chiste. Justamente ellos se rieron y nos relajamos todos. Entonces Sara empezó a reírse a carcajadas.

»Amaury prende un tabaco y se pierde su mirada. La piensa. Siento que viene el final.

Cuando Sara se enfermó, un día estaba ahí sentada. Ya la habían operado, sin saber que sería maligno. Diana era muy discreta, de nada de eso se hablaba. Después se cae, quizá par de veces y se parte la cadera.

Quizá todo tiene que ver con todo.

Sí y, con el hecho, de que tenía tendencia a enfermarse. Estábamos en casa, dándonos unos traguitos. También estaba Reynaldo Gonzáles, el escritor. A cada rato, en momentos de amor profundo, me decía: Mau, llévame al baño, acompáñame. Yo me quedaba al frente de la puerta, esperándola. Cuando termina, la acompaño acá y me siento a su lado. Le pregunto, por qué orinas tanto. Me responde que es el estómago. Pregunto, qué tiempo llevas así. Me dice, un año. ¿Fuiste al médico? Me responde, es que son giardias.

Era obstinada con la salud.

Le insisto que vaya al hospital. Yo tenía una consulta y nos cruzamos en el hospital. Tenía un médico buenísimo, joven. Le pregunto y él me responde, dice ella que tiene giardias, yo la voy a ingresar el lunes.

Yo la tengo muy cerca. Estamos todo el tiempo pensando qué diría Sara de este disco, de tal o más cual proyecto. Sara tenía un oído melódico extraordinario y un oído rítmico admirable. De todos nosotros, la única que sabía cómo sonaba la clave, era Sara. Golpe de dos y, después, golpe de tres. Eso me lo enseñó Sara. Pero si cambiabas la armonía, a Sara le parecía extraño.

El amor de su vida fue Diana, indiscutiblemente. Y Diana la ayudó mucho a ella, que era un huracán categoría cinco. Para encausar su carrera, acompañarla para donde quiera.

Cuando Sara entra en coma, Frank Fernández me pide que le haga una canción para despertarla. Me dice que la grabe para ponérsela. Y la hice, se llama *Sara. Mi gorda.* Grabamos la canción corriendo, cuando vamos a salir para el hospital, me llama Niurka González y me dice, Sara acababa de morir. Se lo había dicho Augusto Blanca, quien había ido al hospital a verla. Él también la quería mucho.

Enseguida fui con Abel y Abelito. Todavía estaba tibia.

¿Tú puedes lidiar con el espacio físico de la muerte?

Fue instintivo. En ese momento no pude hacer más nada que preguntarles, si a ninguno de ellos les molestaba si yo le rezaba a Sara.

¿Qué le rezaste?

Lo que se me ocurrió. Comencé a rezarle oraciones mías, arrodillado ante ella, en el piso. Traté de cerrarle los ojos y no pude. Lo único que me hablaba de su muerte eran sus ojos, como dos botones azules sin brillo. Ella tenía en la mano el aparato del asma, por instinto. Le abro la mano y le digo a Diana que, si me puedo quedar con ese aparato, para mí era lo último que la había aferrado a la vida. Luego nos sacaron de allí, se quedaron los médicos. No supe nada más.

Diana no me dejara mentir, estuvo 366 días en el hospital. Ella se mudó para ese hospital, se portó con Sara como yo quisiera que se portaran conmigo, si yo estuviera en esa situación.

Alguna vez le dieron pase y vino aquí. Ya al final, se dormía y de pronto revivía, tenía episodios delirantes. En una ocasión dio una entrevista, nunca le dije nada, pero no sé por qué quería hacer eso.

¿Cuándo la fuiste a ver, de qué hablaban?

Normalmente.

¿De la vida?

Ella hacia chistes y yo le respondía barbaridades. Le enviábamos los helados que le gustaban o algún dulce. De vez en cuando un traguito de vino, que creo que se lo aguaban su poquito. Diana nunca le dejo tomar nada fuerte.

¿Sara te habló de la muerte?

Sí. Llegó a decirme, que cuando se muriera… ella quería que tomáramos un barquito de pescador y echáramos al mar sus cenizas: Diana, Petí y yo. Es más, hizo un testamento para Diana, como le correspondía.

Sara era la de *La victoria*, la de Virulo, la jodedora implacable, de chistes, era de muchos matices. Sara era todo, polisémica, un personaje. Le encantaba jugar dominó, en lo que era una experta. Ella mantuvo relaciones de amistad muy intensas con sus amigos, sabía hacerlo. Fue muy amiga de Lucia Huergo, como hermanas.

Cuando llegó el momento de expandir sus cenizas, fue Raúl quien, al enterarse, facilitó un barco de la Marina de Guerra y fuimos algunos de sus amigos. En ese momento, solo pensamos en lo que estaba pasando Diana.

Me has dicho muchas cosas de ella. ¿Tienes algo más que aportar, en calidad de músico?

Fue tremendo músico. Ella estudió viola en el Conservatorio de Música, que es una carrera demasiado larga, por lo regular comienzan muy jovencitos. Pero a ella lo que le gustaba era la guitarra, la tocaba muy bien, aunque después se puso vaga. Eso le pasa a uno, a veces hacemos canciones, a veces tocamos guitarra. Pero Sara era un músico natural, no creo que hubiera podido ser más nada en la vida. También le gustaba enseñar.

¿Llegó a impartir clases?

Que recuerde, como instructora de arte. Aunque cualquiera podía ir a su casa y ella sabía explicarla. También escribía música, sabía leer una partitura. Sara era un músico completo, de conservatorio. Nunca la escuché decir que quiso ser otra cosa, su logro fue que cumplió con su aspiración. Tenía mucha facilidad para eso. Sara cantaba en un tono por encima del suyo, con una fuerza inmensa. Es la primera que canta en la Plaza de la Revolución, la canción de Eduardo Ramos, *Tu nombre es pueblo*, ¡a capela! Y ahí no quedó nadie sin que se conmoviera.

Yo la vi por la televisión. Ese día no me invitaron y hasta generaron un chisme, dijeron que Silvio había dicho que yo no podía cantar allí, me lo vinieron a decir a mi casa. De inmediato le dije: eso es mentira. Lo llamé. Silvio, es Amaury. Me contesta: « ¿Pérez? Sí». « ¿Vidal? Sí». «Coño, hermano, tú eres el último de los pecados de mi vida».

¡Qué hermoso!, viniendo de él.

Fue en 1987. Les dije aquí están fulano y mengano, diciéndome esto. Así se acaban los chismes. Cuando terminé de hablar, ya esas personas no estaban en mi casa.

Después Sara vino para aquí, con algo de ron. ¡Y qué bueno que vino a celebrar conmigo, yo estaba muy feliz con su triunfo! Ese día Sara había acabado con la quinta y con los putos mangos. Entonces, en medio de su alegría me dice: voy a llamar a Silvio y este le dijo, ven para acá. Sara le expresa, no puedo, estoy en casa de Amaury. Pues tráelo, responde. Le digo, es que estoy con el niño. Pues que venga el niño también, dijo Silvio.

A Silvio le habían regalado unicornios de todo tipo y mi hijo se enamoró de un unicornio de trapo. Sara se quedó con el niño, que se durmió con ella. Y ese día Silvio y yo tuvimos una larga conversación para ponernos en orden. Entre nosotros no había pasado nada.

Solo la vida.

Desde entonces, desde siempre, hermanos. Hemos librado juntos mil batallas. Muy admirado y querido por Sara, ella estaba feliz de que estuviéramos unidos. Lo que ha hecho Silvio por la canción cubana, todavía no ha sido reconocido lo suficiente y mira que lo han reconocido, pero no lo suficiente. Es el compositor —de canciones— más importante que ha tenido Cuba. Inventó algo que no existía. En igual sentido admiro de él, como en Sara, su coherencia política.

Son de una sola pieza.

Sí. Sara no entendía algunas cosas y se lo decía en la cara a cualquiera.

¿Tú eras su mejor amigo?

Algunas personas lo dicen, yo no. Sería petulante de mi parte. Tenía muy buenos amigos, muy queridos. Siento que fui uno de sus grandes amigos.

¿Quizá para ti también?

Ahí si te digo, Sara fue mi mejor amiga. Eso se lo digo a todo el mundo. Ahora, todavía lo es. Te confieso, que aún después de muerta, a veces me he emborrachado y he dicho: voy a llamar a Sara. Al marcar, me he dado cuenta, la estoy llamando. La he llamado cuando quiero compartir un disco que acabo de hacer.

Que suerte es poder contar eso.

Sí, así fue para mí, aunque no sé si fui lo mismo para ella.

Son una generación muy especial.

Todos. Al final de la película, todos nos queremos.

Sara invitada por Amayry en el programa Con 2 que se quieran.

ATRAPADO PARA SIEMPRE

ANDRÉS GÓMEZ

Andrés Goméz, director de la Revista Areíto y fundador de la Brigada Antonio Maceo en Estados Unidos.

Andrés Gómez necesitó tiempo para crecer y comprender, desde aquel noviembre de 1960, cuando con 13 años de edad su familia lo sacó de Cuba. Pareciera que el tiempo no ha pasado, porque aún lo mueve la misma fuerza y ternura conque ha alimentado su vida.

Es cofundador y coordinador nacional de la Brigada Antonio Maceo, fundada el 21 de diciembre de 1977, integrada ahora a la coalición Alianza Martiana. Sumados a movilizar conciencias frente al bloqueo y las injustas medidas establecidas hacia Cuba, por el gobierno de los Estados Unidos.

También lo hace desde la dirección de la revista *Areíto* y en radio Miami, recordó en una visita a Cuba, cuando en algún momento comentó ante estudiantes universitarios cubanos: «Tengo la satisfacción de que ustedes saben quién soy, pero muchos de mis compañeros y compañeras de la Brigada Antonio Maceo, son desconocidos y por ellos también seguimos en esta batalla por Cuba».

»Fue el 21 de diciembre de 1977, cuando un grupo de 55 jóvenes cubanos regresamos a la tierra que nos viera nacer después de haber abandonado a Cuba, de menores, con nuestras familias en los años 1960 y 70, al nuestros mayores rechazar el proceso revolucionario cubano. Fuimos los primeros, de aquellos cubanos que salieron del país a partir de 1959, en ser invitados por el gobierno revolucionario para regresar a la patria.

»Fue para nosotros un reencuentro trascendental. Algunos, no todos, fuimos consecuentes, radicalmente consecuentes, con el legado histórico de nuestro pueblo. Otros decidieron diferente. Sin embargo, a todos, aquel reencuentro nos marcó de por vida.

»Aquella fue una decisión asumida por nosotros con entereza y valentía. Éramos jóvenes, pero conscientes de las implicaciones de nuestra resolución. Aunque en la emigración cubana en Estados Unidos había cubanos —por ejemplo, aquellos compañeros y compañeras que formaban la venerable Casa de las Américas de Nueva York—, que desde anterior a 1959, apoyaban el proceso revolucionario cubano, nosotros fuimos, con esa acción, los que rompimos la imagen política monolítica de lo que entonces era el exilio contrarrevolucionario cubano.

Hace quince años atrás, rememorando esos años de trabajo desde la emigración cubana, han crecido también los lazos con sus hermanos cubanos de la isla, entre los que Andrés cuenta a Sara González. Cuando pregunté por los viajes de Sara a Estados Unidos, enseguida salió a relucir el nombre de Andrés Gómez y aquí les dejo su misiva, respondida en los inciertos días del comienzo de la pandemia, con dolor por la irreparable pérdida de su amiga y orgullo por el privilegio de tenerla siempre cerca.

Miami, 18 de diciembre de 2020

> *Querida Rosa María, al fin aquí está.*
>
> *Me ha sido muy difícil escribir sobre la Gorda. Es como admitir que ha muerto; siempre me acompaña. Esto sé que les sucede a todos sus amigos de siempre, nos pasa a todos.*

¿Por dónde comenzar este relato?

Pienso que lo que corresponde es comenzarlo por su principio. Lo he dicho montones de veces en entrevistas, que buenos compañeros de la prensa cubana me han realizado. La oí por primera vez en el Campamento Internacional Julio Antonio Mella, en Caimito. Este es el campamento donde se hospedan las brigadas de trabajo solidario, que vienen de otros países auspiciado por el Instituto Cubano de Solidaridad con los Pueblos (ICAP).

Estaba ahí, porque fui parte del primer contingente de la Brigada Antonio Maceo, en diciembre de 1977. Digo que la oí, porque ha sido tradición que Sara ha despertado a cientos de miles de brigadistas de todo el mundo, interpretando su extraordinaria canción *Girón, la victoria* o *La victoria*, como millones la llamamos.

Cuando la oí por primera vez quedé atrapado para siempre con su magia y me dije que tenía que conocer a quién era la dueña de esa voz.

Uno o dos años después de ese primer contingente, en aquel tiempo solo íbamos a Cuba una vez al año, en un contingente de la brigada, la pude conocer en casa de Fefé de Diego (Josefina de Diego), amiga de varios compañeros nuestros.

Esa noche fuimos a los carnavales, que ese año se celebraron en el mes de julio. En casa de Fefé, que era la casa de la familia de Diego, en la calle D en El Vedado, nos quedamos algunos de nosotros y poco a poco, allí nos reuníamos gracias a la generosidad de Eliseo y Bella, con Sara y otros amigos y amigas. Así con el tiempo nos hicimos grandes amigos, la Gorda y yo.

Después ya nos reuníamos en el propio apartamentico de Sara, en la calle San Rafael en la esquina del parque Trillo, en uno de esos edificios multipisos, si mal no recuerdo en el piso 7. Ahí conocí muchos de sus amigos y amigas, que con el tiempo se convirtieron en mis amigos también, especialmente Diana Balboa a quién me une una entrañable amistad.

Algo que era sorprendente para mí, en aquellos tiempos cuando salíamos, era que en la calle todo el mundo reconocía a Sara y siempre la reconocían con gran cariño. Una de esas veces, saliendo del edificio, Sara le hizo señas a un taxi, eran los años 1980 y el taxista no dio marcha atrás, sino que viró en redondo para recogernos. Una vez sentados en el taxi, el chofer se le quedó mirando a la Gorda y le dijo: «yo te conozco de algún lado»; Sara con esa forma tan cubana y despampanante, muy de ella, le contestó: «yo soy pitcher de los Industriales, de ahí me conoces...». El tipo se quedó atónito. Igual que yo. Así empecé a conocer a la Sara como figura pública.

Sara era muy compleja. Era radical. Profundamente fidelista, siempre defendió la revolución a ultranza, intransigente. Era de admirar su patriotismo. Caprichosa. Leal hasta el fin con sus amigos. Pero muy revencúa. Era muy difícil sacarla de una idea que se había hecho de personas y situaciones. Siempre fue muy franca. A veces demasiado franca. A veces también injusta. Pero si se pasaba, después, al otro día, llamaba y te daba la coba. Tomaba mucha cerveza, especialmente. Aunque... todos entonces, para ser justo, por ser más jóvenes, tomábamos mucho.

En su apartamento de la calle Línea, compartíamos y por años, fiestábamos con un grupo excepcional de amigas y amigos: Miriam y Carmen, Richard y Ramiro, Roxy, José Omar y Vivian, Marta y Heidi y otros tan queridos, que si leyeran lo que escribo y ven que no los menciono, nunca me lo perdonarán.

Era amiga también del poeta mayor Eliseo Diego, el poeta, a quien también se extraña tanto, tanto. Se querían y se respetaban mucho. Los dos eran grandes cómicos. No había quién hiciera chistes y cuentos como Eliseo y Sara. Los dos a su manera y ambos tenían repertorios inacabables de chistes. Me pasaba horas escuchando a los dos, juntos y por separados, desternillándome de la risa. Cuando estaban juntos, era una competencia inigualable. Quien se lo iba a imaginar, al poeta y a la diva. Cuando estábamos reunidos con Sara, la risa estaba siempre presente. Sino ella, alguno de nosotros salía con algo que nos hacía reír, siempre. Se le extraña mucho.

En sus giras artísticas viajó por todo el mundo. En Estados Unidos estuve con ella en viajes que hizo a Miami y a Nueva York. En Miami estuvo varias veces, por días de pasada para La Habana. No tuvo conciertos públicos, estoy hablando de los años ochenta.

Se quedaba con nosotros, en casa de compañeros de la brigada. Una vez se puso veinte cosas para que no la reconocieran en la sala de espera del aeropuerto y tan pronto llegó, una señora mayor se le quedó mirando fijamente y de pronto le dijo: ¡Sara, tú por aquí!

En Nueva York, estuvo varias veces de gira en conciertos durante los años que viví en esa ciudad. Ensayaba y cantaba con nosotros, los que la cuidábamos.

Cantó en muchos lugares, incluyendo en el barrio puertorriqueño. Cantaba con su guitarra de acompañante. O a capella. Iba a cantar invitada para celebrar los 26 de Julio, en un céntrico teatro de la ciudad.

Una vez, coincidió con Eliseo Diego en Nueva York. Fue de locura aquello. La acompañé en una ocasión a una entrevista con una periodista del *The New York Times*. La periodista hablaba muy bien el español y sabía mucho también de música. Esa vez fue cuando supe, cuánto sabía Sara de música.

Nueva York es una ciudad arquitectónicamente maravillosa. A Sara le gustaba ir a caminar con nosotros y que le contáramos de lo que sabíamos sobre la gran urbe. Nueva York es una ciudad para caminarla.

Estas son pequeñas pinceladas de mis recuerdos, de mis relaciones con Sara. La amé como hermana y siempre está conmigo.

Ejemplares de la revista Areíto.

¿QUÉ DICE USTED, QUE LA MUJER...?

CAROLINA AGUILAR AYERRA

«Nunca acepto entrevistas, pero no puedo dejar de decirte sobre Sara. Hablarte de ella me remueve los sentimientos. Sara fue, primero que todo, una compañera de lucha y, en segundo lugar, más que amiga, una hermana». Comenta la argentina-cubana Carolina Aguilar Ayerra, quien tuvo a su cargo la Editorial de la Mujer.

Carolina califica a Sara González, como la más tenaz, fiel y creativa intérprete de las ideas de la Revolución, sobre el ejercicio pleno de la igualdad de la mujer.

Muy próxima a Vilma Espín, Carolina logró desde el trabajo de la Federación de Mujeres Cubanas, junto a Yolanda Ferrer, ser coautora de la compilación sobre la vida de la dirigente femenina, titulado *El fuego de la libertad.*

A través del sentimiento elocuente de Carolina, se conoció de otras narraciones sobre Sara González y su vínculo con el trabajo de la organización femenina. Ella comenzó por elogiar el proyecto de Sara, *La mujer en la música.*

Ese disco fue como una crónica, el rescate de esas autoras que casi no se recuerdan. Yolanda Ferrer y yo tuvimos una relación directa con Sara y cuando terminó el espectáculo de presentación, donde estuvo el que fue Ministro de Cultura, Abel Prieto, se hizo como un brindicito, algo privado. Pasamos a saludarla, pero ella nos hizo entrar. Cuando nos vio, exclamó a voz en cuello con una palabra bastante soez: «yo sabía que estas dos… no me iban a fallar». Así era Sara.

Sobre los puntos suspensivos, no te voy a decir lo que nos dijo, porque en su voz si quedaba bien. Todo el salón estalló de la risa, mientras nosotras nos quedamos paralizadas. Y lo que si es cierto, nosotras nunca le hemos fallado.

Tuve la suerte excepcional de tener una relación cercana de amistad con Sara. Cuando íbamos a la playa con la familia, las mandábamos a buscar, a ella y a Diana.

Quisiera poder hacerte un retrato de su personalidad. Sara ha estado en la historia de la cultura cubana y creo que, de esa leyenda, todavía no hemos hablado lo suficiente. Creo que el gesto de hacer este trabajo, es justicia. La considero una personalidad de la cultura cubana, fuera de liga. Primero por su inteligencia y sus sentimientos, perfectamente unidos. Sentía y estaba en capacidad desde el punto de vista intelectual y cultural, de hacer análisis racionales. Tenía un talento impresionante y sus convicciones políticas eran afines a su vida personal.

Fue una artista tremendamente valiente, porque fue capaz de trasmitir sus ideas de una forma brillante, a través de su música y sus canciones. Me conmueve hablar de Sara, siento una admiración y cariño inmensos, que crece con el tiempo.

Su personalidad la vi muy integral, porque fue capaz de completar su proyección humana y artística. Tenía facetas insospechadas. Tuve la suerte de conocerla por el trabajo en la Federación de Mujeres Cubanas, su presidenta Vilma Espín, tenía un trabajo muy estrecho con el ICAIC, desde sus inicios. El trabajo de la federación, debía hacerse con lo que desde entonces Vilma le llamaba «las redes de carne y hueso» o sea, toda la interacción de las personas, las redes sociales humanas.

Junto a Vilma, tuve la oportunidad de conocerla, cuando Sara apenas comenzaba su vida artística con el Grupo de Experimentación Sonora del ICAIC, GESI. Con esta institución —ICAIC— la FMC, tenía un estrecho vínculo. También porque Vilma era muy amiga de Alfredo Guevara —presidente y fundador del Instituto Cubano del Arte e Industria Cinematográfica, en marzo de 1959— muy cercana a él y a su hermano, que en aquel momento, era decano de la facultad de Psicología.

Esa relación hizo que la FMC, asumiera una correspondencia con los medios de comunicación y con el GESI, que creó el ICAIC y promovió Alfredo, con la visión preclara e inmensa que tuvo sobre la cultura. No fueron casuales las coincidencias culturales de Vilma y Alfredo, quien estudió Filosofía en la universidad.

A Vilma le gustaba cantar, tenía una preciosa voz de soprano. Igualmente le gustaba cantar a dúo. En las actividades de la FMC, siempre había una parte cultural. Las mujeres y la situación imperante, las lecciones de la historia de Cuba, hicieron que las jóvenes cubanas poseyeran un desempeño preponderante. Desde el comienzo, Sara participaba en las actividades y Vilma sentía una admiración muy grande por ella.

El GESI, lo constituyeron jóvenes de ideas muy avanzadas, donde Sara tuvo un papel sobresaliente. Eran geniales, coherentes en su vida. Estudiaron la música y la historia. Fueron como Sara, verdaderos protagonistas de la cultura cubana.

Sara fue una mujer valiente. En esos momentos vimos que había atisbos de prejuicios respecto a Sara. Ella fue coherente en su vida personal, artística y política. Entre nosotras y Vilma, admiramos que Sara fuera una mujer decidida con su opción de vida, era un asunto personal y lo decidió enfrentándolo. Por qué razón, porque la primera batalla de la Federación de Mujeres Cubanas, fue por la autoestima de la mujer. Cruzar esa brecha entre lo público y lo privado. Todas teníamos derecho a todo.

Mira ahora, el ejemplo que están dando las científicas, las técnicas y las profesionales cubanas. Vilma la apreciaba intensamente. Creo que había una admiración mutua, una comprensión. A tal extremo que, en el último Congreso Mundial de Mujeres, Sara integró la delegación cubana. Aun sin desintegrarse la URSS, aquel congreso lo presidian Gorbachov y la Gorbachova.

¿Se preguntarán qué pasó allí? Sara fue, aunque en ese momento nunca pensamos que iba a ser el último congreso. Participamos un grupo de compañeras activas en todos los tiempos de la federación.

A partir de 1945, después de que vencieron las fuerzas progresistas del mundo, se reabrieron las puertas estancadas. Uno de ellos fue el Movimiento de Mujeres, que no comenzó ahí. Fue una síntesis de un movimiento social, después de la llamada revolución industrial. Es la historia de las mujeres que tenemos problemas adicionales y que llegan hasta el día de hoy.

El evento en que participamos y donde estuvo Sara, fue terriblemente dramático, porque fue un congreso donde se vieron encendidos los bombillos de la desintegración del campo socialista y el cambio del sistema de la antigua Unión Soviética. Ese Congreso Mundial de Mujeres, fue dos años después del Decenio de la Mujer decretado por la ONU, o sea, fue del 23 al 27 de junio de 1987. Había miles de representantes de todo el mundo. De esta región fue muy elevado el número de organizaciones, mujeres de todos los colores y orígenes.

En América Latina hubo un crecimiento cualitativo del movimiento de mujeres y se prepararon con la Federación Internacional de Mujeres —FEDIM— para participar. También hubo disparidad de criterios por parte de muchas mujeres 'soviéticas' —académicas o no— encabezadas por la Gorbachova. Llevaron el argumento del retorno al hogar, incluso, echándoles la culpa a las mujeres de muchos de los problemas sociales existentes.

Lamentablemente, una gran mayoría de las mujeres cambiaron radicalmente el estado de ánimo, de la esperanza pasaron a la decepción, se creó una gran inquietud. Por los criterios teóricos, políticos y sociales, sobre todo en la Comisión de la Mujer en el Socialismo. Eran argumentos contrarios a la mayoría de las presentes, referidos a la lucha de todas las mujeres por las conquistas de sus derechos.

La delegación cubana fue numerosa. En una comisión se discutió acerca de la mujer en el Socialismo. Se criticó el proceso cubano, incluso, hasta el uso de la lucha armada en el tránsito revolucionario. El proceso del bloqueo, las mujeres que luchábamos por la igualdad de derechos y no lo habíamos alcanzado. Manifestaciones totalmente reaccionarias, porque hablaron allí a nombre de los propietarios.

Recuerdo el escenario; era un lugar donde había una gran escalera de caracol, donde nos reunimos las Latinoamericanas. Allí sostuvimos una gran discusión entre las de pensamiento más avanzado y las más retrógradas. En ese maremágnum de discusiones violentas, de pronto vemos a Sara pedir la palabra. Me dije, ¡mi madre! Pero las mujeres cubanas tenían derecho a participar en todos los debates y, entonces, Sara quiso intervenir, eso no se lo esperaba nadie.

Para hacerlo resumido, dijo: «yo les quiero decir que estoy tan admirada de mis compañeras de la federación, han sido tan correctas y diplomáticas en sus discusiones, que cultas y preparadas, defienden sus posiciones con tantos argumentos, explicando sus vivencias. Las campesinas, las científicas, hablando con tanto respeto. Porque si me hubieran dejado hablar a mí, yo les hubiera dado a muchas de las que han hablado aquí, una entrada a patadas que iban a dar a la mitad de la Plaza Roja».

Fue tan inesperado y cierto. Estaba diciendo una gran verdad, era la expresión de un sentimiento y una convicción, no era una improvisada. La que habló era una mujer de pensamiento coherente y profundamente culta, cargada de pasión. Sara fue valiente en su vida personal y en su actividad cultural. Por eso expreso mi admiración y quiero recordarla así. En el plano de la amistad con Diana, la que cultivamos como una linda relación.

Recuerdo que cuando Sara escribió la canción *La victoria*, Vilma la escuchó primero que Fidel y lo llamó. Le dijo: «quiero que escuches esto. Pienso que Sara ha escrito un himno, más que una canción». Cuenta Vilma que Fidel le dice: «ahora mismo».

Sara nos contó después eso, que Fidel le dijo que, con esa canción, había entrado en la historia de Cuba. *A los héroes se les recuerda sin llanto*. Mira que vigente. *Y esto nos hace pensar que no han muerto al final, y que viven allí, donde haya un hombre presto a luchar, a continuar*. Era su pensamiento revolucionario.

Regreso al Congreso de las Mujeres en Moscú, donde también hubo risas y críticas a las posiciones ridículas. La nota singular era por las noches, cuando nos reuníamos para hacer el resumen de lo acontecido y entonces salía ese lado cómico de Sara. En ese tiempo estaba muy de moda el cine japonés, Sara se disfrazaba de japonesa, con par de lápices en la cabeza y hacia los cuentos en un japonés cubano. Nunca vi a Vilma reírse con tanto gusto, como en aquella ocasión, cuando Sara nos narraba qué había pasado en la comisión en la que ella participó. Era su forma satírica de contar. ¡Era tan perfecta su imitación y su actuación! Porque Sara fue muy versátil y completa. Una figura muy optimista dentro de la delegación.

En ese congreso, Sara fue como la válvula de escape, porque destapó el fenómeno como era, blanco y negro. Reacción y Revolución.

Sara era un filtro de alegría, de vida y así se evidenció en una propuesta cultural en la que participó. A ella la admiraban en todo el continente Latinoamericano. Pienso que fue muy especial, una gran mujer, una cubana tan respetada con su poesía combativa, hecha canción entre las participantes a ese congreso. Su voz se elevó en un lugar muy cercano a la Plaza Roja, donde fue coreada por miles de mujeres. Se escucharon aquellas letras que dicen: *Ves, hace cien años comenzó cuando alzó el machete, una mambisa.* Ella ratificaba la necesidad de seguir luchando.

Qué dice usted que la mujer no es capaz de luchar por la vida, cuando la historia grita otra verdad, eso lo contamos en una cronología que está haciendo la federación.

Quiero evocar también su espíritu de lucha. Sara estudió la historia de la mujer en la poesía y en la música cubana. Presentó en el teatro Astral, las principales composiciones de las creadoras cubanas tan geniales que tenemos. Fue un homenaje muy lindo y singular. Muy creativo, esa era una arista de su personalidad.

Levantó mucho los ánimos de todas las mujeres. Sara siempre ha tenido entre nosotras a su gran público. En ocasiones, cuando Vilma no podía ir a verla, nos pedía encarecidamente que no faltáramos a sus actuaciones.

A Sara le gustaba mucho como yo cocinaba. Me encanta hacerlo. Ella prefería los tallarines y los mandaba a buscar. Demás está decirte que la visitamos cuando estuvo ingresada y me pidió esa comida, a pesar de que le prohibían algunos alimentos. Tuvimos el privilegio de verla dos días antes de morir, se lo llevamos y los comió.

Aquel «Jardín de la Gorda» era un espacio tremendo para compartir y crear. No vi decaer su ánimo. Estoy segura que sabía que tenía una enfermedad mortal, pero nunca lo manifestó.

Diana también fue muy ejemplar, es una gran artista y gran mujer. Probada en ese acto de compañerismo, de amor y de respeto mutuo. Muy linda y natural. Para Diana fue un golpe terrible.

Cuando Sara falleció, el Comandante dispuso un barco para que la paseara por la bahía habanera que ella tanto amó. Fue compañera de lucha revolucionaria, de verdad y una hermana de sentimiento. Fue una suerte cultivar esa amistad en la vida de Sara y Diana.

Sara sigue siendo una figura de la cultura cubana que no debemos olvidar.

LA MUJER POSIBLE

MARGARITA MATEO PALMER

Docente durante más de cuarenta años, escritora nada ortodoxa, trasgresora de barreras entre géneros literarios, como en la vida donde su ejercicio ha sido de liberación intelectual tanto para ella, como para sus estudiantes universitarios. Recibió el tan merecido Premio Nacional de Literatura en 2016 y sigue pensando que no ha habido una estrategia eficaz para difundir lo más valioso de la producción literaria actual.

Maggie Mateo, tal cual es reconocida, fue fundadora de la Nueva Trova Cubana. Cómo la ubicamos en aquel contexto inaugural donde ser mujer trovadora, ya era en sí mismo revolucionario, rebelde y desprejuiciado. Estoy frente a una mujer privilegiada, porque todavía ríe como la adolescente de la década de los sesenta y lo recuerda casi todo.

¿Cómo fue ese primer contacto con la Nueva Trova, con Sara?

Fue a finales de 1970. Porque yo tenía una relación, con quien fue mi primer esposo Adolfo Costales, él era el director del cuarteto Los Dimos. Al separarse esta agrupación, le interesaba conformar otra, de pronto vino con la noticia, de que había una muchacha que cantaba maravillosamente bien, que tenía una fuerza extraordinaria para la interpretación y era Sara. Ensayaban en mi casa, Adolfo la trajo. No recuerdo a los varones, pero sí que había dos voces femeninas, Sara González y Georgia Guerra.

Estuvieron ensayando un tiempo. Recuerdo que la voz de Sara era muy fuerte, impresionante, dentro del cuarteto. No sé si llegaron a presentarse, pero fue un momento de creación y, cuando ensayaban, era notable la voz de Sara, se iba por encima de todos. Creo que tenían que controlarla, porque opacaba a los demás.

Sara era muy jovencita, después de eso, se fue al Grupo de Experimentación Sonora del ICAIC.

¿Qué inquietudes tenían esos jóvenes?

Había una fe, una utopía, una esperanza. La idea de poder construir un mundo más justo y mejor, entonces movía mucho a la gente. No se reunían para cantar por cantar, sino porque querían dedicarse a esa función social que cumplir, un compartir el arte con la gente. En esa utopía creíamos todos.

¿Sigue su amistad con Sara?

Claro, mi amistad con Sara continúa a través del Movimiento de la Nueva Trova, del cual yo era miembro. Cantaba, yo era trovadora.

¿Componías?

Dos o tres canciones. Canté a dúo con Adolfo y canté sola. Nos veíamos en los encuentros del movimiento. Estuve cuando se fundó en Manzanillo. Sara era una tromba, un huracán. Tenía una energía vital, que la desbordaba. No podía estar tranquila. En particular, con su gran sentido del humor. Siempre hacia chistes, inventaba bromas, despertando a los demás de madrugada, «dándole cuero a la gente», hacia versiones de las canciones.

Aparentemente, nunca dejó de ser así.

Era una personalidad muy fuerte. Con ese gran sentido del humor y de la oportunidad para hacer bromas. Más allá de su talento como creadora y artista, ella era muy especial.

¿Cómo se llega al evento? Cuentan que hubo criterios de no aceptar la institucionalización, pero a su vez, era la herramienta para unir a los trovadores cubanos y exponerlos, porque estaban fuera de la promoción cultural.

Sí, sí. La represión no violenta, claro, pero el rechazo a la trova era evidente. A Silvio lo tenían suspendido de la televisión. No se les daba divulgación a los trovadores. A mí, incluso, me cuestionaron en la universidad, por tener relaciones de amistad con personas con 'debilidades ideológicas'.

¿Como quiénes?

Cuando pregunté, eran Silvio, Pablo, Noel, la gente de la trova. Le crearon una «marca» de que no eran revolucionarios. La gente de la UJC se da cuenta de que realmente no es así y proponen la posibilidad de organizar un movimiento.

De carácter nacional.

Sí, porque lo cierto es que había trovadores por todo el país.

¿Desconocidos entre sí?

Algunos se conocían de una manera individual. Se trataba de unirlos. Fue aceptada la idea del movimiento, a donde fueron invitados la mayor parte de los trovadores. Ahí se acordó la creación.

¿Usted fue invitada?

A mí me invitaron y allí hubo muchos trovadores de todo el país. No tengo una lista. Recuerdo a Sara, Saulo, trovador de Camagüey, al cual le dábamos «cuero», porque musicalizó un texto de *La vaquera de la Finojosa*, de la literatura antigua española. Fue un evento muy loco y divertido, más allá de su contenido. Muy lleno de vida. Recuerdo que a Sara la tiraron a la piscina.

¿Qué temas discutieron en el evento?

Por ejemplo, cuál debía ser la función de la Nueva Trova. La posibilidad de crear un fuerte movimiento de aficionado. No intentando crear estrellas, sino estimulando a quienes les gustara la música y podían cumplir una función artística importante en sus comunidades. La intención era lograr una masividad.

En realidad, había muchísimos trovadores en el país, donde las muchachas éramos menos. Lo que se pretendía era respaldarnos. Facilitarnos algunos instrumentos, lugares donde presentarnos, para que hiciéramos el trabajo cultural.

¿Qué seguimiento hubo desde entonces?

Se conformó toda una estructura, que funcionó aun cuando me fui del movimiento. Había organizadores provinciales, se planificaron y coordinaron los discos con la disquera Egrem, los cuales salieron después de creado el movimiento. Se hicieron muchas cosas, incluso, un reglamento. Por mucho tiempo tuve la bandera, después la entregué al Museo de la Música. No sé después, cómo decayó.

¿Se fue del movimiento por motivos profesionales?

Sí, yo estaba en la universidad. Me gradué en 1974 y me dejaron de profesora. Las clases me ataban demasiado. Comenzó a ser una contradicción, la docencia, frente a los eventos del movimiento. Tuve que elegir. Fui profesora de Literatura Latinoamericana y Caribeña por muchos años.

Eres una estudiosa del trabajo de la trova. ¿Mantuviste esa inquietud?

Sí, porque entonces, lo que hice fue, que mi trabajo de diploma lo dediqué a investigar los textos de las canciones de la trova. *Del bardo que te canta*, como el verso de Manuel Corona.

¿Querías abarcar hasta la Nueva Trova o no?

Fue mi idea, pero cuando comencé a abordar la trova tradicional, me absorbió por completo. El libro tiene como doscientas páginas y no pude pasar ni al Filing, ni a la Nueva Trova.

Gracias por lo que hiciste.

Entonces se publicó una vez, pero fue un libro que se demoró mucho en salir. Lo escribí en 1976 y salió en 1988 por la Editorial Letras Cubanas, donde lo presenté ocho años antes. Imagínate que estaba embarazada y durante la presentación, mi hijo hizo fila para obtener la firma del libro. Hace tres o cuatro años lo reeditó Radames Giró, de Ediciones Museo de la Música.

¿Qué otros estudios dieron continuidad al tema de la trova?

Hay otro libro que salió hace unos cinco años, se llama: *La canción cubana a cinco voces.* Fue iniciativa de Silvio Rodríguez. Se hizo cargo de todo a través de Ediciones Ojalá, en 2017. El libro sigue el trayecto de la canción cubana con investigaciones de Dulcila Cañizares, Marta Valdés, Guillermo Rodríguez Rivera, Joaquín Borges Triana y a mí me tocó la fundación del Movimiento de la Nueva Trova. Es un encuentro con miradas diferentes.

Entonces, me gustaría conocer su criterio acerca del contenido de las canciones. ¿Cómo lo valora? ¿Son ellos los cronistas de su tiempo?

Pienso que en buena medida lo son. Hay muchos momentos importantes de esos primeros años que fueron cantadas de muchas maneras. Por ejemplo, Augusto Blanca, cantó a la lucha insurreccional en Santiago de Cuba, *La alfabetización*, de Noel. *Girón*, ese disco que se hizo. Son momentos trascendentales.

Por supuesto había una veta lírica y la expresión de subjetividades, como también había una cantidad de canciones de amor y esa línea vinculada a lo social, lo histórico, a lo que estaba aconteciendo, como a las grandes figuras patrias: Camilo, Agramonte… era un espectro muy amplio.

Sin embargo, a la hora de difundir la obra de la Nueva Trova, apenas se enfatizan las de contenido histórico-social. Donde, en esencia, son canciones de amor.

Eso, a nosotros nos molestaba mucho. Siempre aparecen en días luctuosos y feriados por asuntos patrióticos, era trova, mañana, tarde y noche.

Y todavía se usan, insistentemente, con ese fin.

Sí, es así, mientras tanto, pregunto: ¿cuándo difunden a Sara, a Silvio u otros trovadores en los medios? Y eso a nosotros, nos molestaba mucho, porque siempre eran canciones políticas, para actos políticos. O días feriados de carácter histórico, es trova a pulso. Por eso, pienso que dañaba la imagen del movimiento, porque solo nos asociaban con lo luctuoso u oficial. No había otro tipo de difusión.

Algunos trovadores dijeron que Sara era consciente de ello y no le molestaba. Sin embargo, luchó por mostrar todas sus facetas. ¿Qué opinas de ello?

Claro, porque una cosa es que te difundan de manera sesgada y a la otra parte de tu obra, no le den la visibilidad que merece. Solo se concentran en las canciones que —agradecemos que se difundan— pero por qué ese rechazo o exclusión de toda la obra de un artista. Otras facetas que también son importantes. Eso creo que nos daba una imagen distorsionada. Por suerte la obra de Pablo y Silvio se ha difundido lo suficiente, para que se reconozca de qué se trata la trova.

¿Cómo evalúas la calidad de las composiciones de Sara?

Tiene canciones, musicalmente muy fuertes y también en cuanto a los textos. Quizá, no fue tan compositora, si la comparamos con Silvio y Pablo, ella le dedicó menos tiempo. Pero a la vez tenía esa facultad de darse cuenta, de que buenas canciones tenía en frente para ser difundidas. Por ejemplo, recuerdo esa canción hermosa de Niuska Miniet: *Tus ojos y la ciudad*. Sara sabía qué canciones podía interpretar y darlas a conocer.

Hay una anécdota de José María Vitier, sobre un evento que tuvieron en Berlín. El público básicamente era alemán, porque era un festival de juventudes o algo así y la recepción de la actuación de Sara, fue impresionante, aunque no entendieron ni media palabra de lo que estaban escuchando en español. El público se levantó a puro corazón, pura bomba y calidad de su interpretación, aunque no entendieran sus palabras. Indiscutiblemente, Sara era una grandísima intérprete.

Que peculiar misterio tiene la música.

Así es. En repetidas ocasiones nos vimos, a veces ella vino a fiestas que hacíamos en casa. Teníamos amigos comunes y venía hasta aquí. Ella era un banquete. Viraba la fiesta al revés. Hacia chistes, interpretaba personajes y todo le quedaba bien. Todo era risa.

Esa personalidad, la hizo entrañable entre sus amigos. Mientras recojo los testimonios la lloran y ríen con ella, en presente. No se va.

Sara es muy querida. El que la conoció sin escucharla cantar, también la recuerda con sus historias. Se convierte en un personaje, no a través de la guitarra, sino en su proyección, incluso, sin cantar.

Aun cuando el movimiento dejó de existir, cómo evalúas la presencia de la Nueva Trova en la música cubana.

En realidad, esa parte la estudió Joaquín Borges Triana. No sé si porque me he ido del mundo de la música, pero yo no siento la fuerza que hubo en aquella época.

¿No la sientes? Pues está bien decirlo.

Creo que no hay grandes trovadores. Figuras excepcionales sí: Pablo, Silvio, Sara, Noel. Quizá es que no se difunden, no se escuchan, no se promocionan. Pero yo siento que ha ido en declive. En la década de los 80, Santiago Feliú, Carlos

Valera, Frank Delgado, alcanzaron una difusión, popularidad, seguidores. No siento esa fuerza. No sé si responde a una mala política de divulgación.

Nadie me podría decir mejor, cuánto heredamos de la vieja trova. ¿Cómo se mira la Nueva trova en ese espejo?

Es que yo creo que, desde el principio, hubo una identificación de los jóvenes con aquellos viejos trovadores. Recordemos que Sindo Garay estaba vivo al triunfo de la Revolución, porque vivió más de cien años. Manuel Corona y todo ese caudal de canciones populares que se conocían. Esa misma figura del trovador, como gente de pueblo, humilde que además cantaban a la patria, a la historia, se incorporó muy pronto.

Está esa canción de Silvio, que es como una declaración. *Aunque las cosas cambien de color, no importa pase el tiempo. Las cosas suelen transformarse siempre al caminar. Pero tras la guitarra siempre habrá una voz…*

Es un decreto del nexo con lo anterior. Pero, además, Augusto Blanca ya estaba vinculado a la casa de la trova, con los viejos. De manera espontánea se dio ese vínculo de los nuevos trovadores, desarrapados, con los pelos largos, que cualquiera diría que no tenían nada que ver con aquellos viejitos. Hubo un respeto, una admiración y una intención de acercarse a los viejos trovadores para recuperar su música.

Eso se ve en las mismas composiciones nuevas que tienen giros y estructuras, de la trova tradicional. Aquellos que cantaban solos con sus guitarras, que eran compositores y no todos tenían voces maravillosas. Sin embargo, su interpretación era reconocida por el valor de la misma, más allá de que pudiera tener o no calidad en su voz. Los dúos que hacían, todo eso se ve musicalmente en la Nueva trova. Desde el inicio se identificaron con ellos.

¿Podría mencionar algunos trovadores en los que esté más presente esa influencia?

Yo creo que en todos. Está en Augusto Blanca, Silvio, Pablo, en Noel, en Vicente…

Vicente siempre tuvo las canciones de la vieja trova en su repertorio, tuvo ese sentido del rescate de la tradición, hasta el final.

Si él cantaba las canciones, con esa influencia tan fuerte. Recuerda que quedaban algunos vivos al comienzo y se fundaron casas de la trova por toda Cuba. Era lógico que todos fuéramos a beber de esa influencia, nos acercáramos de manera espontánea. A aprender, porque casi todos eran autodidactas, se acercaron a ellos. Es que se nota mucho musicalmente.

Aparte de canciones dedicadas, remedando ese estilo. Por ejemplo: *Esa mujer*, de Noel Nicola. *Esa mujer que se aparece cual fantasma en el recuerdo…* es una canción de trova tradicional. Noel la escribió, cual antiguo trovador. Pero más allá de un homenaje, donde se recrean esos códigos estéticos, están las influencias, giros, que aparecen en las canciones con otra tesitura más actual, más moderna.

Ese fenómeno se ha producido en otro contexto.

Solo he estudiado a Cuba, pero no sé qué otros pudieran beber así, de la vieja canción. No creo que otra vertiente nueva, tuvieran una fuente tan fuerte como lo tuvieron los creadores de la Nueva Trova Cubana, respecto a sus antecesores de la trova tradicional. No sé si la Nueva canción chilena… no sé hasta qué punto tuvieran ese caudal, que sí hubo en Cuba, con los grandes creadores de la vieja trova cubana.

Hábleme un poco de sus comienzos, como compositora.

»Ríe sola.

Bueno, aprendí y estudié la guitarra en la escuela primaria, en el conservatorio. Luego lo que hice fue tocar canciones populares, hasta a Paul Anka y Los Beatles. Ni sé qué cosas cantaba… una vez, Vicente Feliú escuchó una canción mía grabada. Fue a la Facultad de Letras, pero yo no estaba, él conoció a una amiga mía. Pero fue a partir de entonces que me vinculé con el MNT.

Tocaba guitarra, establecí esta relación con Adolfo, con Los Dimos, me vinculé en el mundo de la música. Había aprendido lo elemental de la guitarra clásica, pero luego empecé yo sola a practicar y a «sacar» canciones, junto a amigos del preuniversitario.

Comienzo a componer en ese vínculo con la Nueva Trova. No me gusta hablar de ello, porque no considero que son buenas canciones. Creo que no era buena compositora, ni intérprete. Lo que sí te digo, es que eran canciones muy feministas. Hubo una que se llamó *La mujer posible*. Comencé musicalizando poemas.

¿De quién?

De Alfonsina Storni, de José Martí, de Nicolás Guillen. Creo que hice muy bien en enrumbarme a lo mío, la literatura. Era mi vocación.

¿Y cómo imaginaba a la mujer posible?

»Ríe a carcajadas.

Mira, a veces los alumnos me daban unos sustos, cuando me decían, encontré una canción suya en una emisora de la Isla de la Juventud. Yo los miraba y me decía «tierra, trágame».

Muy directa, mi canción era una loa a la mujer feminista, *tus ojos de hombre a todo no la pueden ver, a esa mujer que es distinta.* Musicalicé ese poema de Alfonsina Storni, *Tú me quieres alba*; también hice una canción a Tania la Guerrillera. Feminista.

¿Cómo no serlo, con tan pocas mujeres trovadoras entonces?

Era lo que me nacía, pero no era buena.

Que modesta, pero quizá no fue tan así, porque si no, no la apreciaran tanto. Lo que sucede es que no siguió esa línea creativa, lo que sí hizo con el trabajo literario. Hábleme un poco de ello.

Bueno, mi primer libro fue *Del bardo que te canta.* Luego un libro sobre el Caribe, trabajé mucho el tema académico. Ambos fueron investigaciones. En 1995, publiqué un libro *Ella escribía postcrítica.*

En pleno periodo especial, la escritura académica iba por un lado y por el otro la vida. Así que de alguna manera tuvo que mezclarse. Salió un libro algo *sui generis*, porque se mezcla el trabajo académico, con los jóvenes narradores, con ficción.

¿Es antropológico, también?

Sí, tuvo muy buena acogida, fue premio de la crítica. Después publiqué *Paradiso, la aventura mítica*, que fue mi tesis doctoral. Uno de mis libros de ensayo, luego me acercó a la ficción narrativa, con la cual me he sentido a gusto. En 2008, escribí una novela que se llama, *Desde los blancos manicomios.*

¿La ficción, le atrae?

Entró por ella misma. Fue un ejercicio espiritualmente liberador y la disfruté mucho. Se me ocurre la ficción, con cierto deje testimonial. Llega el momento que no sé lo que hice y cuando la di a leer, me recomendaron editarlo. Se le nota que hay partes muy ensayísticas. Es que no me propuse desde el principio una novela.

¿Se puede desprender un investigador de eso?

Sí, tachando (ríe a carcajadas de su ocurrencia).

Puede ser que funcione.

Hay partes de ensayo que se mantienen. Lo reduje a lo mínimo, pero quedó bastante.

¿Qué se necesita aprender, desde esta época en que se va desojando la historia de quienes la protagonizaron, mientras aún quedan fundadores de la Nueva Trova Cubana?

Silvio ha tratado de preservar la memoria de algunos trovadores interesantes. Tal fue el caso de Miguel Escalona.

De Camagüey.

Sí. Hubo otra pérdida importante, aparte de las muchas que ha habido. Se trata de Carlos León. Carlitos, es trovador de aquella época. Después se dedicó a hacer documentales. Hizo el de Augusto Blanca, de Vicente Feliú, de Miguel Escalona, que sigue siendo desconocido, pero al menos se salvó algo de su vida y obra. Falleció joven.

»Habría que buscar en la obra. Hacer un poco lo que haces, esa labor arqueológica, como de alguna manera lo hace Silvio. Aquellos creadores y su obra que quizá no se difundió lo suficiente. Pienso en los mismos cuartetos, Los Dimos, Los Cañas, vinculados al movimiento. No sé si hay discos de ellos. Tema 4, antes de Síntesis.

Nuestra América…

Nuestra América. Valdría la pena hacerlo, canciones y la historia de esas agrupaciones de las que nadie habla o conoce.

Bueno, estoy satisfecha.

Menos mal.

»Ahora la risa se contagia, ambas reímos complacidas.

DEFENDER LA ALEGRÍA COMO A LAS CAUSAS JUSTAS

LIUBA MARÍA HEVIA

Liuba María Hevia me recibe a primera hora de la mañana. Desde su portal trata de descifrarme tras la mascarilla, Pandemia mediante. Tuve que quitármela a distancia, para identificarme. Eso de entrevistar a los amigos de Sara, por esos días de extrema precaución para la vida, se convirtió en un raro privilegio que agradezco.

Siempre ocupada, Liuba hizo el espacio y el café. Y así comenzó la secuencia de respuestas a mis interrogantes.

En medio del dolor, hubo amigos que escribieron sobre ella, por eso es bueno volver siempre a su recuerdo. La primera referencia que tengo de Sara fue a través de la serie televisiva *Los comandos del silencio*. Era una niña aún, jugaba y veía «las aventuras» que fueron muy lindas, de esas que se te quedan en la memoria. Recuerdo que tenía un tono infantil a veces, muy apropiada para los niños y adolescentes. La canción tema la cantaba Sara. Por supuesto que yo no tenía conciencia de quién era ella, pero su voz calaba profundamente, lo recuerdo desde la ingenuidad de quienes la escuchábamos, que es desde donde mejor llegan las cosas, desde la inconsciencia de esa edad.

Con el tiempo supe que esa misma voz, tenía otras propuestas. Ya en la secundaria comencé a cantar sus canciones. Por ejemplo: *Su nombre es pueblo*, *Girón, la victoria* «… canto y llanto de la tierra…». Sí, esas dos canciones yo las cantaba mucho en los festivales estudiantiles. Lo mejor es que esos eran momentos muy especiales para mí. Cantar a Sara, era como una manera de imitarla, desde mi adolescencia. Aún sin comprender que ella tiene una fuerza única.

Siempre fui trova-adicta, por lo que fui siguiendo su carrera artística, pegada a mi guitarra. Escuchaba a Silvio, a Pablo, a Amaury y a Sara. Estaba dentro de esa selección exquisita, que después seguía como adolescente y joven.

En la escuela la cantaba, como otros compañeros míos seguidores del Grupo de Experimentación Sonora del ICAIC. Con los años, a veces nos encontrábamos, porque también atendía su trabajo con el grupo Guaicán.

Ella igualmente nos observaba, pues al verme, dijo que le gustaba el trabajo que yo estaba haciendo, específicamente con la mezcla de la música campesina y lo sinfónico. Me decía cosas muy alentadoras. Sara me era próxima en sus presentaciones y música televisada, porque siendo niña, nunca la vi en vivo. Mira que mi madre me llevaba a las presentaciones y espectáculos, pero nunca coincidimos.

Aunque yo era fiel a sus canciones, en cada festival que se realizaba en las escuelas donde estuve becada. Ahora me doy cuenta de que increíblemente, siendo una canción que me gustaba tanto, nunca cantamos *Un hombre se levanta*, esa canción de Silvio Rodríguez por la que ella se dio a conocer.

Recuerdo también los espectáculos de Virulo donde ella estaba. También me hice amiga de Pepe Ordaz, un hombre extraordinario, quien hizo época con ella en el grupo Guaicán. Un gran compositor, que adoró a Sara y estuvo siempre muy cerca de ella.

Cuando muere Ada en el año 1992 —se trata de la escritora, poetisa, compositora, escultora y pintora cubana Ada Elba Pérez. Muere tempranamente, víctima de un fatídico accidente de tránsito— recuerdo que yo estaba en una actividad que hacía la «juventud», cuando se me acercó Sara. Fue al verme así, porque yo me puse muy flaquita y me dijo con tanto cariño: «muchachita».

Ya era el año 1993 y no te puedo explicar cómo comencé a asistir a la casa de Sara y Diana. Casi empecé a vivir allí o casi no, viví allí; porque me sentía protegida después de la muerte de Ada. Por entonces, sentía rechazo a estar en cualquier lugar, ellas me hacían comer, porque vomitaba todo. Yo estaba muy mal, me sentía mal, porque Ada muere de una manera muy impactante con 30 años, yo tenía 27. El accidente fue aquí mismo —señala— en las calles Ayestarán y Tulipán.

Ellas dos se convirtieron en mi familia, las hermanas que me hacían levantarme, comer, mantenerme, seguir adelante. Entonces yo no tenía fuerzas para nada. Con ellas encontré esa calidez de madre a hija y a veces me sentía que era la hermana más pequeña, que va haciendo su camino.

Sara fue un poco recelosa de su espacio en el mejor sentido, ¿no? Porque era muy maternal, obsesivamente protectora. Y como yo soy una mujer muy independiente, llega un punto en el proceso, que rechazo esa conducta. Pero ella, de la manera más sana siempre, era sobreprotectora de todas nosotras. Puedes preguntarle a quien tú quieras, que te va a afirmar eso.

Sara miraba hasta quien estaba contigo o cerca, te acompañaba en los asuntos de trabajo, te protegía, te advertía «cuidado con esto», era así con todos. Cuidaba más de los demás, que de sí misma. Advertía y a veces su carácter, fuerte también, la hacía ser amorosamente impositiva. También era muy tierna, muy contrastada.

Y en el escenario, ¿cómo era?

Te iba a decir que no nos quedemos solo con esa parte de Sara, porque en un escenario era «rompe paredes». Derribadora de muros en la escena, pero también era una mujer muy sensible. Y si vamos a hablar de simpatía, creo que hay pocas personas en este mundo más simpáticos que Sara. Existen personas que se dedican al humor y no tienen una pizca de la chispa que tenía Sara González.

Yo, ingenuamente tantas veces… desde que Ada murió y dejó inconclusa las memorias de Teresita, me obsesioné por revisar todo lo que tuviera de Teresita Fernández.

Cuando los periodistas procuraban hablar de ella, los acompañaba hasta su casa, porque vivía cerca de aquí. Porque quedé con la obsesión de que mis amigos guarden sus historias, sus memorias, sus crónicas y mira que le dije a Sara tantas veces, «graba esos cuentos, esas historias». Ella tenía una cualidad para contar y era eso de nunca cambiar los detalles de sus narraciones. Si era una historia humorística, no le agregaba, no era de esas personas que le ponía «algo» de más, para que tú te rieras. Hacia el cuento exacto y cada vez que lo decía, tú te morías de la risa.

Es que lo hacía tan bien, lo explicaba de una manera única y ahí se perdió tanto. Eran también cuentos sobre la vida, episodios, testimonios de varios asuntos, algunos simpáticos, que ella resolvía de una manera sagaz. Porque Sara era muy lista, rápida, muy inteligente.

¿A qué se debía que ella no quería trascendencia?

Creo que no le parecía importante, ella vivía el momento. Hacer un chiste de eso que ocurrió en un encuentro de la trova en

Santiago de Cuba, aquí o allá, era eso. Lo que debimos hacer era grabarla sin que se enterara, porque no había nada que no pudiera ser compartido. Todo visto desde la ventana de sus ojos azules, era mucho más lindo que como te lo pueda contar otra persona.

Sara tenía todas las condiciones para contar las cosas, hacerte reír y llevarte a infinitos lugares, porque también te podía hacer llorar. Ojo con eso.

En parte es el objetivo de lo que hacemos, que cada uno reconstruya su mirada. Episodios únicos de momentos compartidos.

Mira, para ella la risa era muy importante. Eso yo lo valoro tanto, porque es de gente grande hacer reír a los demás. Incluso, mientras Sara narraba a su modo una historia picaresca, llevándola a su mundo, era fabulosa. También con un cuento de moda, hay gente a la que se le da eso. Es su simpatía, la verdad es que era única.

¿Hubo episodios de vida junto a ella que te significaron?

Tengo recuerdos bellos en la gira por España de las *Cuatro mujeres*. Sara fue la anfitriona, estuvimos invitadas Anabell López, Marta Campos y yo.

¿Qué características tuvo ese recorrido?

Muchísimos pueblos recorridos, peinando ciudades en teatros y sitios elegantes, a donde las personas acuden a escuchar música. Lo organizó Mayda Bustamante, una gira de cantautoras.

Hubo algo simpático que hacíamos en el entretiempo. Nos reuníamos en una habitación a imitar las voces, de lo que estaba ocurriendo en la televisión. Al estilo del gran imitador cubano Armando Calderón, pero al modo picaresco de Sara. Algo que quiero enfatizar, es que como para mi amiga Sara era tan importante la risa, yo le y me hice un regalo. Me aparecí al hospital cuando estaba malita, 'vestida de monja'. La hice reír muchísimo.

¿Se te ocurrió a ti?

Claro, me encanta disfrazarme. Quizá sea una cuestión de cultura campesina, mi mamá era de Bolondrón, Matanzas y mi padre de Encrucijada, Villa Clara. Incluso, con mi mamá malita, le conté y fue muy feliz. Por ahí tengo las fotos con ella y Diana.

¿Qué pasó en ese rato?

Que olvidamos la enfermedad. Aunque de ello nunca se habló.

En otra ocasión, hubo un momento en que me llamó —y fue la única vez que lo hizo— para decirme «gorda, tengo que darte una noticia. Ya no me van a dar los sueros, porque voy a resolver con las pastillas». Yo que tenía más información, sabía que no iba a ser productivo para ella, por eso no le pondrían los sueros.

¿No era una alternativa de vida?

Así es. Y la animé, siempre la animé. Porque ella era especial para defender la alegría, como las causas justas. Era una mujer buena, de tierra, de pueblo. Una persona que no se repite, de esos seres que son patrones, paradigmas. Son seres de una sola vez. Tanto Sara González, como Teresita Fernández, son las dos puertas más importantes hacia el arte y la trova. Ejemplos a seguir en muchas cosas. En la manera de ver la vida, de asumirla, por la historia que les tocó vivir. Me identifico mucho con ambas, también por el modo de pensar y de sentir la música.

En el ámbito musical, qué atributos le ves al trabajo de Sara como cantautora.

Quizá como dejó un tiempo de tocar la guitarra, ahí fue que escribió menos canciones. Yo le decía: gorda, las canciones están en la guitarra… y debatíamos cómo las canciones están ahí dentro, esperando por una. Quizá no fue demasiado extensa su obra como compositora, pero sí de muchísima calidad. Por ejemplo, la canción *Amor de millones*, es que son hermosos estribillos, se quedan en la cabeza y en el alma de la gente. Pero también todo lo que musicalizó de José Martí… ¡es de tal belleza! Son muchas, entre las que hay que recordar lo que musicalizó del escritor y poeta, Eliseo Diego.

Nombraría también su capacidad rítmica. Son cosas que destaco y recuerdo, cuando la escucho. Igual cuando la disfruto en el Grupo de Experimentación Sonora del ICAIC, donde Sara fue una de las que llevaba esa información popular, la síncopa en el alma. Ese sentido rítmico de la calle, en particular lo llevó Sara a ese grupo. Tenía mucha fuerza en el escenario, era muy, muy atrevida. Daba, sacaba cosas que otras personas no podrían.

Me asalta la curiosidad, ¿tendría algún ritual antes de actuar?

Creo que no. Era atea, creo yo. No la recuerdo ni vocalizando antes de subir a un escenario. Ni «calentaba la voz», ella salía a «comerse» el escenario. Podría estar jugando dominó y cuando le decían te toca a ti, se paraba con esa fuerza.

Muy natural.

Absolutamente. No era mujer de artificios y era una niña a la vez. Se contentaba con un caramelito, un juguetico, un detallito. Una tiene esa imagen de la mujer enérgica en un escenario, pero cuando llegabas a su casa, podías encontrarla viendo en la tele, los muñequitos.

Por eso entiendo a Diana, compadezco a Diana, bendigo a Diana, porque hay seres únicos. Y ella tiene que extrañarla muchísimo, porque en Sara había muchas mujeres. Y en todas sus facetas, interesante.

De los trabajos que hicieron juntas, hubo alguno que recuerdes con apego. ¿Algún disco, quizá?

Un homenaje a Augusto Blanca, ella me invitó. Nunca pudimos grabar juntas, lo hablamos mucho y no coincidimos en ello, por eso de que, en su discografía, ni en la mía, apareció el lugar exacto.

La vida es más rica que los sueños, por eso hay que elevarlos. La vida es muy frágil. Yo hice un disco de dúos hace cuatro años y me faltó Sara. Tengo muchos más recuerdos de las descargas en su casa, que, en los escenarios, aunque si compartimos varios. En un programa de televisión junto a Marta Campos, Pepe Ordaz, ella y yo cantamos *Guajiro de monte adentro*…, son momentos que atesoro.

Increíblemente no compartimos la discografía. Por eso hay que insistir, porque lo efímero se nos va. Incluso por nosotros mismos, ni siquiera para los demás, debemos dejar un legado. La vida hay que vivirla, acelerarla, provocarla.

¿Cómo definirías los matices de la personalidad de Sara?

Era una mujer muy crítica, incluso, con los asuntos sociales. Nunca hermética. Con ella se podía debatir de cualquier cosa. Una mujer muy valiente, necesitaba decir las cosas por su nombre. Podrías tener una discusión con ella, que te llevaba a buen lugar, al menos a saber lo que tú pensabas y eso me gustaba de ella.

Había una complicidad, un entendimiento, una necesidad de oír a los demás. Eso es lo más importante: escuchar, para que las cosas no sean rígidas y Sara venía de esa escuela.

Hubo un disco en que Sara participó y estuvo fabulosa, con José María Vitier y la música de los años 1970. No recuerdo su nombre, pero sí que canta ella, Amaury, Miriam Ramos… Recuerdo de ella ese contraste, de lo niña que era y fuerte en otros ámbitos. Dura, pero para bien, cuando eso hacía falta. Era una mujer muy capaz y muy especialmente entregada a la gente que ella quería.

Para ella había afectos sagrados. Por ejemplo, Lucia Huergo, con quien discutía a menudo como si fueran dos niñas chiquitas, fue una de las personas que ella más quiso. Sara se fue primero y Lucia sufrió mucho. Hasta el punto de que, en una ocasión, mientras estaban entrevistando a Lucia sobre los treinta años de mi carrera artística, al terminar y con esa obsesión que tengo por registrar la historia de mis amigos, le dije: Lucia tú me dejas hacerte una pregunta para mí.

Dicen que Lucia ya estaba enferma, no lo parecía. Cuando comenzamos a hablar de Sara, Lucia se quedó en blanco un rato, apenas pudo balbucear algo cuando dijo: «y yo la extraño mucho». Sabemos que cuando Sara murió, Lucia quedó tirada una semana en la cama, sin fuerzas para levantarse. Realmente su amistad era de muchos años y se querían mucho. Sara fue muy querida, tenía amistades que la adoraban.

Porque para personas como ella, sus amigos son familia.

Definitivamente. La familia de Sara eran sus amigos, porque era hija de viejos, única hija. Igual que Lucia, prácticamente no tenía familia de sangre. Le gustaba hacer unos cuentos fabulosos acerca de su padre, que fue tabaquero. No los conocí, para que veas lo importante de hacer trascender las historias contadas. Sara decía que su padre era muy simpático, que le encantaba beber y discutir con su madre, quien también era mayor. Tenía cuentos comiquísimos que no sabría reproducir, de las cosas de su madre y padre.

Hacía muchos cuentos de sus giras, las cosas increíbles o simples que le pasaban, las trasmitía con una simpatía tal… era una mujer muy fácil para interactuar. Igual sucedía en la calle, con la gente. Yo lo viví, en ocasiones en que las personas la abordaban en público, el trato de Sara era sumamente agradable. Sara es merecedora de mucho respeto, porque fue de verdad, una mujer de pueblo. Esa frase que quizá sea manida, va con Sara.

¿Musicalmente, cómo la describirías?

Una mujer osada para su tiempo. Sobre todo, en sus inicios. Por su manera de sentir la música tan cubana, tan popular. Sara tenía un delicioso sentido del ritmo. Muy singular en el ámbito musical, con un modo de decir muy libre en el escenario, como en la creación.

¿En el ámbito privado, cómo era en su ambiente de convocatoria?

Era muy fiestera, le gustaba estar con sus amigos, reunirse a menudo. Fíjate, cogía poco la guitarra, pero cuando lo hacía, «prepárate» porque te podía hacer llorar. Hay una canción —de Silvio— que se llama: *De la ausencia y de ti*, que nadie la cantaba como Sara. Increíblemente, solo la cantaba en las fiestas y creo que era yo quien se la pedía siempre.

Cuando cantaba, teníamos que reclamarle para que siguiera: Sara, canta esta o aquella. Pedirle las canciones, porque no estaba constantemente con la guitarra. Esos momentos en su casa del parque Trillo y en la casa de Línea, donde vivió.

Hizo mucho también para promover a la mujer trovadora. ¿Puedes hablarme sobre eso?

Sin dudas, es una precursora del trabajo femenino en Cuba. Por eso le hemos dedicado varios eventos de mujeres trovadoras. Si no hubiera una Sara, como una Teresita, la visión de la mujer trovadora fuera absolutamente diferente.

Pero Sara no solo se quedó en eso. Fue intérprete de grandes obras. Su incursión en la música tradicional cubana, por ejemplo. A todos nos sucede, que cuando estudiamos las composiciones anteriores, nos detenemos ante ellas. Imagino que, a Sara, que era tan grande como músico, le sucediera también.

Fue también transgresora, como ser humano.

En todo sentido, muy revolucionaria, muy de pueblo, muy atenta a los demás. No podía con la gente que no le ponía «fuego», pasión a las cosas cuando había que ponérselas.

Resumir la vida de una persona en palabras, es para mí muy complicado. Sin embargo, te puedo asegurar, que ella es de esas personas que fueron tan importantes en nuestras vidas, que la recordamos, incluso en los momentos más difíciles. Te digo, no solo cuando Ada murió, también cuando murió mi mamá. Sara siempre estuvo ahí. Me decía, «gorda, hay que ser fuerte, por esto y por lo otro».

Con su sencillez y presencia, siempre llegaba su ayuda. Puedo recordar incluso, en momentos de decepciones personales, de pareja. Ella me escuchaba, me dedicaba tiempo para conversar. Y era una leona con nosotros, quien se metiera con nosotros, pecaba. Pero también era muy complaciente, Sara fue una hermana mayor.

ENTREVISTA A TRES VOCES

MARTA CAMPOS Y HEIDI IGUALADA

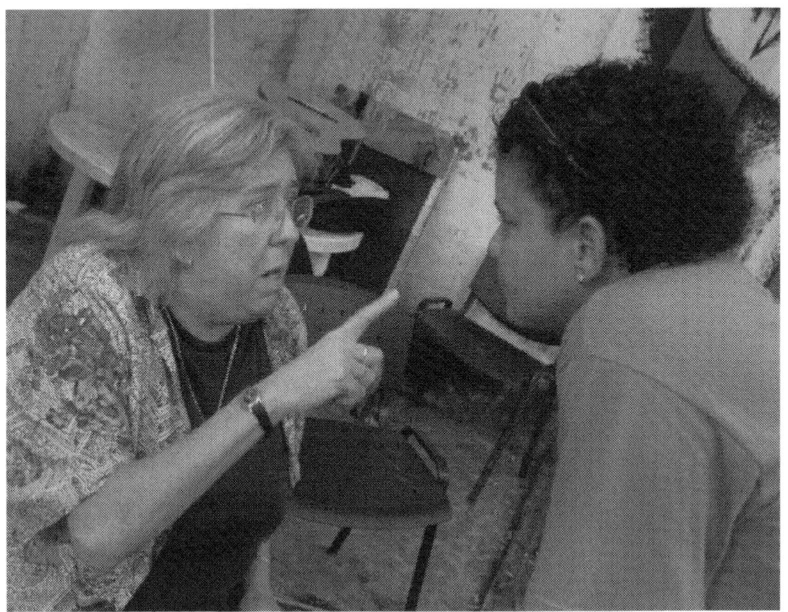

Por Sara todos acuden al llamado, especialmente ellas, aunque las voces se sientan apagadas por las mascarillas dobles que debíamos portar. Así fue durante un caluroso día en los jardines de la Uneac, con Marta y Heidi.

»Con Sara vengo desde la escuela, dice Marta.

¿En la Escuela de Arte?

Del conservatorio Amadeo Roldán.

Coméntame ese comienzo.

Cuando llego, ya Sara estaba estudiando allí. Fue alcanzar esa escuela y empezar a estudiar la música, específicamente la guitarra. Ella es de la generación de Beatriz Márquez, Lucía Huergo, Ele Valdés.

El estreno fue en una escuela al campo, donde nos divertimos mucho. Allí empezamos una bonita amistad que fue creciendo hasta el último momento de sus días, porque Sara fue una hermana más, consejera, imprescindible.

Luego Sara va a Instructores de Arte y se vincula al GESI. Ella me colaba en el cine '23 y 12', porque fui a muchos conciertos del GESI. ¡Lo más grande! Hay que decir que llega al grupo con otra visión.

Le gustaba mucho aglutinar a la gente que quería, arroparnos. Ese amor que a veces era demasiado, pero muy lindo. Aprendí mucho de ella, salíamos de viaje juntas a trabajar en festivales y encuentros celebrados en las provincias.

Sara era muy pedagoga, le encantaba expresar sus criterios. Discutíamos sobre diversos temas, pero a ella le gustaba compartirlos. También debatíamos sobre los discos que grabábamos, para hacer un juicio crítico. A Sara le agradaba escuchar, nos invitaba a su casa a oír música diversa. Estuve junto a ella, hasta esa despedida hermosa en que se expandieron sus cenizas al mar.

¿Algo más que recuerdes de su comienzo como artista?

»Interviene Heidi, para abundar.

Cuentan que ella estaba en el grupo Radix 7, de esa época es su amistad con Ana Nora Calaza, que tocaba el saxofón en el grupo.

Sara era muy amistosa, divertida. Yo te puedo repetir sus cuentos y, posiblemente no te den gracia, pero si ahora se los escucharas decir a ella, te mueres de la risa, aunque lo repitiera mil veces. Otra cosa que le encantaba era el dominó y jamás le gustaba perder. Una vez, ¿recuerdas Marta, que tú y yo nos pusimos «las invictas»? Resulta que yo no sé jugar dominó y le ganaba y otra vez le ganaba, sin explicación. Ante eso, ¡Sara cogió una incomodidad, porque se ponía brava de verdad!

»Marta, interrumpe.

Ella comenzó a desarrollarse como músico, siempre tuvo una fuerza especial en su voz. Llegó a ser «la voz de la Revolución». A Sara hay que agradecerle esa presencia, sobre todo nosotras las mujeres. Fue muy consecuente con su vida. Quería que todo el mundo supiera cómo ella vivía, por eso la respetó hasta el Comandante Fidel. Su vida nunca tuvo tapujos con nadie, todo lo puso sobre la mesa. Yo la quise así, pero no todo el mundo. Aquí hay muchas mentes. Y así tuvieron que quererla.

¿Etapas de mucho prejuicio?

Lo fueron, sí y, en ese sentido, Sara fue una abanderada. Sara defendía el status de las mujeres, de todas, también a las lesbianas. También participó en muchos congresos con Vilma Espín.

Porque su defensa era por la libertad, en principio.

Por la libertad, efectivamente. No tiene que ver con una preferencia sexual.

La libertad a ser como era. Por lo que he podido conocer, defendió sus principios hasta el final.

»Interviene Heidi.

Defendió sus principios revolucionarios, pero, además, no era una persona ciega. Ella veía los problemas y los decía. Era una persona supercrítica y pienso que el verdadero revolucionario es así. Si todo lo vemos bien, lo mal hecho hay que decirlo y quitarlo del camino. Sara fue consecuente con su forma de pensar. Cuando estaba una cosa mal, hasta a Fidel le decía. Incluso, llegó a decirle, no voy a ir a tal lado.

»Continúa Marta.

No voy a ir, porque me van a tirar piedras, ella veía más allá.

Por eso Sara fue respetada. ¿Recuerdan alguna anécdota al respecto?

En las giras pasaron cosas. Unas divertidas, otras no. Yo lo viví en La Negra Tomasa en Madrid, un bar de cubanos donde nos habían invitado. Estábamos todos allí porque íbamos a cantar y apareció un personaje que empezó a hablar cosas que no nos gustaban.

¿Al verlas a ustedes?

Eran para joder a Sara.

¿Por ser el ícono?

Efectivamente. Yo fui a ver a Diana —continúa Marta— le dije, mira ese personaje. Si Sara se levanta, le va a partir la cara. Ella a él. Aquí se va a formar la internacional. Diana se le acercó a Sara y le comentó. Simultáneamente, el tipo dijo algo agresivo contra la Revolución cubana y como un resorte Sara se levantó y caminó para el micrófono de La Negra Tomasa y dijo: el que quiera hablar de Cuba... digo, el que tenga «cojones», yo lo espero afuera del bar.

»Heidi interviene jocosamente.

Sara me dijo que tú estabas bajo una mesa.

»Marta responde. ¡Cuidao! Para nada, tú no sabes cómo venía ese tipo. Y la embajada cubana por el medio, no quería que allí se formara nada. El caso fue que después que Sara habló, el tipo se esfumó. Detrás de aquel torrente que era Sara, íbamos todos. Allí había muchos músicos, amigos de Cuba que íbamos con Sara para lo que fuera. Pero en Madrid, sabes dónde empieza... allí hay muchas personas que piensan de otra manera. La estaban pinchando.

¿Provocadores?

Sí, pero el tipo partió.

Yo respeto a Sara, quisiera que la gente y particularmente los jóvenes la recuerden cantando sus canciones. Pero hay un tipo de canciones que hizo Sara, que es ella misma. No busques más.

¿Cuáles?

La victoria, *Su nombre es pueblo*. Esa es Sara. *Por qué cantamos*, esa es Sara.

Eso me sucede con otras personas. Por ejemplo, trabajé seis años con José Antonio Quesada, el compositor de *Hoy mi Habana*. Y mientras tanto, cantábamos a dúo muchas canciones, pero jamás he cantado esa canción. La hacía José Antonio. Uno sabe qué define a cada quien.

De Sara yo canto, *Amor de millones*, *Rompe este coco*. Pero *La victoria*, es Sara. Puede que otros lo hagan, pero yo no. Y cuando la escucho por otras personas, se me queda a la mitad. Porque Sara la cantaba y era como convocando a muchas cosas. A reflexionar, al machete y a pensar. Y para mí, Sara no se repetirá, en ese sentido. Entrega patriótica. Hay una imagen de Fidel mirando a Sara, en el Palacio Presidencial frente al túnel de la bahía de La Habana. Fue durante una actividad dedicada a José Martí.

»Heidi interviene.

Es que Fidel asistió a muchos conciertos en los que Sara intervino.

»Marta continúa.

Se querían mucho y, a pesar de eso, tenían divergencias, las discutían como amigos. Mira, que bonito.

¿Un privilegio para Sara?

Pero se lo ganó. Fíjate que cuando ella se enferma, él estuvo al tanto de su atención, de que no le faltara nada. Fuimos a verla.

»Heidi recuerda.

Entonces fue cuando ella misma organizó una actividad en el teatro del hospital para que nosotras cantáramos. Fue Ariel, el dúo Karma, Rita del Prado.

Mientras conversamos en el patio de la Uneac, pasa saludando Lesbia Vent Dumois, Premio de Artes Plásticas y Curaduría. Marta la saluda y le dice, aquí hablando de quien tú sabes, de Sara. Heidi, le dice, ella está haciendo un libro. Lesbia contesta: «de quien se debe» y continúa su paso.

»Prosigue Marta.

De Sara tenemos muchos recuerdos, era muy familiar. Mi mamá no me dejaba decir malas palabras y a Sara se las consentía todas, no se medía, aquello no tenía nombre. Disparaba a todos los flancos.

¿Consideran que, desde el punto de vista musical, se le encasilla o no se le ha valorado suficientemente en toda su composición e interpretación?

»Heidi aporta.

Era una compositora no muy prolífera, pero cuando lo hacía, ¡la ponía! Era un tronco de canción. El encasillamiento popular es por la canción política. Pero no es sólo con Sara, porque se promueve a la trova épica. La trova no es eso únicamente, porque tiene un amplio espectro en que mayoritariamente, no son canciones patrióticas. Y eso es lo que pasaba con Sara. Ella tenía sus canciones épicas, para esos momentos patrióticos, pero la mayor parte de sus canciones no eran así. Recuerdo el homenaje que le hizo a Marta Valdés.

»Marta añade.

Con una obra tan difícil como la de Marta Valdés.

»Heidi continúa.

Sara componía sones, guarachas. Era muy buena sonera, en sus peñas se bailaba y todo. Lo menos que cantaba eran esas canciones épicas. Fíjate que en sus giras nacionales tenía un repertorio diverso. Ella había grabado un disco que se llama *Cantos de mujer*, de cuyo trabajo quedó como para hacer un tercer volumen. En el primero estamos nosotras.

En las diversas giras, promovíamos las canciones de amor. La patria se lleva en todo, por eso la divulgación no debe encasillar a Sara. Ahí es donde la escuchamos, después no la ponen más.

Sara tiene un repertorio muy amplio, recordemos sus interpretaciones de Pepe Ordaz, un compositor por excelencia. De Joaquín Sabina, de la música Latinoamericana con el grupo Guaicán, al principio. Un disco precioso, cuando todavía estaba Mayda Ibarra, la flautista. Fue la primera vez que Sara cantó *Enséñame, mujer del hechicero a navegar...*

Fue evolucionando, pero toda esa obra casi no se conoce.

»Heidi dice:

Yo escucho mucho el disco de Marta, estuve en ese concierto y el disco quedó muy bonito, lo cierto es que ahí Sara se lució. A menos que se la pidieran, ella no cantaba las canciones patrióticas en las giras, si eran por otro propósito.

Que falta haría reproducir esos discos, desconocidos por varias generaciones.

»Heidi, retoma la palabra.

Imagínate tú: ¡cómo está la yuca! Los discos se graban y no salen. Amaury llevaba cinco años con un disco empantanado en Colibrí. Yo quiero grabar, por ejemplo, aunque los discos no salgan. No importa lo que pase después. Muchos jóvenes no conocen nuestra música.

En la esquina de mi casa hay una escuela y un día se acercó a mí una viejita, para pedirme libros con las canciones de Silvio. Ella quería que su nieta los leyera. Y me dije, ¡qué bueno! Algo escribí acerca de eso en Facebook. Fue que el maestro de Literatura, puso algo de contenido para interpretar y los jóvenes estaban desconcertados. Entonces el maestro preguntó: ¿saben si es un autor vivo o muerto? Y todos dijeron, «muerto». La solución del maestro fue indicarles un trabajo práctico sobre ello. Por eso, le presté los libros. Imagínate, para ellos Silvio es un viejito, que canta.

»Marta interrumpe.

¡Como está el mambo! Amaury es tronco de compositor, para enseñar. La juventud pierde la brújula. Si no se los muestran, no los conocen. ¡Imagínate con Silvio que da la gira por los barrios! Porque si van a preguntar por mí: « ¿Marta Campos?, esa está muerta». Si mataron a Silvio, que queda pa' mí.

Un grupo de muchachitas, fueron a mi casa con su mamá, para hacer un trabajo de la escuela. Les creí, porque fueron con su mamá. Ahora que Heidi lo dice… ya nosotras estamos en el Diccionario de la Música Cubana.

»Heidi la corrige.

Marta concéntrate. Hay un libro que está hecho por etapas y tiene esa descripción de la Nueva Trova. Yo lo tengo. La compilación de la Nueva Trova, hasta el último que sacó Silvio, con Ojalá. Se presentó en Casa de las Américas.

¿Qué preservarían de Sara, para momentos como estos?

»Heidi responde.

De Sara y de tanta gente, preservaría su entrega a la música. Por ejemplo, no todos, pero hay quienes inician en este mundo de la trova, no suficientemente motivados. Preservaría eso de hacer trova por espíritu, por amor. Esto no lo mueve el dinero. La motivación es llegarle el corazón a los demás. Todos cobramos por el trabajo, pero no es lo que nos mueve. Preservaría la entrega al trabajo.

»Marta interrumpe meditando en alta voz.

Los tiempos han cambiado tanto.

¿Quizá pertenecemos a la generación de la ilusión?

Ahí está —dice Marta— si no te conmueve una motivación… pero hay personas jóvenes que van descubriendo esta música. Los encontramos. Son jóvenes que no sabían que esas canciones existían y se conmueven cuando las escuchan. En el Barbarán nos sucedió.

»Heidi señala.

En el club Barbarán, los jóvenes sintieron las canciones. Sí, les gusta, les gusta. También recuerdo cuando un ciclón, nos solicitaron cantar en unas escuelas en Matanzas. Yo no imaginaba la reacción. Los chiquitos de preuniversitario, vestidos de azul, sentados en el suelo y quisiera que vieras la aceptación de la música que llevamos. Aplaudieron muchísimo. La desconocen, piensan que la trova es una «chealdad» y en ocasiones, por ese asunto grupal, ni lo expresan.

Ahora digo yo, si ustedes trovadores (ras) no se acercan a ellos, cómo van a conocerlos. ¿Cómo pueden llegar los jóvenes a la música de la trova cubana?

»Marta apunta.

Nos acercamos en estos lugares, todo está en cómo la presentes. Puede que vayan buscando otras cosas, pero en cuanto comienzas a cantar, nos escuchan y nos aceptan.

»Heidi interviene.

Ellos ven a unas viejas, pero cuando cantas, lo disfrutan mucho. Van más allá.

»Marta interrumpe.

Estos son los jóvenes de las redes sociales. Ahí voy.

¿Y qué música escuchan?

Mira, me decía una vecina —insiste Marta— que la joven de su casa creció escuchando determinada música, porque sus padres se la ponían. Pero en la escuela se burlan de ella, por la música que escucha. Fue cuando entró en el preuniversitario.

Son los raros.

»Marta apunta.

Se les puede dar mucho, pero debes buscar el manual. Tienes que hacer mucha historia. Si quieres abordar a Matamoros, a los jóvenes hay que hablarles.

¿Nos costará un par de generaciones, para salvar la sensibilidad?

»Marta sentencia.

Sí, eso nos va a costar. Sin embargo, cuando la descubren, la aceptan. La disfrutan.

»Heidi recuerda.

Nos pasó en la peña de Fide, todos los miércoles. Jóvenes —estrafalarios—, que les gusta la Nueva Trova cubana.

Cuando Sara era muy jovencita, como estudiante de Conservatorio, la llevaban a la Casa de las Américas a escuchar música. ¿Cómo impactaba aquello en ustedes?

»Marta dice.

Era obligado asistir, cuando estábamos en el Conservatorio Amadeo Roldan, la maestra pasaba asistencia en el Concierto de la Sinfónica Nacional. Era música en vivo, tenías que ver la interpretación, escucharla. Era otra época de la enseñanza artística.

Fíjate si eso te ayuda, que cuando me gradué, fui de maestra. Porque vengo de Santi Spíritus, allí en la escuela Caturla encontré a Clarita Nicola. Esa señora era la pedagogía guitarrística, lo más grande. Hacía también sus canciones. Era la hermana de Isaac Nicola, la tía de Noel.

Noel, tenía un bagaje artístico en la familia. Más que otros.

»Sigue Marta.

Pablo venía del *filing*. Silvio era un muchacho rebelde, cogió una guitarra y empezó a decir sus cosas.

»Heidi apunta.

Pero tengo entendido que conocía de música. Es que, en casa de Silvio, su madre cantaba y se hacían muchas descargas musicales de trova. Así crecieron ellos; Anabell su hermana, también creció así.

Sobre aquel concierto con temas femeninos. ¿Qué importancia le atribuyen a la reivindicación que hizo Sara de la mujer trovadora?

»Marta concluye.

Nucleó a muchas trovadoras e intérpretes. Sara era muy amiga de Lourdes Torres, por ejemplo.

»Heidi recuerda.

Precisamente en casa de Sara, conocí al marido de Lourdes Torres.

»Marta irrumpe.

Porque Sara nucleaba también a muchas compositoras. Lourdes Torres, en particular, tocaba guitarra y hacia sus canciones.

¿Conocen a alguien más que haga notar el valor de las mujeres en la música?

»Heidi, categórica.

Yo.

Sí, lo sé, es tremendo el trabajo que haces, pero tú vienes después.

»Heidi corrige.

Creo que mi trabajo también viene de ahí, indirectamente. Después que murió Sara, el primer evento en 2017, se lo dedicamos a ella y pusimos un fragmento de un video de Sara. No olvido cuando decía, los «machos» siempre están reunidos, por qué las mujeres no lo hacemos también, reunirnos para cantar. Somos menos, pero somos muchas. Era una inquietud general, pero Sara tuvo que ver con eso.

»Marta insiste.

Y hay mujeres-músicos con mucha calidad.

Recuerdo aquel junte que ella hizo con Sonia Silvestre y Lucecita Benítez, por toda Cuba.

»Heidi, rememora.

Mucho antes, ella tenía aquella peña que llamaba «la Saración», en la Madriguera. Allí cantaba con Annia Linares. El público era encontrado. Nada que ver los seguidores de Annia, con los de la Trova.

Pero eran sendas personalidades en la escena.

»Marta afirma.

Ahí está.

»Heidi confirma.

Aún yo no era amiga de Sara, pero iba allí. Conocí a Sara mucho después. Tenía una peña en el hotel Inglaterra. Fui, aunque no canté. La conocí ese día.

Tenía un amigo, David Sirgado, que murió en un accidente en Polonia, con 21 años. Era trovador y vivía al lado de la casa de Sara, se la pasaba hablándole sobre mí. Él fue hijo de Nicolás Sirgado, quien inspiró el David de la serie televisiva "En silencio ha tenido que ser" y de ahí su nombre.

Luego, nos acercamos en la desagradable circunstancia, de estar la noche entera en la funeraria cuando muere mi amigo. Sara llegó en la mañana y fuimos al entierro, al cementerio, y entonces nos invitó a su casa a desayunar.

No olvido que estábamos en la terraza de su casa y, me dijo de frente, tú me caes muy bien, quiero ser amiga tuya. A veces nos enfrentamos, porque tengo mi carácter, pero cuando me veía así, me dejaba diciendo: ¡cómo está la gallega!

Me ayudó mucho en mi carrera, en el mejor sentido. No como piensa la gente de que ella nos empujaba para promovernos, no se trató de eso. A mí nadie me empujó para ningún lado. Si no, ir a su casa a escuchar música, tocar la guitarra y que nos criticara. Nos decía, estas mareada en la guitarra y, nos hacía crecer. Cuando uno es joven, no entiende algunas cosas. Cuando grababa el disco, le decía: tú tenías razón, Sara. Hacía una reunión para escucharnos en su casa. Eso lo vas sumando y sumando. Ella nos enriqueció en la carrera. Igual que Marta Valdés, ambas me ayudaron mucho.

En la distancia, crecen juntas. ¿Se retroalimentaban?

Ella también se nutría de nuestras opiniones —continúa Heidi— y el tiempo hacia la decantación. A mí me enriqueció muchísimo la amistad con ella. Igual que a Marta, con mucho más tiempo. Sucedía con Lucia y cuando se juntaban las dos, para qué contarte. ¡Esos dos seres!

» Marta insiste.

Hay que ver ese documental del GESI. La franqueza de Sara, ella es brillante. Y era divertida, de pueblo, nunca se creyó nada.

»Heidi insiste.

Cuéntale lo del campo, pa' Oriente. Ella no iría, nos dice, vayan ustedes dos.

»Marta sonríe y dice.

Fue un día en que le iban a hacer un homenaje, en un comité.

» Heidi interrumpe.

Nos montaron en un carro con cristales negros. Las calles estaban llenas de banderitas y la gente eufórica gritaba: ¡Sara, Sara!

Y yo decía: ¡ay mi madre! Entonces me incita Marta: ¡sal tú primero! Y le digo: ¿Quién, yo? ¡Qué va! Y la gente: ¡Sara, Sara! Y Sara, ni por todo aquello. Tuvimos que cantar con un solo micrófono como Los Beatles, porque era para Sara.

Eso lo hacen las amigas.

»Heidi todavía se ríe.

Y nosotras: «en nombre de Sara, muchas felicidades». Aquello era un carnaval. Una fiesta, con puerco asado y todo. Cordones de gente en la calle. Fueron tantas cosas, en tantos años. Todo fue tan bueno, y tan simpático con Sara.

»Marta, después de un silencio meditativo, dice:

Un día, me llama para compartir un concierto por el Día de la Cultura Cubana, en Bellas Artes. Había que estar a una hora para ensayar. Ella estaba invitada a una actividad previa al Consejo de Estado, donde le dicen que a ella le iban a poner la medalla Félix Varela.

»Heidi lo recuerda bien.

¡Ese fue el concierto en que se formó!

»Sigue Marta.

Ese fue. Esto, después me lo cuenta ella. Es que, en esa actividad, donde estaba Fidel, que escucha lo de la medalla a Sara y dice: cómo es eso, esa medalla se la voy a poner yo. Entonces se armó una corredera.

Yo iba normal para el teatro, como a las tres de la tarde. Entonces Sara se me aparece en la casa y me dice, nos vamos ya para el teatro, porque esta noche el Comandante me va a poner la Félix Varela. El concierto se había promovido por los medios.

»Heidi irrumpe.

Fidel se sentó arriba, allí estaba también la gente del Centro Pablo. Por cierto, Mari… salta aquello, algo que no se puede hacer, e invita a Fidel al Centro Pablo para un próximo concierto. ¿Y crees que no fue?

»Afirma Marta.

Claro que fue.

»Heidi sonríe de sus maldades.

Era un concierto abierto, pero si fue. Lázara, María Santucho y yo empezamos a reírnos porque teníamos una fosforera en forma de pistola y no nos atrevimos a sacarla. Pero, aquello nos daba una gracia.

»Marta recuerda.

Eso fue 'a correr', era inesperado pero muy bonito para ella. Cuando llegamos ya estaban los perritos oliendo los asientos. Fue muy especial ese día. Compartimos mucho con ella, por ejemplo, a Sara le gustaba mucho el mar.

»Heidi rescata la memoria sobre los encuentros.

Otra vez fuimos Sara, Marta, Anabell y yo, a la sala Covarrubias del Teatro Nacional. Fue la primera vez que yo actué en un escenario así. Luego fueron a España, pero yo no fui. Sara nos juntó, eran cuatro canciones. Un espectáculo muy lindo. De mí decían, la «joven que sorprendió».

»Marta precisa.

En el Noticiero dijeron que éramos «como ángeles». Cuando Sara murió, pensamos que el proyecto de Sara, del Jardín de la Gorda, se iba a perder. Pero continuó.

»Heidi hace una salvedad.

Pero para continuar, debe tener la obra de Sara, porque la empresa lo requiere. Apoyamos con nuestra participación.

Lo cierto es que, si quieres hablar de Sara con sus amigas trovadoras, esta historia es de nunca acabar. Sientes que todo el tiempo, como Pepito Grillo, ella está recordándole los momentos, porque las unieron infinitas historias, divertidas narraciones de trabajo y hermandad. Y este dúo dinámico e irreverente, la tiene muy cerca. Muestra de ello, fue esta entrevista a tres voces.

LAS CANCIONES DE SARA SON LA GIGANTOGRAFÍA DE LA NUEVA TROVA

GERARDO ALFONSO

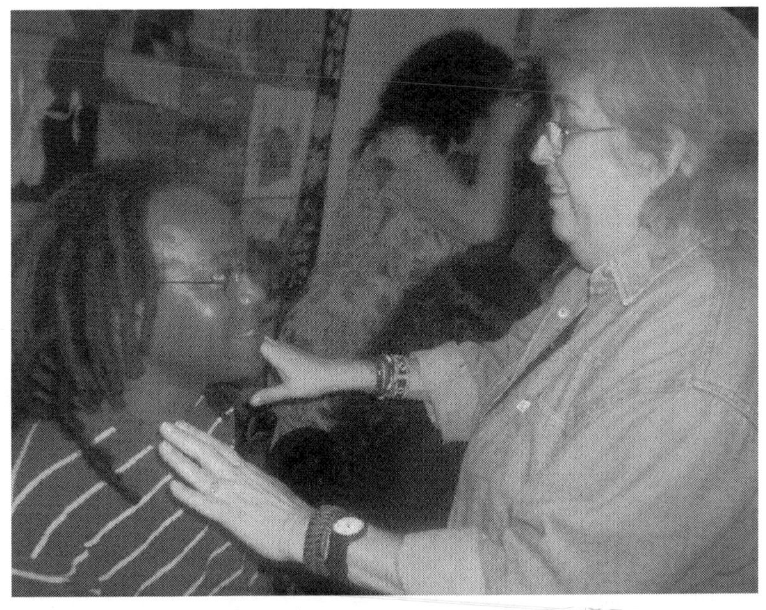

Sara con Gerardo Alfonso, cantautor cubano, integrante de la Nueva Trova de la década de los ochenta.

Como el primer día, disfrutamos hoy de su música, más recurrente cuando televisan a *Sábanas blancas* del director de cine Alejandro Gil. Con igual curiosidad esperamos el video animado, realizado recientemente a su canción *Como si fuera un gato.*

El autor de unas cien canciones, asume haber creado dos géneros musicales nuevos: el Guayasón y el O´Changa. Uno, resultante de la melodía y ritmo campesino, fusionado con la música afrocubana, el otro «es para bailar», dice.

Integrante de la Nueva Trova de la década de los ochenta, movimiento que lo enfocó en abordar la realidad con espíritu artístico y conciencia social, Gerardo Alfonso es un gran conversador, pero no se da para todo. Un café en la sala de mi casa, medio ahogados por la mascarilla en situación pandémica; pero se trataba de Sara, de la cual tararea casi todas sus canciones. Las representa y las disfruta sonriente.

Si quisieras evocar a Sara González, ¿cuál sería tu primer recuerdo?

La primera experiencia que yo tengo de Sara, artísticamente hablando, fue en los primeros años del Grupo de Experimentación Sonora del ICAIC. Para mí era como la *Mamma* del grupo Mamas and The Papas. Yo hacía esa analogía.

Era la única mujer y fue referencia con sus canciones emblemáticas, que me encantaban. *Un hombre se levanta* —canta— esa canción de Silvio que me magnetizaba cuando yo era un muchachito. También resuena en mi mente *La canción de los CDR*, de Eduardo Ramos, que marcó una huella profunda en la canción cubana. Así los veía en la distancia.

Después comenzamos a acercarnos, tuve más acceso al grupo Guaicán con Pepe Ordaz, que fue su arreglista de toda la vida. Yo estaba más cercano a los músicos de Sara e iba a los ensayos. Estaba el gallego, percusionista y Pepe, que es mi amigo.

Me llamó la atención lo que hacía, pero ella no se podía desprender del concepto épico-político de su canción. Ella luchó con eso. No es que se quería desenganchar de ello, ni renunciar. Ella siempre fue una artista consecuente, desde que debutó hasta sus últimos días, pero ella quería explorar otros mundos musicales.

Porque ella era una sonera también.

»Tararea rítmicamente sus canciones…

'Na, na, naaa… toma saoco'. Me gustaba, ella tenía coraje, una virilidad para enfrentar la canción. Su actitud artística y musical, está muy ligada con su consecuencia revolucionaria. Con su presencia, ves las dos cosas juntas. Eso siempre me llamó la atención y me hizo respetarla mucho. Después, nos relacionamos por las amistades comunes. Fui novio de Xiomara Laugart, quien visitaba la casa de Sara y así nos acercamos más.

Marta, Gerardo y Xiomara.

De esa forma me aproximo personalmente a Sara, de quien recibí sus opiniones y consejos, porque yo era un principiante en la década de los ochenta. Ella me decía, nunca saques una canción cuando la compongas, debes revisarla antes, muy bien. Enfatizaba en que no me lanzara a cantarla en público sin darle taller, porque yo las quería presentar inmediatamente, apenas estaban recién hechas. Ese fue un consejo muy agudo, sólido. Más o menos teníamos ese tipo de relación.

Luego me convocó, sobre el año 2000, para hacer aquel concierto en los primeros días de ese año. Lo recuerdo porque nació mi hijo. El evento fue en la cinemateca dedicado al Grupo de Experimentación Sonora del ICAIC. Participó Amaury Pérez, ya no estaba Pablo Milanés, pero los fundadores, Silvio, Sara… estaban en primera fila, disfrutándolo. Lo cierto es que lo hizo con artistas «jóvenes», Liuba María, Heidi Igualada, etcétera. Pepe Ordaz fue el que organizó todo.

Musicalmente, ¿cómo evalúas el trabajo de Sara?

Ella no era muy prolífica como compositora, pero tenía algunas canciones viscerales. Todas muy expansivas en su tema y convicción; por ejemplo —tararea *canto y llanto de la tierra*— es una canción muy fuerte. La otra es de Eduardo Ramos, que ella la interpreta como nadie. Aquella otra —y tararea… *amor mío no te vayas…*— un son.

Quizá, aunque no las recuerdo todas, son muy buenas. Yo la ubico más como una intérprete, tenía una bella voz. Sara tuvo la capacidad de abarcar muchos géneros musicales. Como el bolero y el filing, tenía la capacidad de interpretar a Marta Valdés. Algunas canciones que ella hacía, fueron temas épicos del GESI.

Hizo un disco dedicado a José Martí, cierto. Fue junto con Amaury, de los primeros en hacerlo. Ese disco de Sara estaba bastante raro, musicalmente hablando, pero como es tan difícil musicalizar los versos de Martí, se atrevió bien.

Un día salimos de una peña de la Gorda y cogimos una 'notica' en su casa. Al terminar, ella se me paró delante y me dio con la mano abierta en el pecho, para después decirme: «el Bárbaro del Ritmo eres tú». Gerardo ríe con la dicha de un adolescente al recordar ese momento. Con emoción.

Tremendo elogio.

Muchacha, es que tú vas trabajando a ciegas y que Sara te diga algo así… no esperaba tal reconocimiento. La gente no se da cuenta de lo referente a los ritmos míos: guarasón, el changa y quizás hasta la rumba. La gente no me ve así o lo sabe y no lo dicen. La gente ve al cantautor en mí.

Viviste momentos muy especiales cerca de Sara, porque ella si te 'vio' como músico.

Todos los momentos que tengo con Sara son de simpatía, de amistad sincera. Incluso, Sara era muy amiga de Pablo Milanés y yo tuve una desavenencia con Pablo que dura hasta hoy.

Ellos, tan amigos.

Pero en aquel entonces, cuando yo tuve aquel problema con él, ellos eran muy amigos, ella lo entendía mucho. Lo quería de verdad y fue la que me contó los padeceres físicos de Pablo. Ellos tenían una relación entrañable y Sara lo defendía mucho.

¿Lo hizo para sensibilizarte?

Porque lo quería de verdad. Me habló de cosas, para que yo tuviera en cuenta ese fardo que Pablo cargaba, todos sus problemas de los huesos, de la cadera, todo eso. Me lo dijo para que supiera más sobre Pablo, de su situación, antes de cortar la relación, porque yo escogí el camino de la separación. Pero ella quiso que valorara bien, antes de cortar el cordón umbilical con Pablo Milanés.

Ellos se tenían un cariño y admiración eternos.

Finalmente, ella también se separó de él o viceversa. Es un asunto político, quizá. En otro sentido, Sara luchaba fuertemente porque no la estigmatizaran en la música. La ponen demasiado en los momentos luctuosos. Ella luchó contra eso. Hizo de todo, bolero, filing, música de entretenimiento, pero el peso de su canto social, revolucionario, de carga épica, era muy fuerte. Difícil que la gente la asimilara fuera de ahí.

Te lo digo porque yo mismo lo he sentido, la gente te marca y no les importa, no te escucha, no lo nota. Y eso es muy difícil para un artista, es triste también, por lo mucho que ella trabajó para hacer cosas diferentes.

Imagino que sí. Ella incluso llegó a romper con el estigma, cuando decidió incursionar con el conjunto artístico de Virulo. Era teatro, humor y música.

Ella era muy simpática, 'cuerista' como dijo yo, era cómica. Eso era parte de su personalidad y carácter.

Quienes la conocieron, la describen con un carácter lúdico, aunque la gente la imaginaba severa.

Porque no la conocían. Ella marcaba enseguida su simpatía, en cuanto irrumpía en un lugar. No era cerrada para nada. Era una 'jodedora', formaba 'su cosa' graciosa donde quiera.

¿Compartiste el escenario con ella?

Sí, en actividades de reafirmación revolucionaria. Aquella época de la lucha por el regreso del niño Elián González.

Quien ya es padre, mira que el tiempo ha pasado.

Aquel 15 de agosto de 1994, después del suceso llamado 'el maleconazo', se hizo una actividad en la plaza que se halla frente al Morro. Hicimos un concierto y compartí con ella. También estuvo Isac Delgado, Amaury Pérez, grandes músicos y muchísima gente. En ese concierto, ella me dijo que no me expusiera con canciones recién hechas. Yo estrené una canción acabada de componer, que paradójicamente fue un clásico de mi trabajo.

¿Cuál?

Por más que quema. Es un bolero-cha, de amor. No es política. Considero que es violenta, me encantaba, estaba muy buena y todavía la canto. Cuando la estaba ensayando, ella se acercó con esa recomendación. Lo entendí, pero le dije, ya la voy a cantar.

¿Y así se quedó el tema?

No le hice cambios. Son esas canciones que salen de un tirón, un buen día y se quedan para siempre. De ahí salí para la calle con la guitarra. Luego le hice un arreglo para orquesta, la toqué aquel día 28 de enero de 1995, en la Plaza de la Revolución. Allí estaban Sara, Sabina y Pablo con todos los artistas, fue muy emotivo.

En esa ocasión, Joaquín Sabina le dijo a Fidel que debía hacer una Mesa Redonda para hablar sobre las cosas de nosotros, los artistas. Y Sabina le preguntó por qué el periódico de aquí no tenía más páginas para tratar otros asuntos que no fueran informativos, a lo que Fidel le respondió, porque no tenemos papel.

Yo había hecho *Sábanas blancas* y la gente no sabía que este fulano —señala en su pecho— era el compositor. Ese día la canté y cuando el pueblo me escuchó, fue telúrico. Tuve una conmoción, fue impresionante, inolvidable. Esa canción ya tiene treinta años y todavía no puedo pararme en un escenario sin que la pidan a coro. Es como si fuera una canción acabada de pegar, como esa *Me voooy…*

No creo que esa canción trascienda, aunque sea muy popular.

Es que las canciones cuando se ponen de moda, son una cosa absoluta. Luego va mermando y la vida continúa.

Y fue tema del programa de la televisión Andar La Habana.

Ya no lo televisan.

Sí, repiten el programa con Eusebio Leal.

Pero, ¿con la canción mía?

Sí, la tuya y la de Ireno García, que cierra. En homenaje a Eusebio Leal.

Eusebio no se puede guardar, sino se cae La Habana. A Eusebio Leal tenemos que mantenerlo presente. Me enteré que en Tampa realizarán un programa de televisión, con todos los capítulos de *Andar La Habana.* Quieren una entrevista para ponerla sobre los orígenes de la canción. Allí estaba Sara cuando la canté.

¿La relación entre ustedes, fue artística?

Sí, más que todo. Aun así, fíjate, considero que ella es una de las cantoras cubanas más eminentes después de la Revolución. Fue de las artistas más expansivas, sus canciones en conjunto, tuvieron impacto nacional e internacional. Se colocó en ese pedestal, así lo veo. Su acto creativo dejó una huella, aunque musicalmente no fue prolífera, pero sí muy impactante.

Acerca del significado del Movimiento de la Nueva Trova Cubana, cuál es el nivel de influencia que le atribuyes a las nuevas generaciones de trovadores.

He visto materiales fílmicos de ellos, de cuando yo era un niño y aún no era artista. Son videos que hablan del propósito que tenía la canción para el GESI, que a su vez era el respaldo audiovisual de lo que la Revolución estaba proponiendo. Existen canciones muy importantes, como *La nueva escuela*, de Silvio. Empezando por *Cuba va*, cuando yo estaba en séptimo grado.

En la canción cubana se abrió un camino, una vía que era desconocida antes de eso. La Nueva Trova no era un género, porque era la ecléctica, musical y poéticamente hablando. Pero nunca antes se abordó la canción con tanta altura, con un horizonte tan largo, con una visión tan basta, como con esas creaciones musicales del nacimiento de la Nueva Trova cubana.

Al enfocarse en una realidad diferente a la del continente Latinoamericano y prácticamente diferente al planeta, todo lo que se hacía era nuevo y lo que se decía, marcaba una diferencia.

¿Un referente?

Bueno, referente lo fue la nueva canción catalana, Serrat, etcétera. Igualmente, la canción Latinoamericana, con sus exponentes: Víctor Jara, Violeta Parra, Mercedes Sosa. De la canción protesta norteamericana: Pete Segee, Bob Dylan y tantos otros.

Pero lo que ellos decían, contenía, reflejaba; el proceso social de una Revolución que transformó a una sociedad como ningún otro proceso anterior. Ahí están las canciones de Sara y eso fue para la Nueva Trova, como… te voy a decir la palabra que se me ocurra ahora mismo, una gigantografía.

Hay un dicho que dice que la fortuna se cansa de llevar al mismo hombre sobre los hombros. Después se naturaliza, se convierte en rutina. En la música también, la gente necesita nuevos horizontes y salen a buscarlos. Y nosotros hicimos unos conceptos estéticos que, a mi criterio, se volvieron…

¿Nosotros, quienes?

Nosotros, los cantautores.

¿Los siguientes cantautores?

Incluso, los fundadores, los teóricos de la Nueva Trova; todos nos hicimos de un criterio estético a mi modo, dogmático.

¿Por qué, a tu juicio tenía límites?

Sí, un marco que no era muy dialéctico, no fue muy dúctil y dejó de acompañar a las generaciones nuevas, a la mayoría. No es un problema de la Nueva Canción, también lo es de la propia sociedad.

¿Quieres decir que se fue transformando la sociedad y no la Nueva Canción?

Es un problema de las velocidades, que no cambiaron como debían. No fue transformándose, como debía ser. Y la Nueva Trova pasó a ser de ese «canto de todos», a estar en un rincón, apabullada por los grandes acontecimientos comerciales.

Les ocurre a todas las expresiones, la popular bailable, la música pop, la balada, todas las expresiones que pasan. Los primeros serán los últimos. Es el sentido cabalístico del tema bíblico. Nos hemos ido a un rincón, a un espacio pequeño de batalla. Aunque existe un reconocimiento internacional. Silvio es un grande de Cuba, del mundo, con su gran obra. También hay muchos artistas con tremendo trabajo, pero no es la música que todos reconocían.

Trato de interpretar los procesos, como si fueran entre personas.

Fue el Movimiento de la Nueva Trova como una manifestación del primer amor y ese amor, según va desarrollando… se va adaptando.

Ya deja de ser tan intenso.

Quizá sea un prejuicio mío, pero a veces veo los programas donde se habla de la Nueva Trova y se comenta de la vanguardia, de no hacer concesiones, de que uno valore como un pastor, tratando de que el rebaño no se vaya del cuartón. Los teóricos del concepto de la canción de autor.

¿No serán críticos, que nunca han escrito una sola canción?

Tratan de que no salgan del marco, porque eso es una concesión… Entonces, ves los grandes recitales en Latinoamérica, de

León Gieco, Charlie García, Fito Páez. Son una revolución musical. Hay arte, hay criterios que nada tienen que ver con el esquema de los críticos, que tratan de dogmatizarlo, estigmatizarlo.

No obstante, salen artistas que se revelan, se proponen otras cosas y se desprenden de este concepto. Es el caso de 'Habana Abierta' que no quieren ser trovadores, sin embargo, parten de la guitarra, de la poesía, de conceptos que aprendieron de la Nueva Canción. Conectan primero, con un lenguaje muy coloquial, con elementos criollos, humanos.

En segundo lugar, de la danza, del baile como estímulo popular, juvenil. Después, un tipo de irreverencia que al final, no absolutamente, pero tienen una razón. Cuando pasa el tiempo te das cuenta de que es verdad. Y la verdad, hay que decirla.

Si la canción del Movimiento de la Nueva Trova hubiera incorporado esas renovaciones, fuera más viva, más expansiva. Existe una necesidad en Cuba, como mismo la gente va a Coppelia, por lo que tiene una cola eterna. Hay una necesidad de que 'uno' sea el mejor; cuando eso pasa, los demás no quieren. Los ladrillos de la pirámide no quieren toda la vida ser eso. Se desprenden, se parten o se separan.

Es reaccionario que solo 'uno' sea el mejor. Yo hice un disco que se llama *La cima*. El objetivo no es la cima, sino todos los que están en la meseta. Yo veo una meseta grandísima donde caben todos, el concepto del más y el mejor, es un error.

¿Y quién evalúa?

Quienes están escogiendo los elementos de comparación que le convienen, los que jerarquizan. Escogen a uno, hasta que se estrella. Es por eso que me mudé para el piano, tratando de no asfixiarme. Aunque yo sigo haciendo canciones con la guitarra, no la abandono.

Pero el individuo, tiene que darse cuenta cuándo tiene que parar.

Yo sufría un poco porque ando a pie, veía el mito del artista que soy, carcomido por la vida cotidiana. Voy caminando por las calles, mientras todo el mundo tiene acceso a mí. Al encuentro, algunas personas me decían que no podía andar así y eso me daba más pena aún. Pena ajena. Me acostumbré a comer unas rosquitas por allí, un heladito por allá y me embarraba con el barquillo. Asumiendo la humildad que tengo, porque uno tiene que desprenderse de esa vanidad. Es muy difícil.

Requiere mucha madurez.

Sí, hay un punto en que no te interesa el reconocimiento, sino el saber que estás haciendo lo correcto. Tienes las herramientas, el concepto, el todo para saber 'esto que hago está bien'. No necesitas la aprobación. Porque si estoy pendiente de que me reconozcas, la vanidad es como una zanahoria, el anillo de los bueyes. Cuando caes en ese terreno, vas para donde te llevan a golpe de alabanzas. Y muchos artistas viven entre la vanidad y el reconocimiento. Hasta que pasa lo que pasa.

No me voy del tema de la canción de la trova, por ejemplo, me gusta mucho la actitud de Vicente Feliú. Es un hombre con una madurez, como artista y ser humano, es lo suficiente como para no entrar en competencia con nadie, tiene sus herramientas y no necesita competencia. Ojalá se aprenda de él.

Hay que abrir el espacio para hablar de muchas cosas, para adelantar a la sociedad. En el propio diálogo abierto entre la gente sincera. Y se cambia.

¿Consideras que se ha perdido eso?

Se ha perdido. Antes no era tan complejo. Era una paloma con un mensaje. Ahora es internet, inmediatez, las redes, información diversa, distorsionada, confusa. Hay que abrir el debate para adelantar a la sociedad. Aun así, veo miedo a abrirse.

¿Consideras que el debate es un proceso no aprendido? ¿Por qué sucede eso, qué eres tú frente a eso?

Ahora mismo se abre el debate al tema del racismo. Rensoli…

¿Te refieres a Rolando Rensoli Medina, vicepresidente de la comisión Aponte de la Uneac?

Sí. Él es científico y profesional. Pero no me pasa lo mismo con otras personas que intervienen. Yo necesitaría a las dos partes, las dos mitades de la realidad. Tal vez no sea tan de golpe en la misma mesa. Una persona que tenga el coraje de decir «no me gustan los negros» y la otra parte, el defensor de los negros. De ahí sale el crecimiento, es la ley de la unidad y lucha de contrarios. Eso es marxismo.

Yo me acuerdo cuando hice el programa de televisión con Amaury Pérez, fui como el tercero del cual más opinó la gente. Estaba Eusebio Leal, el obispo Carlos Manuel de Céspedes y yo. Hubo comentarios de personas que reconocían, 'yo no sabía que era racista'. Porque, cuando estas solito frente a la televisión y alguien hace la fotografía de ti mismo, no tienes que disimular y se reconocen. Sin atacar a las personas, pero hablarles claro, porque si no, dejan sus miserias bajo la alfombra. Se acumula a nivel personal y social. El tema de la homosexualidad, el machismo. Sin miedo.

Temas que te ayuden a pensar y a evolucionar.

Algunos programas no convencen, suenan tan didácticos. Existe una cultura artísticamente machista. Tenemos que ver hasta qué punto tenemos que erradicarlo o convivir con ello, sin que se reduzcan los valores de la mujer.

Existe la necesidad de debatir y educar. La gente no sabe por qué somos negros, porque nuestro pelo es tan fino y se enrosca. Por qué la naturaleza ha influido en ello. Esos razonamientos deben ser periódicos, para educar. Para entender también por qué los íconos de belleza son blancos. Es complejo, pero hay que hablarlo, hay que mantener los espacios de debate.

El año 2021 es particularmente interesante, todavía no alcanzamos a verlo. A nivel social es muy agresivo, ha sido demasiado, todo.

Esos problemas que tenemos, deben formar parte del discurso de la nación. También sucede que el MNT, se funda a principio de 1960 y en los ochenta, fue mi generación. Pero desde 1960 al día de hoy, sucedieron revoluciones musicales en el mundo entero.

La nueva sonoridad debió ser parte del cambio. La Nueva Trova no es un género, es una actitud. Se debió echar mano a cuantas expresiones artísticas eran necesarias para mantenerla viva. Hasta cierto punto hay prejuicios, incluso raciales. No abundan géneros negros. Están *Los caminos*, de Pablo; algunas expresiones rumberas, yo tengo una conciencia con el tema.

¿Esas canciones salen de tu conciencia o de tu inspiración?

Yo tengo una conciencia al respecto. No es que salen espontáneamente. Lo fueron otras, pero hay que tener teoría, concepto y un rumbo a donde llevar la canción. Un propósito. Y esos asuntos son estudiados, preparados. Del estudio, del análisis, de la vista aguda, del compromiso salen esos temas. Cuando escuchas a Sabina o a Serrat, por ejemplo, lo hacen tan naturalmente, que parece solo inspiración.

Ahí está la genialidad.

Exactamente. Entonces nosotros nos ponemos límites, nos encerramos. Porque lo otro es hacer concesiones. Sin embargo, cuando escuchan a Djavan, les encanta. O a Sting, no sé, artistas del mundo que hacen otra cosa. Por qué se aceptan esos recursos y a nosotros no. Nuestro paradigma es Silvio e innovó con Afrocuba, combinando el jazz con lo afrocubano.

Quiero decir que la canción de autor, necesita abrirse a todas las expresiones. Puedes echarle mano a todas las formas musicales posibles. A formas líricas diversas. La tendencia, la inclinación ideológica, ya es otra cosa.

Eres o no eres.

Lo ideológico es otra cosa.

¿Qué haces ahora, en estos días pandémicos?

Fascinado con mis hijos. Tobías, el mayor nació en el año 2000. Es un genio, aprende muy rápido y todo. Tiene una asombrosa cultura musical, social, artística. Se ganó un premio el año pasado en Havana World Music. Es un productor nato, hace música, arreglos, video clip. Tiene un grupo que llamaron «Los monos Lácteos». Concebidos desde la canción de autor y abarcando diversos ritmos, la pandemia los ha hecho crear mucho más, que presentarse en escenarios.

El más asombroso es el quinceañero, que es pintor. En 2019, Diego empezó a tocar guitarra. Insistiendo en ello, durante la pandemia comenzó solito, por internet. En pocos meses, tocó frente a mi *Asturias*, del compositor español Isaac Albeniz. Es una pieza de nivel medio. Lo hizo con extrema virtuosidad y limpieza.

Ahora lo llevé a un profesor para las clases de teoría. Pero al verlo, 'Molina' me dijo que tenía un nivel muy alto. No he visto nada igual en mi vida. Estoy muy orgulloso, la pandemia ha sido un taller en casa. El hogar y la familia, sostienen.

Yo estoy arreglando muchas canciones que hice y no las he cantado. Escribiendo cosas nuevas y pendientes. Ejecutando mejor el piano, leyendo, informándome. Viendo cosas interesantes; incluso, al Doctor Durán.

¿Nos fuimos de Sara?

No, Sara tiene que ver con todo. Tú nos ayudas a pensar. Esa capacidad de andar a pie, te permite estar inspirado y pegado a la tierra, siempre sacudido por el golpe que Sara te dio en pleno pecho.

«El Bárbaro del Ritmo». ¡Tan graciosa! Era una jodedora, hacía increíbles parodias de canciones serias, que, si te las canto, no las vas a poder escribir ahí. Ella se fajó una vez con el Tosco, cuando hizo aquella canción de la bruja. Le fue pa' arriba. En esta época en que había algunos sin vacunar. Ella era una corajuda, una mujer valiente.

Aun cuando te dije todo eso del dogmatismo, pienso que todos los artistas que integramos por tantos años la Nueva Trova, debemos dejar constancias, no sé en qué formato, con todos estos temas de los cuales conversamos.

La obra de la Nueva Trova, es una «zona única» de la cultura cubana, es muy basta. Nunca antes hubo tantos artistas como los de este movimiento. Pasando por todas las regiones de Cuba, los cantautores que están y los que no. ¡Las mujeres!; todo debería acopiarse. No quiero hacer juicio, pero la gente se pierde o se va muriendo, sin ese testimonio que de conjunto puedan entender.

ASÍ QUEDÓ MI ALMA.

ÁNGEL QUINTERO.

Los trovadores Sara González y Ángel Quintero.

Llegó a las diez en punto, después de atravesar La Habana sólo para hablar de Sara. Previamente le había enviado un mensaje, diciéndole que estaba afuera del "Café", porque con esto de la pandemia, ya nadie se reconoce con la cara cubierta. Pero él me vio a mí, primero que al texto.

Ángel Quintero conserva la calidez de sus canciones y viceversa. Ahí están mirando pasar el tiempo, Corazón, corazón; Solamente una ventana, Bolero y nostalgia o La historia del Panga. Devenidas como tantos otros temas, en antológicos.

Alcanzó a llegar sudando la gota "gorda", como su Sara. Así en varias ocasiones la llamó: "mi gorda", mientras comenzaba a hablar con tal emoción que sus ojos no pudieron permanecer indiferentes. Continuamente aparecía un brillo especial, ese que evoca la nostalgia más pura del alma.

Por ese raro privilegio de compartir la última gira que llevara a Sara por Cuba, quería comenzar. Pero me cambió el inicio, para decirme que él fue el miembro más joven del Movimiento de la Nueva Trova cubana. De manera que cuando tiene contacto con Sara, Noel, Silvio, Pablo, Vicente, ya ellos tenían estudios y obras hechas. "Para ser exacto, la conocí en 1972. Ella era del grupo que lideraba el Movimiento. Aunque desde el punto de vista afectivo, Sara llega a mí cuando más la necesitaba.

Una dramática situación personal me apartó de la canción. Yo había decidido no interpretar más, salirme del mundo de la música. Así quedó mi alma, hasta que un día llega Sara.

Sería 1976, cuando ella va a donde estoy para ofrecerme ayuda. Lo primero era convencerme de que yo no podía dejar de hacer música. Me ayudó mucho y si hoy sigo cantando se lo debo a ella. Una experiencia humana que me marcó para toda la vida y me dio lo mejor de su naturaleza. Nunca la olvidaré.

¿Su obra artística? Es una gran cantora, auténtica de verdad. Es de las mujeres que han hecho de la música cubana un paradigma. Ella era pro mujer, ¿notaste cuantas veces le dedicó canciones y conciertos a la mujer? Y su disco evocando a las más grandes compositoras cubanas.

Sara trabajó con muchos géneros musicales. Y aunque sea conocida por algunos, hay algo que la caracteriza, el son cubano. Sara era una sonera natural.

Aun así se movió entre la canción, el bolero, la trova. Es una cancionera, trovadora y compositora que ha dejado una obra bastante importante, en el grupo de los fundadores del Movimiento de la Nueva Trova cubana.

Esa última gira de Sara, realmente no fue ni de ella ni mía, sino de Diana Balboa. Era un periplo de la obra artística de Diana, su compañera, su pareja, que es una excelente grabadora y pintora de las Artes Plásticas cubanas. En aquel momento, la gira nacional llevaba una exposición de la cual mi esposa, Estrella Díaz fue curadora de la muestra pictórica.

Sara me dijo que nos debíamos un encuentro de canto. Había hecho giras con muchos cantautores, como Amaury Pérez, Marta Campos, Heidi Igualada, Liuba María Hevia y con su grupo Guaicán.

Siempre con trovadores, pero nunca habíamos tenido la posibilidad de transitar juntos por todo el país y me quiso invitar, para acompañar la exposición de Diana Balboa: "Formato roto". Por cierto, tuvo muy buena acogida en todo el país, especialmente por la nueva generación de artistas de la plástica, con el acompañamiento de Sara, su grupo y un servidor.

Me preguntas por los aportes de Sara González a la música cubana y yo creo, aunque no soy especialista, considero que le dio a la canción un estilo visual y conceptual también. Yo sí creo que cuando se habla de la canción cubana, protesta, de la nueva trova, en esa canción que toma partido, la imagen de Sara está.

Sara era una persona muy apasionada, como mismo lo era en la vida, así mismo lo fue en su profesión de la música y en el canto.

Fue una mujer muy intensa, muy justa y también explosiva. No se le quedaba callada a nadie. Lo que tenía que decir, lo decía alto y claro. Además, creo que era una mujer maternal. Como una gallina que necesita tener a todos sus pollitos bajo las alas.

Recuerdo una vez que estábamos comiendo y me dice: "pide la sopa". Le respondí que no me gustaba. Y me insiste, "tienes que tomar sopa".

—Pero por qué tengo que tomar la sopa, no la quiero.

—¡Pide la sopa que está muy buena!

A Sara se le homenajeó siempre dentro de un carácter muy partidista, de la imagen de la Revolución, de la imagen de la mujer. Pero creo que a Sara González, no se le ha puesto todavía en el justo lugar artístico.

Para mí, Sara fue una gran artista. Y llegará un día en que los especialistas trabajen y vean con más claridad la importancia de su obra.

¿Cómo queda en mí? Esa es una gran pregunta. Como una amiga intensa. La de los años iniciales que nos han marcado a nosotros, los que comenzamos tan jóvenes.

Al menos yo era muy jovencito y ya soy de la tercera edad. Es una vida, mirando en la distancia desde cuando comienza la Nueva Trova cubana.

Es una gran pena que Sara haya desaparecido físicamente. Sara tenía mucho que decir; pero bueno, la vida es así.

»La entrevista que comenzó con un café y terminó con un bolero, fue una. Esta que les reproduzco, es parte de la memoria y unas declaraciones que me envió el interlocutor por Watts App.

»A este compositor que recordamos desde su primera canción dada a conocer, "Donde crezca el amor", aquella que fuera su primera ópera-trova, de las tantas que hizo en el Teatro Nacional de Cuba. Desde entonces ha cultivado un intenso devenir autoral e interpretativo.

»Apasionado y tímido, terminó mostrándome su más reciente composición hecha en el estudio de sonido que le sirvió de crecimiento durante la pandemia. Esta fue la razón por la que olvidé salvar el audio de su entrevista que acababa de grabar.

»Solo pude darme cuenta cuando llegué a la casa, y me enfrenté a la novatada, para la cual ya no hay edad. Ante el suceso, terminé contándole el desastre en el cual estoy segura, Sara nos jugó una mala pasada, riéndose a carcajadas de nosotros donde quiera que esté.

El trovador cubano Ángel Quintero, quien -según él nos dijo- fue el más joven integrante del MNT, falleció en La Habana, el 19 de abril del 2024, a los 68 años.

Ángel Quintero recuerda el nacimiento de la Nueva Trova en una presentación en el Jardín de la Gorda.

MUY DENTRO EN CADA UNO DE NOSOTROS POR SIEMPRE

GUILLE VILAR

Guille Vilar, estudioso de la Nueva Trova.

Una personalidad como Sara González, tiene el mérito de ser recordada muy dentro en cada uno de nosotros. Y esto se debe, en buena medida, a que nunca estuvo interesada en interpretar una canción que pudiera llamar la atención por uno o dos años, para luego desaparecer hasta que otro éxito puedas fabricarte.

Obviamente, Sara siempre estuvo a favor de asumir canciones con valores artísticos permanentes. Cualquiera de las canciones más conocidas de Sara, no hay cubano que por lo menos, si no se la sabe cómo para cantarla, conoce quien la canta y de qué se trata.

Alcanzar eso es muy difícil y más, en estos tiempos donde se ha abusado tanto del hecho artístico que implica en sí mismo una canción. Hoy en día, cualquiera cree que puede cantar y cualquiera se imagina que puede llegar a los sentimientos de los demás así por así.

Sara tuvo el privilegio de hacernos reír con sus sones y guarachas, a la vez que ha permitido sentirnos consolados por el dolor de algún que otro desamor. Sin embargo, la firmeza de sus principios, es una herencia invaluable que atesoramos de Sara. Los cubanos que vivimos esta epopeya de la Revolución, tenemos la satisfacción de contar con verdaderos gigantes de la canción comprometida cuyos textos nos alientan en cada lucha cotidiana y Sara es uno de ellos.

Su versión de *La canción de los CDR*, es la confirmación hecha música de la necesaria unidad de los revolucionarios, como premisa fundamental para nuestra defensa. Mientras que en *Su nombre es pueblo*, expone apasionadamente la dimensión de la prédica martiana, cuando se afirma que *cada soldado muerto es una raíz*, aunque con *Girón, la victoria,* nos deja el legado de que nuestro cielo se llenara de luces, cada vez que busquemos nuevas victorias.

Solo los grandes de alma, solo quienes, como Sara González conocen del secreto para llegar a donde han querido. Y este no es otro, que entregar al pueblo una sólida identidad de conceptos éticos que, transformados en sangre de nuestra sangre, en carne de nuestra carne, conforman el intenso palpitar de nuestros corazones.

Precisamente, cuando los hechos de Playa Girón, Sara solo tenía diez años de edad, pero, así y todo, participó junto a su abuelita en un curso de primeros auxilios, por los imprevistos que se pudieran presentar en la capital de todos los cubanos.

Sin embargo, *Girón, la victoria* es una de esas canciones que cuando se les escucha, tienen el sentido de identificar al alma indoblegable de nuestra nación, al ubicarnos de hecho, en la dimensión dramática de aquellos momentos tal y como si hubiese sido una experiencia vivida por la compositora.

Por eso le pedimos a la propia Sara, que nos hablara del significado para ella de esta emblemática pieza:

Era un aniversario más de la Unión de Jóvenes Comunistas, que se celebra cada 4 de abril y estábamos en una reunión de la Dirección Nacional del Movimiento de la Nueva Trova, cuando el maestro Frank Fernández le solicita a Silvio Rodríguez a Eduardo Ramos y a mí, concebir una trilogía inspirada en la gesta de Girón.

Silvio se encargó precisamente de la parte inicial de la trilogía con la pieza Preludio*; Eduardo compuso* La Batalla *para ser interpretada por Jesús del Valle,* Tatica *y obviamente, yo cerraba con* La victoria*, obra inspirada en mis lecturas sobre los testimonios de nuestros combatientes.*

No es una pieza fácil de cantar, reconoce su autora. *Con arreglo del propio Frank Fernández, además de contar con su interpretación al piano, en particular por esa introducción que todo cubano identifica,* La victoria *está conformada por dos momentos: el primero con la presencia de un acogedor lirismo, viene un puente, para entonces dar paso a la fuerza de un sentir muy dramático, pero feliz.*

Como datos de interés, en la batería se encuentra Enrique Plá, además de contar con la participación de los integrantes de los coros de la ENA y del ISA, con figuras como Zenaida Romeu y Alina Orraca, prestigiosas personalidades que hoy en día se encuentran al frente de la Camerata Romeu y la Schola Cantorum Coralina, respectivamente.

Y mira Guille, tú sabes que nosotros nunca hemos sido como otro país. Era una deuda que teníamos desde la Guerra de Independencia y es que el cubano tiene un profundo sentimiento antiimperialista que le viene de raíz. Esta derrota, ellos se la han sentido, pero por qué tanto odio si podemos convivir respetuosamente como amigos, como vecinos. Son tan soberbios, porque nunca han logrado que bajemos la cabeza y eso no lo van a perdonar nunca, concluye Sara enfáticamente.

Girón, la victoria
(Sara González)

Cuando cambia el rojo color del cielo
por el blanco color de palomas
se oyen las campanas de los hombres
que levantan sus sonrisas de las lomas.
Después que entre pecho y pecho
hayan tenido el deseo de quemar,
de matar, de vengar y de vencer.
Cuando no se olvida que no hay
libertad regalada, sino tallada
sobre el mármol y la piedra
de monumentos llenos de flores y de tierra
y de los héroes muertos en la guerra,
se tiene que luchar y ganar,
se tiene que vivir y amar,
se tiene que reír y cantar,
se tiene que morir y crear.
Canto y llanto de la tierra
canto y llanto de la gloria,
y entre canto y llanto de la guerra
nuestra primera victoria.
De luces se llenó el cielo
de esta tierra insurrecta,
y entre luces se batió seguro,
buscando la victoria nuestra.
Hoy se camina confiado
por los surcos de la historia
donde pelearon los héroes
para alcanzar la victoria.
Canto y llanto de la tierra
canto y llanto de la gloria,
y entre canto y llanto de la guerra
nuestra primera victoria.

LP Girón, la victoria, de Sara González.

Sello: Discos NCL – NCL-LP-0023

Serie: La Nueva Trova Cubana

Formato: Vinyl, LP, Álbum

País: México

Publicado: 1978

SARA, UNA TORMENTA ARRASADORA Y UNA NUBE

PEPE ORDÁS

¿H*ay un duende por aquí? O es Sara, haciendo maldades.*

Así comenzó esta grabación, que después de cuarenta minutos previos de conversación, no había registrado ni un segundo. Pero es que tampoco lo hizo la consola de Pepe Ordás. Apaga y vuelve a empezar, me dice el sabio.

Me recibe después de varios intentos de encuentros fallidos. Unos por asuntos de pandemia, otros por el transporte o más bien a falta de éste. También influyó el trabajo en su Estudio, que siempre es arduo. Tan confortable como eficiente, es su recinto, remanso de paz para la creación, donde solo acepta grabar a muy puntuales artistas.

Vamos a recomenzar... Yo conozco a Sara alrededor de los años 1980, me la presenta Frank Bejerano. Él fue baterista de Pablo Milanés, lamentablemente ya fallecido. Fue en casa de un vecino, donde estábamos descargando un rato y Sara le dice a Frank que hizo una 'cancioncita', justamente lo que le faltaba para cerrar el disco *Cuatro cosas*. Al cual le da nombre una canción de Noel Nicola.

Frank es quien le dice a Sara, que su amigo —yo— dirige un grupito aficionado llamado Guaicán. Entonces, le hice los arreglos al soncito aquel. Fue la primera cosa que hicimos juntos y Sara quedó muy satisfecha.

¿Cuál fue esa primera canción que los unió?

La canción es muy conocida hoy día, *Amor de millones*, «... amor mío no te vayas...», así conozco a Sara, luego coincidimos en otras descargas y espectáculos. Este fue un contacto serio, pero no permanente. En verdad, el punto de partida fue en una Feria del Libro de Managua, Nicaragua, cuando la UJC nos pide que vayamos acompañando a Sara.

¿Habían hecho otras cosas en común?

No, solo aquella canción.

Pero algo ensayaron antes de irse. ¿O no?

Aunque no dio mucho tiempo a eso, Sara era muy disciplinada con el trabajo. No obstante, ella no renunciaba a la improvisación en el escenario, por lo enriquecedor que resulta. Aun así, siempre fue metódica para montar las canciones y no quería nada imprevisto que fuera perjudicial al espectáculo. En Nicaragua quedamos felices con este intercambio artístico. Nosotros nos quedamos un poco más, subimos a las montañas a recoger café con la juventud sandinista, ella regresó antes. Luego, tenemos otra gira en el año 1984, acompañando a Sara y a Omara Portuondo por Europa. ¡Imagínate que dos mujeres!

Fabulosas. ¿Cuáles países visitaron juntos?

Finlandia, Suecia, Noruega, República Federal Alemana, España y Suiza. Fue muy enriquecedor. Eran giras solidarias, coordinadas por la UJC. Omara sólo llegó hasta España, porque estaban operando en Barcelona a su amigo y guitarrista Martin Rojas y ella quería estar presente.

Obviamente, interpretaban música cubana y latinoamericana, en idioma español. ¿Qué retroalimentación tuvieron de ese público?

En Finlandia, hubo un momento de extrema peculiaridad. Porque nos llevaron a un sitio de baile y nadie bailó. Todo el mundo estaba allí, sumamente atento y nosotros haciendo música de todo tipo, también bailable. Sara nos miraba con una cara, muy extrañada con lo que sucedía.

Curiosa experiencia.

Resulta que al final, el dueño del espectáculo quería que regresáramos, porque los presentes se le acercaron a decirle admirables elogios sobre nuestra actuación. Sencillamente, era tan diferente a lo que habían visto, que decidieron escucharnos con extremo interés.

Es la riqueza del contacto con públicos diversos. ¿Qué recuerdas de la implicación como grupo?

Fíjate, a tal punto fue enriquecedor este intercambio con Sara, que al regreso tuvimos un contacto muy especial. A ella a veces la acompañaba Manguaré o el grupo Los Cañas. Aunque la mayoría del tiempo, era ella y su guitarra. Pero, Sara ya quería hacer otras cosas, tener un acompañamiento permanente.

Por otro lado, nosotros habíamos perdido a nuestras voces primas en el grupo, me refiero a Rafaelito de la Torre y Jorge Enrique Mendoza. Este último era el principal, pero al estudiar Derecho, se dedicó a este oficio como abogado. Hoy en día es el Asesor Jurídico de la Empresa Musical, Antonio María Romeu. La mayor parte del grupo, enfrentamos el camino del arte.

¿Entonces, Sara fue una oportunidad?

Vimos esta propuesta de Sara como un camino hacia la luz. Era una suerte.

¿Se unieron como un grupo acompañante?

A veces ese es un término que se utiliza peyorativamente, cuando creen que no dan para concertistas. No, el acompañante es una especialidad.

Sin embargo, ¿crees que Sara guardó la identidad del grupo como institución?

Cuando Sara nos habló de unirnos, nos dijo, vamos a estar juntos un año, a ver como funcionamos. Resultaron diecisiete años, los que estuve con Sara. Ella siempre respetó el nombre del grupo, sin que se lo pidiéramos. Aunque funcionábamos como el grupo de ella, porque dejamos de hacer cosas de forma independiente, porque no teníamos cantante; sin embargo, ella siempre nos identificó como Sara y el grupo Guaicán.

Concierto de Sara González y Pepe Ordás. Grupo Guaicán.

Ya tenían un trabajo previo, una obra. ¿De cuántos años?

El grupo Guaicán tenía nueve años de fundado. Se nos conocía en algunos ambientes, sobre todo de la trova. Comenzaba a nombrarse el grupo Guaicán, aunque a partir de aquí, el trabajo con Sara fue una escuela.

Atendiendo a que Sara fue músico de academia, ¿cómo fue la imbricación musical?

Cuando comenzamos a trabajar, fue un asunto de intuición, de lógica. Todo empezó atendiendo a las canciones e indicaciones de Sara, tal como ella quería los arreglos musicales. Pero llegó un momento de mucha cercanía, como consecuencia del trabajo intensísimo que teníamos. Porque Sara trabajaba incasablemente y eso fue una de las cosas que aprendimos junto a ella, el respeto al trabajo. Pues, en el camino fuimos descubriendo los gustos de Sara. Le gustaba nuestro trabajo, como hacíamos los arreglos musicales. Eso fue muy beneficioso en ambos sentidos. Llegó al punto que nos decía, me hace falta que le hagas un arreglo a tal cosa y después cuando ella llegaba, era cuestión de puntualizar detallitos.

Y cuando puntualizaba algo, ¿qué era?

Detalles. Mira, no hagas esto en el piano, porque me molesta para decir tal cosa. O que uno de nosotros le dijera, tú no crees que esto podríamos hacerlo así… y ella lo asimilaba. Ella era muy receptiva. Quien conoció a Sara, quizá no se imagine que pudiera ser tan abierta a sugerencias e intercambios. No imponía nada, no insistía en «lo mío», en todo caso te demostraba su punto de vista.

Algunos dicen que era muy intuitiva y terminaba haciendo lo que inicialmente había concebido.

No siempre. Yo la conocí bastante bien. Sara podía ser una tormenta arrasadora y podría ser una nube. Un huracán o la sombra de una mata de mango. Su carácter era tan extenso como su registro vocal. Se movía en un rango amplísimo. Ahora bien, no la quisieras ver enojada.

No la querrías ver en los extremos.

¡Por favor!

Me la imagino… hablemos también de los discos que hicieron, fueron muchos años juntos.

Fueron cinco discos.

¿Recuerdas el total de grabaciones que ella hizo?

No, pero sí el primero que ella hizo, fue el de los versos de José Martí, cuando estaba en el GESI. Lo hicieron Pablo y Amaury, a quienes respeto muchísimo, soy un admirador ferviente de ambos; pero para mí, el disco mejor logrado musicalmente fue el de Sara.

¿Cómo es para un músico, interpretar a Martí?

Es que puedes darte cuenta de cuándo es un poema musicalizado. Una buena canción, no necesariamente tiene que ser un texto maravilloso, con una fabulosa música. Si no, es el lugar donde se encuentran. Debe ser apropiado para ambas cosas. Sara lo logró. Lo que ella hizo, eran canciones, no textos musicalizados. No quiero decir que los otros no.

Entiendo. ¡Qué modo de describirlo!

Es el que más me gusta, Sara creó, hizo canciones. Incluso, musicalizó poemas no métricos. Por ejemplo, un poema octosílabo con música, puede parecerlo. Ella hizo *A mis hermanos muertos el 27 de noviembre*, dedicado a los ocho estudiantes de medicina. Es dificilísimo ponerle música a ese texto. Era una canción. Pero más complejo aún es, *Crin hirsuta*. Tiene mucho nivel de dificultad. Es una obra maravillosa.

Martí es difícil de interpretar, no puedes darle otro sentido.

Hablemos de los discos en común.

También Sara hizo aquel disco *Cuatro cosas* y a partir de ahí, vinieron los cinco discos que hicimos juntos. El primero fue un concierto que preparamos, para actuar en la Plaza de la Revolución. Por cierto, fue la primera vez que se hizo música allí. Recuerdo que estuvo presente el bailarín español, Antonio Gades.

¿En qué año?

Grabamos el disco, creo que en 1987. Entre las canciones mías estaba *Monte adentro*, conocida como *¿De dónde viene el amor?* La primera versión que se graba es la de Sara con Pablo Milanés y es preciosa. Ese disco se llamó: *Con un poco de amor*, tomó el nombre de la canción de Silvio Rodríguez, a la que le hicimos un arreglo musical. El siguiente disco fue *Si yo fuera mayo*, que es un poema de José Luis del Toro, con música de Sara González. El otro fue *Con apuros y paciencia*, también adquiere el título de una canción de Sara. Después vino el concierto que hicimos con los boleros, de la gran compositora cubana Marta Valdés. Fueron tres meses de trabajo, arreglos y ensayos.

¡Memorable! ¿Participó Marta?

Marta Valdés estuvo en todos los ensayos. Porque ella siempre quiso que fuera, como ella lo hizo, es exquisita con su música.

¿Primero el concierto y después el disco?

Se grabó el concierto y, tan preciso fue todo lo que ensayamos, que quedó el disco en vivo. Fue en la sala Covarrubias, maravilloso. Creo que ésta fue la mejor versión de Guaicán como agrupación, también la única vez que Guaicán se vistió para un escenario con mangas largas y corbata.

Lo merecía.

Es que aquello era una cosa muy fina. Recuerdo con mucho agrado que Marta Valdés, le pidió a Sara, que hiciera una canción mía.

¿Cuál?

Detrás del roble.

No la recuerdo.

No es muy conocida, pero le gustaba mucho a Marta.

Eso también fue un homenaje para ti.

De ella y para mí fue un honor tremendo. Durante el concierto, ella cantó un par de temas y cuando terminó —estaba Vicente Garrido en la sala— dijo, con permiso de Sara, quiero que usted escuche esta canción, de un joven que está aquí atrás, Pepe Ordás. Y yo me sentí en el cielo.

Marta es una intérprete muy peculiar.

Marta, como Sara, se apropiaba de las canciones y las hacía suyas. El último disco que hice con Sara, fue *Mírame*, con el título de una canción mía y donde Sara canta varios temas de nuestra autoría. En el 2000, me fui del proyecto porque necesitaba descansar.

¿Ahí termina el grupo?

No, pero a partir de ahí, si era, Sara y su grupo. Yo fui el último de los Guaicanes originales.

También realizaron juntos muchas actuaciones internacionales. Coméntame, que significaron para un joven músico, esas experiencias.

Eso te amplia inmensamente el horizonte y también tienes la gran oportunidad de conocer y compartir escenario con figuras relevantes de la música. Esa es otra escuela y es la posibilidad que tuvimos al trabajar con Sara.

¿Cómo describes musical e interpretativamente a Sara?

Cuando comenzamos a trabajar con ella, definía lo que íbamos a hacer. Algunos temas nuestros abrían los conciertos, interpretados por nosotros solos. Luego Sara se aprendió nuestras canciones y se incorporaba. También aprendió a confiar mucho en los arreglos, el montaje y comenzó a cantar nuestras canciones. En otro momento, comencé a componer para que Sara cantara. En una oportunidad fuimos a Corea, al XIII Festival Mundial de la Juventud y los Estudiantes y estuvimos acompañando a Sara y Maggie Carles.

¡Esas dos! Fueron grandes talentos vocales.

Llegó un momento en que íbamos Sara y Guaicán. Pero volviendo al tema, al componer solamente para Sara…

¿De qué momento hablamos?

Cuando llevábamos tres o cuatro años trabajando juntos. A ella le gustaba y se sentía muy bien con nuestro trabajo. Hubo una época, de las tantísimas veces que fuimos a España, en que las finanzas de quienes nos llevaban, no estaban muy bien y no podían contratar al grupo. En una ocasión hubo un acto contra el bloqueo en Barcelona, e invitaron a Sara, pero ella pidió que yo la acompañara por once días. Los empresarios se empiezan a enterar que Sara estaba sin el grupo, de modo que le salía más fácil gestionar las presentaciones y comienzan a solicitarnos. El asunto es que nos llevaron a actuar por toda España, la gira duró tres meses y medio.

¿Te era fácil componer para ella?

Llegó ese momento, como te dije, en que solo hacia canciones para Sara. Me era fácil, porque ella tenía un registro vocal muy amplio. Sin límites. Normalmente, te tienes que circunscribir a un registro específico. No era su caso. Después, otras personas querían interpretar estas obras y debía arreglarlas o no podrían cantarlas. Al cabo del tiempo, amigos trovadores me incitan a cantar mis canciones y tuve que variar muchas cosas, no para cantarlas, sino para defenderlas.

¿Qué estudios precedían a Sara, en el ámbito musical?

Es músico de conservatorio. Estudió viola en la Escuela Amadeo Roldan, donde conoce a Lucia Huergo. Una músico-impresionante.

Pero tú también estudiaste música.

También, desde los siete años, en el conservatorio de música de Guanabacoa «Guillermo Tomas Bouffartigue».

¿Qué estudiaste?

Percusión.

Son como siete años de música y percusión. ¿Y cuándo llega la guitarra?

Tenía necesidad de cantar las canciones del Movimiento de la Nueva Trova, del Grupo de Experimentación Sonora del ICAIC, las canciones de Silvio, de Pablo, de Serrat. A partir de esa necesidad comencé a estudiar, a intentar cómo lograr los acordes.

Fue con un amigo muy querido, Ramoncito Angulo, con quien comenzamos descubrir la guitarra. Después estuve en el Conservatorio Municipal Amadeo Roldán y consecutivamente en la Escuela Nacional de Arte, de donde salí en 1974.

Me fui de ahí y comencé a hacer un dúo, que duró desde la Secundaria Básica con Frank Upierre y hasta estos días cantamos juntos cuando nos encontramos. Lo mismo Sara que yo, tuvimos una buena formación musical. Sara, incluso, estuvo en los Instructores de Arte, creo. En mi caso no me gradué.

Recuerdo que la primera canción que le escuchamos fue *Antesala del Tupamaro*. La gente la conocía por *Los comandos del silencio*, aunque todos le decían, *Un hombre se levanta*. Como debes saber, la iba a cantar Silvio, pero se la ofrece a Sara, en el tono de Silvio. Por eso la canta en tono grave. No era el más cómodo, pero todo el mundo lo recuerda.

Tal vez eso le dio carácter a la canción, a su significado.

Algo no común.

Me gustaría conocer sobre las actuaciones en Sudamérica, qué significado tenían para Sara.

Fuimos convocados por la CTC, no eran giras comerciales. Éramos la parte cultural de la delegación cubana, a una conferencia sobre la deuda externa, en la universidad de Campina, en Sao Paulo, Brasil. Ahí comenzamos a conocer personalidades de renombre. Estando allí, Sara llama a Chico Buarque y le dice que está con su grupo. Él se vuelve loco de contento y la invita a ir a Río de Janeiro, pero le dice, no solo para que lo conozcas, sino para que Río te conozca a ti. Por eso, le pide que le permita hacer previamente unas llamadas telefónicas.

Ese mismo viernes por la noche, Chico llama a Sara. Le dice, te conseguí para que cantes dos noches. Es que yo siempre estoy hablando bien de los músicos cubanos y la gente ya no me cree. Yo dije que eras una maravilla, pero solo alcancé a conseguir los únicos días, en que menos público hay en un club de Leblon, de los más famosos de aquí. Pero yo lo que quiero es que actúen, enfatizó.

Naturalmente al ser desconocidos, no nos darían los días de mayor público. Pero el sábado por la mañana, vuelve a llamar Chico, y le pregunta a Sara: '¿a quien tú conociste, que les ha hablado a la dueña del club de Leblon, maravillas de ustedes?'. Sara le dice que no sabe. Chico le precisa, ¿Sara, tú estuviste en Portugal?

Se trataba de Beth Carvalho, quien estuvo en el Festival del Periódico Avante, del Partido Comunista de Portugal. Sara estaba al comienzo del espectáculo de aquel último día del festival, que cerraba Beth Carvalho. Todos conocían a la brasileña, fabulosa. Mientras actuó, la siguieron con sus temas conocidos. Pero la sensación para la prensa y el público, fue Sara. Hablaron bellezas de su actuación. Dijeron que la cubana, con canciones desconocidas, había cautivado a la mayoría.

Chico dijo, el asunto es que ahora les dieron los días de más afluencia, de miércoles a domingo en el club de Leblon. Allí estuvimos con Chico Buarque, conocimos a María Betania, Caetano Veloso, Alcione, Gonzaguiña, una constelación de estrellas brasileñas. Esa fue otra de las posibilidades maravillosas de trabajar con Sara. Juntos, viajamos medio mundo.

Yo conozco treinta y cuatro países y más de la mitad los visité trabajando junto a Sara. Conocíamos a las figuras y en muchas ocasiones, las acompañábamos en el escenario. Uno se retroalimenta de esas cosas.

En mi caso, estas vivencias aportan mucho a la composición musical. Conoces la canción, *De donde viene el amor*. Pues surgió, de la experiencia de ir a la Sierra Maestra junto a Sara. Subimos por Buey Arriba, en Granma, a mil cuatrocientos metros de altura. Veíamos el Pico Turquino de cerquita, mientras nos quedamos de dos en dos, en las casas de los campesinos. Fue —creo— en 1985, la única vez que subimos a la Sierra Maestra, a aquel lugar llamado Barrio Nuevo.

Esa es la savia de un cantautor. Mencionaste que María Betania, casi graba tu canción.

Pues le dijo a Sara que cuando terminara el concierto, compartiéramos en su mesa, pero allí apenas se escuchaba la conversación. Aun así, logra decirle que le había gustado una canción conocida como *"Mírame", cuyo nombre original es "Como me ves, como me doy".*

Cuando la describe, Sara le afirma, esa es de mi director musical. María le insiste que me mande a buscar. Entonces nos llevan hasta la casa de Marilia Guimarães, quien también compartía la mesa.

Allí María Betania nos cantó como veinte temas, tocando ella misma la guitara. En un momento le pide a Sara que interprete mi canción y se la hizo cantar como tres veces. Entonces, me dice directamente que quiere cantarla ella, a lo que accedo muy orgulloso.

En otro momento, le pregunté al ingeniero de sonido si había grabado el concierto y me dijo que no me preocupara, que él le enviaría el casete a María Betania, pero no lo hizo. En ese momento nosotros no nos ocupamos personalmente, ya Sara cantaba mis canciones y yo no necesitaba otra cosa. Era muy feliz con Sara, mi mayor premio.

En casa de Marilia Guimarães, María Betania dijo: «Sara, usted nos avergüenza». Sara se quedó sin saber qué decir y le contestó: « ¿por qué?». Y la artista brasileña le respondió 'esa relación tan hermosa que usted tiene con sus músicos, aquí no existe. Nos avergüenza no ser como tú'. En el concierto, ella se dio cuenta de la fusión que Sara tenía con el grupo Guaicán.

Es que hay muchas aristas de su personalidad, de su humanidad, que la caracterizan. ¿Qué otras la describen?

Hay muchas cosas que la definen. Por ejemplo, esta anécdota es una de ellas. Fue cuando nos invitaron a un evento en Costa

Rica, con una delegación cubana. Sara y Guaicán, Abelardo Estornino y Adria Santana, fue en el año 1992 o quizá el 93. Cuando llegamos, al grupo lo mandan para un hotel muy bueno, pero de menor categoría y a ellos tres a otro muy superior en calidad.

Sara le pregunta a la edecán, donde están sus músicos y le explica, que no los puede alojar en este hotel, que fue una deferencia de la Ministra de Cultura con ellos. Por cuestiones de costos, supongo. Pues Sara le dijo, que necesitaba estar cerca de ellos para todo y recogió sus cosas y se fue al otro hotel, con nosotros. Esa era Sara González.

Lo mismo en Camagüey, a donde fueron a decirle que el Primer Secretario la estaba esperando, a lo que Sara respondió, dile que ahora no puedo, porque estoy jugando dominó con la gente del pueblo. Igual en el hotel Guantánamo, donde se sentaba a jugar con los camareros, en su horario de descanso. Así era ella.

En una ocasión, nos invitan al aniversario cincuenta del Partido Comunista de Chile. También se haría el traslado de los restos de Salvador Allende hasta el panteón, en el cementerio donde están los presidentes ya fallecidos de ese país. La tumba del líder chileno, era enorme y de mármol rojo. Ahí arriba se pusieron los micrófonos.

El cementerio estaba rodeado de guardias con armas largas. Hablaron dirigentes de todos los partidos. Le pidieron a Sara que dijera algo. Sara se paró allí encima y expresó, 'no soy de discursos, soy una mujer de canciones y eso voy a hacer', entonces cantó *Su nombre es pueblo*. No recuerdo si llegó a terminar la canción, cuando comenzaron a sonar los tiros y los milicos empezaron a dar palos, dentro del cementerio.

Teníamos gente para cuidarnos y estos previeron un desastre, tenían una vía de escape. Nos recogen, salen corriendo aprisa y en ello una muchacha grita algo, una arenga y un milico la coge por el pelo y la tira al piso mientras la golpea. Sara viró a gritarles: ¡Asesinos, asesinos! ¡Me cago en su madre! Ricardo el que nos protegía, que había sido el chofer de Volodia Teitelboim, cogió a Sara por el cuello y casi la saca arrastrada de allí.

A nosotros nos pusieron en un lugar que parecía un albergue de refugiados. Una cosa horrible, la comida era una sopa con unas hojas adentro. Teníamos amigos allí. Una amiga se lleva a Sara y a Diana para su casa. Un admirador de nosotros, se ofende por las condiciones en que nos hallábamos. Entonces fue y compró tres literas, nos puso a dormir en la sala de su casa. Allí convivimos con su hija y un tío de la niña. Ese tío, era uno de los líderes del escape de la cárcel. Quizá recuerden que en 1990 se fugaron cuarenta y nueve presos políticos, siete de ellos condenados a muerte, la mayoría del Frente Patriótico Manuel Rodríguez, del Partido y Juventudes Comunistas. Ese tío, era uno de los líderes del escape de la cárcel de la llamada Operación Éxito. Y nosotros servíamos de cobertura, para que pareciera normal la entrada y salida de gente a aquella casa. Así que él salía y entraba, aunque nos estuvieran vigilando. Teníamos mucha juventud y corríamos el riesgo.

Un día nos llevaron a una casa de seguridad, donde solo había camaradas. Allí nos regalaron una bandera cubana corroída, que ellos habían enterrado cuando el Golpe de Estado a Salvador Allende en 1973, para no dejar evidencias cercanas a Cuba. Aquella bandera con tanto símbolo, posteriormente Sara se la entregó a la Juventud Comunista de Cuba, cuando nos otorgaron a nosotros, una bandera de honor aquí en La Habana.

Después resultó, que el segundo del Partido Comunista de Chile, nos dijo a Gastón Joya —padre— y a mí, que lo sentía mucho, pero que debíamos decirle a Sara que no había dinero para hacer la gira comprometida. Para 'disculparse' con el auditorio, les resultó fácil decir que Sara se había enfermado. Ante aquello, Sara cogió un encabronamiento tremendo.

Entonces, fue Eduardo Banderas, quien nos llevó a su casa y él que organizó la gira. Fuimos al norte, a las minas de cobre más grandes del mundo. Bajamos con cascos. Estuvimos en Antofagasta, en tantos lugares y en todos cantamos. El partido quedó mal, pero no dejamos de cantarle al pueblo de Chile. Como sabes yo todavía uso esta gorrita de bolchevique.

En Barcelona, teníamos muchos amigos de la izquierda revolucionaria. Fuimos a trabajar y, estando allí en 1997, llegó la noticia de que había muerto Jorge Mas Canosa, el connotado contrarrevolucionario de la Fundación Nacional Cubano-Americana. Allí se apareció un compañero con dos botellas de Champán y nos dijo: '¿se enteraron? Aquí traigo para celebrar'. Sara lo miró y le expuso: '¿celebrar qué? Nosotros no celebramos la muerte de nadie'. El hombre insistió, 'si es que era un hijo de puta, hizo muchas cosas contra tu pueblo'. 'Cierto —dijo Sara— pero no celebramos su muerte, sino seriamos iguales a ellos'.

Eso define su sentido de la ética.

Por supuesto, siempre estaba clarísima.

¿Qué puedes recordar de su relación con Fidel?

La canción que más le gustaba a Fidel, era *La victoria*. Cuando se la presentaron le comentó, 'tienes una de las canciones que más me gustan'. 'Una que dice *canto y llanto de la tierra, canto y llanto de la gloria y entre canto y llanto de la tierra, nuestra primera victoria*. ¿Es así?'

Y tú sabes uno escucha esas historias y las confirma cuando le suceden a uno. Porque a mí me pasó eso. Esto es un extra… en una Bienal de Artes Plásticas estaba Fidel. Cada vez que subía alguien, Fidel acercaba su cabeza a Abel Prieto e intercambiaban información, conociendo a los artistas. Cuando terminó el concierto, me fui a un extremo bastante lejos del escenario, donde estaba Abelito Acosta. Fidel bajó y se puso a conversar con los estudiantes venezolanos de medicina. De buenas a primera, Fidel se despidió de los jóvenes y se viró hacia nosotros. Estaba mirando la gorrita que yo uso y viró para atrás. Me aparto, porque pienso que viene a hablar con el viceministro de Cultura. Pues se dirigió a mí y me dio la mano, elogió la canción. Pienso que fue una cortesía de su parte. Entonces puso una cara de pillo, así y me dijo… «Pero la muchacha era bastante más joven que tú».

¿De qué canción hablaba?

De *Son para ti*. 'Comparto el centro de mi juventud, con el final de tu niñez'. Ese es el elogio más grande que le han hecho a mi canción. Fidel, acordándose de la letra de mi canción, ¡un hombre como él!

Sara me lo presentó en la Cumbre Iberoamericana, al norte de Portugal. Sara y yo estábamos en Madrid, mezclando el disco *Mírame*, grabado en el estudio de Pablo Milanés. En eso, nos llamó el canciller para que participáramos en una marcha contra el bloqueo, en Portugal. Fidel hablaría en un teatro y la gente lo estaría esperando en un lugar.

Fidel estaba en diálogos con doce jefes de Estado, que le habían solicitado conversaciones. Nos comunicaron que cuando viniera Fidel, hablaría en el evento y cuando él dijera 'Patria o Muerte', yo debía avanzar desde el extremo, hasta el centro del escenario. 'Cuando Fidel te vea, sabe que ya es el momento, porque él quiere presentar a Sara', afirmaron. Pero al de la seguridad de Fidel, nadie le contó eso. En cuanto me vio con la guitarra, me registró con la mirada de arriba abajo.

Un escáner.

Con los ojos me dijo, 'ni te muevas de ahí'. Hasta nervioso me puse. Entonces, yo mismo me decía: ¡avanza! Pero cuando Fidel dijo —por cierto— «Hasta la victoria siempre», parecía que yo tenía clavados los pies. Por suerte Fidel vio la guitara, se acordó y señaló, 'me falta lo más importante. Ahora viene a cantarles a ustedes, una de las principales artistas de Cuba, Sara González'. Y se quedaron los dos diciéndose cosas en pleno escenario. Cuando me entregaron la foto de ese día, parecía que ambos estaban cantando. Al terminar la actuación, también cantamos *La victoria*.

Este país ha vivido una historia tremenda. Pero cuando uno está formando parte de ella, no la percibe.

Cuando decides salir del grupo en el año 2000; ¿cómo se produce?

Es un capítulo difícil.

Son los puntos de giro.

En el 2000, fuimos a Perú. Vine muy cansado, allí hicimos hasta de utileros de nosotros mismos, subiendo el piano por una escalera altísima en aquella taberna y bajándolo, cada día. Estaba agotado, me había perdido la infancia de mi primer hijo y, había nacido el segundo, no quería perdérmelo esta vez, aunque no es lo mismo, uno que el otro. Ya el escenario me cansaba, me hacía daño. Necesitaba estar en mi casa, con la familia. Me costaba trabajo continuar saliendo.

Me puse a disposición de Sara, para cualquier cosa, un arreglo musical, una canción, lo que fuera; pero no quería seguir viajando.

En ese momento, tranquilamente me dijo, 'ah bueno…' pero después me enfiló los cañones. Hasta un día en que estábamos en un concierto y se me acercó, ya ella estaba con problemas de locomoción y yo estaba cantando solo. Me dijo, has mejorado mucho, estas cantando muy bien.

¿Qué tiempo había pasado?

Pasaron sus buenos diez años. A partir de ahí, fue suavizándose la relación. Mucho después nos encontramos en Venezuela. Yo fui como trovador y ella me dijo, 'gordo, ¿me acompañas con la guitara? Mañana voy a cantar'. '¡Claro que sí!', le dije tan contento. A partir de ahí todo fue diferente entre nosotros. Entiendo que ella estaba dolida. Lo cierto es que yo hacía muchas cosas en el grupo, tocaba batería, teclado, el tres, componía, hacia arreglos, reparaba los instrumentos.

Eras, un poco, el alma del grupo.

No sé si tanto, pero trabajaba mucho. Al irme se le creó un hueco importante. Yo, la verdad es que no podía más. Nosotros ensayábamos todos los días y eso fue un aprendizaje. Aprendimos el amor y el respeto al trabajo.

En una ocasión, fuimos a actuar y no estaban las condiciones para hacerlo. Nuestra reacción fue, 'pues no tocamos'. Frente a ello, Sara dijo: '¡cómo! Aquí vinimos a actuar y tocamos, aunque no tengamos audio. Después protestamos y vemos a quien sea. Pero el trabajo nunca se deja de hacer'. Para mí, fue una lección para toda la vida.

Por cierto, lo recordé muy bien recientemente, cuando fuimos a Villa Clara con el proyecto que tiene Eduardo Sosa, llamado «De dónde viene el amor». Fui invitado al primer concierto en Cifuentes y al llegar al barrio, no había corriente eléctrica. Incluso, llevábamos con nosotros a un sonidista, pero no hubo electricidad. Entonces, lo que hicimos fue pedirles a las personas que se acercaran más y dimos un hermoso concierto. La gente quedó muy complacida y agradecida.

Es un respeto a ellos, a su realidad. Tú vienes de fuera y ellos lo viven todos los días.

Así es. Este trabajo no solo te aporta experiencias de todo tipo, también te da satisfacciones inmensas.

El grupo se hace profesional, por estar trabajando con Sara. ¿Cuándo fue?

Gracias a la insistencia y gestiones de ella. Ella decía, era impensable que el grupo Guaicán no fuera profesional. Por fin nos evaluaron en 1991. Aunque tuvimos muchos locales de ensayo, en ese momento estábamos en La Quinta de los Molinos. Por fin, comenzamos a cobrar 148 pesos.

Cuando aquello el dinero valía. Pero no comprendo por qué comenzaron con el mínimo de salario, cuando tenían tantos años de oficio, desde 1975.

Dijeron que éramos de entrada reciente al sector.

La burocracia es cruel.

Pero fíjate, el Ministerio de Cultura otorga a varias personalidades, la posibilidad de comprar un automóvil. Sara tenía auto y ella propone a su director musical, a mí. ¡Un Aleko, que felicidad!

En esa misma entrega del auto, estaba Marta Valdés y muchos artistas consagrados. ¡Qué vergüenza para mí!

Este es el país de los contrastes. Qué bien por ti.

Sara fue muy deferente con nosotros.

¿Qué otros sucesos la caracterizan?

Cuando la Gorda está muy enferma, se decide hacer un disco, que se tramita a través del Instituto de la Música. Pasa algo que para mí fue muy halagador. Convocaron a los amigos de Sara, para hacerle canciones. Y hay una en especial… que lleva otra historia por medio.

Nosotros hicimos una gira extensa por España, donde Guaicán acompañó a Sara, Anabell López, Marta Campos y Liuba María Hevia. Se llamó, *Cuatro mujeres.* Al llegar allá, nos tenían dos microbuses, uno para los equipos y otro para nosotros, pero solo tenían «una chofera». Por eso, Sara me preguntó si yo podría conducir el otro y lo hice. Con aquel timón inmenso, terminaba desbaratado.

¡Qué responsabilidad!

Viajábamos unos cuatrocientos kilómetros y al llegar, descargábamos los instrumentos, instalábamos todo el equipamiento, probábamos sonido, luego un baño para regresar a actuar. Comíamos al final del espectáculo. Fueron como veinte días, más de diez mil kilómetros de carretera.

Aquí viene la historia de la canción, porque para esa gira, montamos las canciones de las artistas que fueron. Dos días antes, hice una canción de homenaje a Sara, para que ellas tres, se la cantaran. Se llama, *Con esta fe.*

Te cuento esto, porque a pesar del distanciamiento que por un tiempo tuvimos Sara y yo, en consulta con Diana, el Instituto de la Música me pide que haga la Dirección Musical del disco en homenaje a Sara, para el cual elegí aquella canción que hice para ella. Le pedí al grupo Nuestra América, de Matanzas, que me acompañara. Pucho López hizo el arreglo.

Fue una experiencia muy especial, hicimos también la coordinación de todo; incluso, algunos autores compusieron para la ocasión. El disco comienza con un poema de Waldo Leyva, que a Sara le gustaba mucho. Le pidió a Arianna Amador que lo musicalizara, porque fue pianista nuestra.

La última canción, es Sara cantando ese poema. A mí me costó mucho trabajo hacer la cronología y orden temático del disco. Elijo un tema de Frank Fernández, como segunda canción y luego intervienen los trovadores. El primero fue Vicente Feliú, con aquella canción que le hizo cuando fueron noviecitos. Grabamos en los estudios Ojalá, con Virulo, Amaury, Liuba, Kiki Corona, Marta Campos, Heidi Igualada. La de Eduardo Sosa… que para mí es preciosa.

En cuanto a Silvio, le pregunté cuál canción —de Sara— él haría y me pidió que le diera un chance. Cuando me quedé sin tiempo, le pregunté de nuevo y me dijo que estaba haciéndole una canción a Sara. Entonces le dije, pues tómate todo el tiempo que quieras, porque no es lo mismo. Ahí sale esa canción maravillosa que se llama *Cenizas*. Son las experiencias de Silvio, cuando regaron sus cenizas en el mar.

A Sara no había quien le tocara a la Revolución. Podría haber algunas concesiones, que hizo muy pocas con determinada gente y por amor. Le dijo muchas cosas a Fidel, muy fuertes. Porque ella si no se quedaba callada ante nadie. Fidel la escuchaba.

Hace poco tuviste un gran impacto emotivo en el homenaje a Vicente Feliú. ¿Cómo lo describes?

A los dos o tres días de la muerte de Lázaro García y en un homenaje a Vicente Feliú, le entregaron a Eduardo Sosa el batón del proyecto que creó: *Canto de todos*. Fue un concierto de un piquete que tenemos, *Trovandante*: Rochi Ameneiro, Augusto Blanca, Waldo Leyva y yo. Incluso hemos hecho giras a México.

Todo fue demasiado emotivo para mí. Las palabras de Iván Soca, me rompieron el alma. Fue más de una hora en el escenario, al cual ya no estoy acostumbrado y con esa carga emocional. Muy fuerte. Aquello estaba repleto de gente amiga, que me conocen. La gente se quedó en el capítulo de que yo no podía desenvolverme en el escenario y cuando me vieron, se deshacían en aplausos. Yo no dejaba de dar gracias y eso me fue cargando.

Yo no soy de esa generación, pero llevo treinta años con ellos y mi obra se parece más a ellos que a nadie. Es con la generación que me identifico, aunque en el 1972, yo tenía trece años. Ahora cualquiera se pone el cartelito de trovador, paradójicamente hay un déficit de trovadores.

¿Por qué, a qué se debe?

Eso trasciende a un tema social y político. De base generacional. Yo nací en enero de 1959, estamos 'hasta aquí' —señala la cabeza— del bloqueo contra Cuba, que sigue haciendo tremendo daño. Cuando tienes dificultades para garantizar los libros para la Educación Primaria, o un buen sueldo para los maestros, el niño llega a la Secundaria Básica con baches en su formación. Y si le pones reguetón en el Círculo Infantil, cómo llegan a la Enseñanza Primaria. Y así van al Preuniversitario, ¿entonces, ¿cómo llegan a la Universidad?

¿Dónde está la historia contada por la Nueva Trova?

Creo que hay un problema económico, que obstaculiza que la trova llegue a la gente.

¿Económico?

Sí. Un problema nuevo, que hemos creado. A la mayoría de los espacios culturales, les exigen rentabilidad. Muchos jefes decisores de lugares, buscan una ganancia rápida. Se enfocan en los ingresos económicos, por lo que le ponen a la gente 'lo que quieren'. No hay un objetivo educativo como lo ha previsto la Revolución. Buscan lo más fácil, el dinero.

¿Recuerdas la anécdota de Beth Carvalho? Ella cantó las mismas canciones que la gente se sabía y quien dio la nota novedosa fue Sara, que era una desconocida. Las canciones de Sara eran de amor, temas revolucionarios, hicimos música cubana, otras canciones para bailar, de todo. Eso es lo que hay que hacer. Ella enamoró a todo el mundo con su música, hasta la prensa portuguesa la elogió.

Entonces, el problema no es económico.

Si la gente ha recibido un producto y no siempre en nuestros medios se trasmiten todos los valores culturales necesarios, entonces tiene que haber alguien que se ocupe de eso. Yo creo que la Nueva Trova, la trova en general, cubrió ese hueco durante mucho tiempo. Pero esas cosas hay que respetarlas y darle alimento.

Al lado de 'Dos Gardenias', hay un barcito donde lograron un espacio Marta Campos y Angelito Quintero. ¡Y rico que se ponía eso! Mucha gente, que nada tenía que ver con la trova, se quedaba allí, mientras apreciaban esa música. Uno de los mayores errores que se han cometido, ha sido utilizar a la Nueva Trova mayormente para días luctuosos y fechas patrias. Entonces la gente cree que eso es la Nueva Trova. Se le da una mala información e imagen a la Nueva Trova.

Digamos que una imagen distorsionada, porque también es eso. La Nueva Trova es un canto social y en principio, es un canto de amor.

Sí, cuando tú quieres poner una canción que tenga valores culturales y poéticos. En la música, lo más cerca de la poesía es la trova.

Y sin poesía no hay trova.

Claro. Lo otro, es decir, 'mami tú me gustas, ven a bailar'. Y la gente va. Pero la trova no es para eso, aunque puedas bailar con ella. A eso me refería cuando te decía que hay una base cultural. No se defiende, no se cuida a la Nueva Trova.

Y trayendo a Sara al contexto, ella también lo sufrió.

Por supuesto.

¿Cómo apreciaste la etapa de trabajo con Virulo?

No lo vi como un rompimiento de su imagen. Lo vi como una extensión de sus posibilidades. Sara tenía una 'vis cómica' impresionante.

Otros lo ven como un impase *en su carrera. Tú, ¿no?*

No. De todas formas, es mi opinión. Los artistas comerciales de la Nueva Trova, fueron Pablo y Silvio, ellos han llenado estadios. Sara siguió dedicándose más al trabajo social y político. Su participación en el Conjunto Nacional de Espectáculos, lo veo —primero— como un enriquecimiento para ellos y también como un capítulo para Sara, para mostrarse con otros valores culturales que ella tenía. Y muy difíciles de lograr, como lo es el humor. Expresó su tremendo carisma. No es un desatino, ni un desacierto. Lo disfruté mucho, también nosotros tocábamos en el espectáculo, mientras teníamos que hacer la música. Fue una experiencia impresionante.

En el disco que le dedicamos a Sara, Virulo canta lo que hizo en aquella época. La historia de Sara no termina de contarse… me voy a seguir acordando de ella, cuando terminemos este testimonio y tú te vayas de mi casa.

Pepe Ordás en su estudio de grabaciones junto a la autora de este libro durante la entrevista.

SARA GONZÁLEZ ESTÁ AL NIVEL DE MARÍA TERESA VERA

ENRIQUE KIKI CORONA

Aunque Kiki Corona, estudioso de la música, intérprete y compositor, tiene treinta y seis discos editados, lo seguimos recordando por sus íconos, de los cuales solo mencionaré *La nana de las mariposas*, canción que casi llega a las dos décadas de creada.

Esta entrevista es hija de la pandemia, al igual que la impronta trabajada desde su estudio en casa, en condiciones de aislamiento. Así hizo, vía internet, los 'transfer' musicales para la composición de las promociones y cambios del canal televisivo Cubavisión.

Kiki Corona tiene un mundo creativo infinito. Cuenta para ello, que tuvo la mejor formación y ha sido un artista perseverante. Comenzó desde niño en el mundo musical y quiso el azar, que su primera maestra de guitarra, fuera la misma que enseñó a

Sara González. De eso me enteré, cuando por una excepción me concedió esta entrevista, en esos días en que nadie salía de su casa.

Hay vivencias ilustrativas de una visión más humana, que deben contarse. ¿Cómo fue el primer acercamiento que tuviste como músico, a Sara González?

Creo que fue por el año 1969. Para entonces ella había terminado de estudiar viola, pero tenía una maestra de guitarra, que fue mi primera maestra. Se trataba de Leopoldina Núñez, quien también le había dado clases a Sara en la Escuela Nacional de Instructores de Arte. Vivía por Línea, al lado de Trianón. Yo había empezado desde pequeño a estudiar guitarra, pero continué con la maestra y ahí conocí a Sara. Ahora tengo 60 años, Sara me llevaba varios más.

Después, cuando en 1978 entro en la Nueva Trova, comenzamos a tener más contacto. Siempre la admiré mucho, porque fue una de las primeras integrantes del Movimiento de la Nueva Trova, que tenía formación académica. Mirian Ramos entra después. También de su grupo estaba Lucía Huergo, quien fue novia de Silvio. Pero así nos conocimos mejor, coincidimos muchas veces en los activos de la trova. Más adelante, Sara y yo compartimos el escenario muchas veces. Teníamos cosas en común.

¿Qué expectativas tenían, acerca de qué debatían?

A Sara González la veía como lo que era, una mujer muy fina. Aparentemente veías en ella una fortaleza como mujer, sin embargo, era muy delicada, muy decente para conversar cosas. Los debates eran sobre todo de música. Rara vez conversamos algo más. Siempre supe que estaba alineada desde el punto de vista ético, pero lo que más conversábamos era de música, de dominó y de cerveza.

Sabía que estudió viola, pero nunca hablaba de eso. Lo que siempre tenía un pensamiento para los trovadores primigenios. Como siempre me interesé y fui un investigador de los trovadores más viejos, Alberto Villalón, Sindo Garay, Manuel Corona…

¿Has escrito sobre eso?

Muchos de los discos tienen una síntesis de mis investigaciones. Y las crónicas esas que publico los jueves, pero no otra cosa. Nunca me llamó la atención escribir. Los parangones son demasiado violentos, Eduardo Robreño, Lino Betancourt, Manuel Villar, entre otros. Al lado de ellos qué voy a escribir. Si me animo, escribiré acerca de mis experiencias como trovador, que es lo que más me importa.

¿Cuáles otras aristas recuerdas, del trabajo creativo de Sara González?

Sé que a Sara le gustó musicalizar poesía. Me acuerdo de Navarro Luna, Rubén Darío y de José Martí. Hizo un disco de Martí. Creo que es consecutivo a otros que salieron. Antes de hacer el disco LP, musicalizó poemas cortos. Habitualmente mencionaba a un maestro de guitarra que tuvo, que se llamaba Gullón, que fue quien la inicio en el tema armónico. A mi juicio, fue una acuciosa productora musical. Trataba a los discos con mucho cariño. Me acuerdo de un trabajo que le hizo a Augusto Blanca. Siempre fue muy cariñosa con la gente de su generación y también le encantaba ayudar a los jóvenes.

Tenía mucha empatía con los más jóvenes. Era muy observadora de los que iban saliendo, se sentía a veces como un hada madrina. Pero no dando la cara, sino que trabajaba con humildad. La gente acudía mucho a ella. También los grupos musicales. Manguaré, Mayoguacán, Guaicán. Ella apoyó muchísimo al grupo Guaicán, una gran temporada cantó con ellos, que al principio eran un grupo de música Latinoamericana.

Así nacieron.

Como éramos todos, entre Carifesta y el Festival Mundial de la Juventud y los Estudiantes, vinieron muchas personas a compartir con nosotros.

Y la Casa de las Américas…

Sí, ahí fue donde conocí a Alí Primera, Quilapayú, Intilimani y a Victor Jara. La visión que teníamos era esa música. En *Canto libre*, yo hacía la música no andina, que era lo que hacían otros. Nos metimos más en el Joropo, la música llanera, entre otros ritmos. Menos Manguaré, que era un grupo de experimentación. Lo había estimulado la UJC, que los mando a estudiar cualquier cantidad de instrumentos latinoamericanos.

Creo que fueron inicialmente a Chile.

Lo primero que hicieron. Y Sara siempre apoyó mucho a estos grupos. A los más jovencitos, también. Fue muy generosa.

Quisiera conocer más sobre su interés como productora musical.

Se detenía a buscar los detalles del repertorio. Me acuerdo, porque en el disco de Augusto Blanca, ella seleccionó una canción que se llamaba *Amor en los tiempos*. Yo no conocía esa canción.

Tenía una gran empatía con Pucho López. Cuando sale de Guaicán, hizo el grupo propio, Pucho fue su productor musical. Recuerdo que era muy tranquila a la hora de grabar, muy serena. Yo he grabado con muchos productores, con todos me he llevado bien. Pero Sara era muy especial cuando estábamos grabando. Sentías una ecuanimidad en el proceso, te llevaba por un camino de placer. Era muy diferente a su proyección en el escenario, donde todo el mundo sabía que era muy apasionada, explosiva. En la parte del estudio, del reposo creativo, de la concepción para idear algo, era muy suave.

Desde el punto de vista musical; ¿cuáles eran sus debilidades y sus fortalezas?

Debilidades me imagino que, aunque a ella le encantaba el piano, que no lo haya tocado y tampoco los instrumentos de viento, aunque recuerdo tocaba la Quena, creo. Es una flauta de Suramérica.

Fortalezas tenía muchas. Es decir, como intérprete, pienso que es de las más importantes intérpretes de la canción cubana. Sara se hacía dueña de las obras, que algunas no eran de ella. Eran escogidas por ella.

¿Cómo era ese proceso?

Es que ella se daba a la canción de una manera, que tú no distinguías de quién era la obra. Ella era una excelente intérprete. Como yo lo veo, debió estudiar mucho a su compositor, para hacerse dueña de la obra.

Suelen decir que cuando ella se identificaba con una canción, no intentaba hacer otra afín, porque la escogía como la canción que la representaba, en lo que quería expresar.

Pero eso no es una debilidad, en ella había una dicotomía súper rara, porque en el escenario era una fiera. Tenía una personalidad imponente. Era Alfa en el escenario, pero realmente ella no era así. Era muy generosa, aunque sin dudar de ella misma, tenía un ego importante. Muy segura, siempre lo fue. Daba la posibilidad de consultar, le daba vueltas, pero la decisión que tomaba sobre la obra, era intuitiva, correspondía a la primera idea. Con esa se quedaba, siempre fue así.

Las anécdotas personales, suelen ser parte de ese recuerdo que queda en el cariño. ¿Cuáles puedes mencionar?

Nosotros siempre tuvimos una relación tan afable. En aquel momento yo tomaba mucho ron y ella también. Los dos dejamos de beber. Siempre ella escogía la Coronilla, un aguardiente de nueve pesos con sesenta centavos, que lo tomaba con limón. En una ocasión estábamos en Santiago de Cuba, después de actuar, el 'resumen' era la botellita para conversar y no sé qué… cantar juntos.

Estábamos en la habitación de Sara, Amaury, junto al locutor y actor Pastor Felipe. Como Sara era una jodedora tan consistente, decía las cosas con seriedad. Era la maestra de ceremonias, decía lo que teníamos que cantar y ya Amaury había cantado algo muy lindo y después yo, quizá *Tonada de amor*. Entonces le dice Sara a Pastor Felipe, que diga una poesía. Y empieza él con la voz aquella. A mitad de la poesía, Sara le dice: 'mira Pastor, si tú quieres, ya apaga el radio. Apaga el radio Pastor, por favor y aterriza, entonces dime el poema otra vez'. El hombre concentrado y con una 'notica', porque estábamos descargando. Ella decía las cosas con tanta simpatía, nada hiriente, que no había modo de incomodarse. Terminábamos riéndonos todos.

Mucha franqueza.

Quizá te podía molestar, si pudiera decirte algo peyorativo, pero después lo analizabas y te dabas cuenta de que ella tenía razón, muy enérgica con la razón y con la verdad siempre. Muy cercana a todo lo que pasaba durante el Periodo Especial, señalaba lo mal hecho y defendió a Cuba, a ultranza. Fue de las que se quedó, diciendo esas cosas.

¿Qué cosas, por ejemplo?

Que había que defender a la Revolución. Ella se buscó muchos líos con eso. Con algunos trovadores de su generación, por ejemplo, cuando los sucesos de la embajada del Perú, no estaban de acuerdo y trataron de desarmar el Movimiento de la Nueva Trova por algunas razones.

Sara defendió a ultranza el núcleo de la Nueva Trova. Sara estuvo contra la fusión de la Brigada Hermanos Saíz, la Brigada Raúl Gómez García y el MNT. Eso fue, creo en 1987. Ella votó que no estaba de acuerdo, era desvirtuar una histología. Cada artista tiene su manera de pensar.

La Brigada Raúl Gómez García, tenía sus propios estatutos y cómo nuclear a toda esa gente en la Asociación Hermanos Saíz. Es más, si le hubieran puesto: 'asociación de teatro y música', tampoco Sara hubiera aceptado, porque no se trataba del nombre.

Sino del concepto.

La condición, el edificio que lo vio nacer. Después dijo que sí, a duras penas. Esa reunión fue con Carlos Aldana, en 1986 o

1987, igual fue un año antes. Eso dio al traste con muchas cosas. Después, ninguna de las asociaciones fueron lo que eran.

¿Cómo termina el MNT y como participan ustedes en eso?

Termina con esta fusión. Además, termina la unión que teníamos todos. Después vinieron los más jóvenes trovadores, que se acercaron más a la obra de Fito Páez, Charlie García, a los trovadores latinoamericanos y dejaron un poco, el análisis de donde veníamos.

Silvio y Pablo, son el resultado de los que venían antes. Por ejemplo, a Silvio le gustaba Bob Dylan. Vacilaba a James Taylor y a una serie de nuevas formas musicales, pero siempre desde una conducta de estudio de la trova primigenia. Eso se perdió. Ahora se está reconquistando un poco la vieja trova, por interés institucional, no por el afán de los trovadores.

Antes no era así, el Movimiento de la Nueva Trova tenía una inspiración de grupo. Imagino que hubiese pasado igual a los teatristas, poetas, escritores de la Hermanos Saíz, que tenían otras condicionantes. Al fusionarse las tres asociaciones, se perdió la esencia de cada una. Ahora no sé qué es. Tampoco estoy de acuerdo con ponerle a la casa matriz de la AHS, un nombre profano como La Madriguera.

El Movimiento de la Nueva Trova tenía un cuartel general, que era la Casa del Joven Creador, en la calle Sol y la Avenida del Puerto. Allí nos reuníamos todos. Eso fue después de Casa de Las Américas, donde yo no estaba, porque fue en la década anterior. Pero cuando se crea la Casa del Joven Creador, ahí nos nucleamos. Lo que es hoy la casa del Ron. Es un término medio eufemístico, pero ya no hay trova. Iba mucha gente, yo conocí allí a Eduardo del Llano. Sara, lo mismo, un día armaba una tertulia entre trovadores y teatristas. Ella tuvo sede en esa casa y se unió a Guaicán ensayando allí. También lo hacía Mateo, cuando estaba en el grupo de Toni Pinelli, Los Cañas. También, inicialmente Mezcla, de Pablo Menéndez.

¿Coincidiste en giras artísticas con Sara?

Internacional ninguna, pero aquí muchas veces. Sara y yo, tenemos Record Güines en la Tribuna Antimperialista, alternábamos o íbamos juntos, cuando tenía el cuarteto «Blanco y negro». Hicimos muchas giras nacionales, eventos y activos de la Nueva Trova. En 1982, fuimos juntos al activo del MNT en la Isla de la Juventud, puede que fuera el último. Después ya no se hizo. Tal vez algo en 1985 en el Escambray y luego, siguió con la Brigada Hermanos Saíz, y ya yo me separé de ello. No sé su derrotero.

Imagino que Sara sí, porque ayudaba a muchos trovadores. Ella era, te digo, una especie de hada madrina. No solo por lo que imponía con su ser, sino porque yo sí sé, que, aunque no todos son agradecidos, Sara apoyaba a mucha gente joven.

Ella hablaba con Fidel como lo hago contigo, normalmente. Sara le decía lo que pensaba a cualquiera. Eso impone mucho respeto. Podía estar equivocada o no, pero decir lo que siente, eso es para quitarse el sombrero ante Sara.

De una sola pieza.

Siempre. Bicolor, jamás. Ella era un monolito como ser humano y persona. Fuerte, impositiva, histriónica, muy amable y delicada. Decía sus planteamientos, sin herir. Lo que no pasa con otras gentes que doran la píldora, dicen cosas más insulsas y en otros lados expresan otra cosa. La actitud de Sara, le ganó el respeto de mucha gente.

¿Cómo tú evalúas su trascendencia en el arte?

Es una de las voces, no me refiero a cantora, como una de las voces medulares de todos los tiempos, representante de la música cubana. Fíjate lo que te digo, Sara González está, sin dudas, al nivel de María Teresa Vera. Te hablo de la trovadora de *Veinte años.*

El día que se escriba la historia musical, habría que equipararlas, sin lugar a dudas. Es mi juicio personal. Yo pienso que sí, por consecuencia, por intelecto. Pasará el tiempo; todavía nos parece reciente su partida. Nos parece que vamos a ir a jugar dominó.

¿Compartías con ella?

Sí, siempre y con Diana, una anfitriona espectacular. Además, ayudaban mucho a las muchachas que estaban más desprotegidas, miembros del MNT. Ellas no tenían tanto protagonismo como los varones. Por ejemplo, Marta Campos, Heidi Igualada. Sara las apoyaba mucho.

El trovador y compositor Kiki Corona, de reconocida trayectoria artística, canta en el espacio comunitario de Sara González, El jardín de la gorda.

Cuando ya Sara tenía una peña en la casa de la Décima, «Sarabanda», o «Sábados con Sara», invitaba a las muchachas, sin pretender protagonismo. Mucho antes del Mejunje, apoyó el movimiento de trovadoras de Santa Clara. Fue muy preocupada por resaltar el trabajo de las mujeres, dentro de la música cubana y de la Nueva Trova; todavía la llamo así con nostalgia. Las muchachas lo hacen muy bien y mejor que muchos varones. Sara tenía esa disposición de proyectarlas, porque para Sara el talento era lo primero.

Yo la recuerdo y la pongo en ese pedestal. Mucha gente te va a decir eso. Como músico, como voz, como autoridad de la música cubana, hay que ponerla en ese nivel.

A Sara se le extraña. Hasta sus encabronamientos. Cuando ella te zarandeaba, era como un despertar. Ella tuvo siempre la teoría de la evolución dentro de la evolución. Y nos sacudió a unos cuantos, incluyendo a Amaury.

Sería muy necesaria ahora.

Aquí hay muchos necesarios que no están.

Para eso también es este libro. Para traerla.

Yo creo que sí y a partir del libro, sería tan bueno que hicieras un documental, ya que algunos han perdido el hábito de la lectura. Esos que escriben deseo con C. Esa mujer lleva una película.

Mientras Toby, el perro del café Cubalibro —equidistante para ambos— se entusiasma, ladra a voz en cuello y la batidora no cesa de desintegrar el hielo, con un sonido más parecido a una concretera, de ella sale el 'frapeado' para atractivas bebidas sin alcohol, que refrescan la tarde habanera, Kiki me dice que esta casa era de Mario García Joya, excelente fotógrafo, cineasta y profesor de arte.

Aquí hay un espíritu trovador y quizá, hasta Sara estuvo aquí. Era un estudio fotográfico, su hija se casó con Julián el de Moncada, aquí se reunían Guedes, Angelito Quintero y eso. ¡Y ahora ese perro que ladra, no sé cómo vas a transcribir todo esto!

UNA FUERZA IMPARABLE DE LA NATURALEZA

TESTIMONIO DE ALEJANDRO GARCÍA VILLALÓN, VIRULO.

Me esforcé tanto —como Ochín— en ser puntual, que llegué cuando Virulo no había tomado ni el primer café de la mañana. Fue difícil llegar a su casa, cuando la cita, a primera hora del día en un lugar tan distante de la mía, fue todo un reto en medio de la pandemia, combinado con el otro Periodo Especial que hemos vivido también con el transporte.

'Nos acabamos de levantar', dijo asombrado y por ello no dejó de ser gentil. Pasa y compartimos ese café en el patio.

El Premio Nacional de Humorismo, Alejandro García Villalón o simplemente Virulo, es un reconocido humorista y cantautor cubano, que se cuenta entre los fundadores de la Nueva Trova Cubana cuando apenas tenía 17 años de edad.

Arquitecto, entregado a las artes, es también una leyenda en el teatro musical cubano, cuya huella quedó definitivamente en su función como director del Conjunto Nacional de Espectáculos de Cuba y del Centro Nacional de Promoción del Humor. Decenas de grandes actuaciones, originales personajes, imborrables obras teatrales y discos, pasan por nuestra memoria al evocar su impronta.

Siempre me pareció importante escuchar a Virulo, no sólo por lo que humana y artísticamente pudiera aportar, sino porque su visión de la Sara cultora del humor, el teatro y la trova, nadie más lo podría decir. Entonces, decidí que comenzara por ahí.

A Sara le criticaban que hiciera "humor", muchísima gente la impugnó por eso. Lo hacía, primero porque tenía un gran sentido del humor y era una gran humorista - 'Lanza' Virulo su primera bola.

Tenía esa vena dramática, era una gran actriz. Es una pena que por ese pensamiento esquemático de muchos amigos suyos, cercanos incluso, que le aconsejaban "no te metas en eso", ella frenara todo lo que pudo hacer en esta vida.

Todo se dio de una manera espontánea, por la amistad y el cariño que nos tuvimos. Yo la quise muchísimo. Sara fue una de mis mejores amigas, muy querida.

¿Que cómo la conocí? La verdad es que desde ayer estoy tratando… y no me acuerdo. ¡La gorda mía! Quizá nos conocimos cuando Sara estaba en el Grupo de Experimentación Sonora del ICAIC. Yo estaba haciendo lo del "Génesis", que fue mi segundo disco-espectáculo. Sara no participó en "La historia de Cuba", éramos amigos y nos empatamos por la parte humorística. Sara era muy divertida y así mismo eran nuestros encuentros.

Hacíamos algunas versiones para las fiestas. Al principio fue muy informal, pero fue creciendo y de repente estábamos de gira por los Estados Unidos y esa versión de jodedera, acabó en la obra "Génesis", en el Salón Plenario de la ONU.

Fuimos invitados por el Embajador Raulito Roa a visitar las Naciones Unidas. Ese fue el segundo viaje de Sara a Estados Unidos, yo me fui a cantar a Puerto Rico, luego a San Francisco, y Sara, fue a Boston. Después nos encontramos en Nueva York, donde hicimos como cuatro presentaciones, en aquellos años en que comenzaba la Comunidad Cubana en el exilio.

Estuvimos con Francisco Aruca, quien fundó en 1979: Marazul Charter, especializada en viajes a Cuba. Sara y yo nos llevamos todos los lapicitos que había en su oficina, para traerlos de recuerdo a toda la gente en Cuba.

Al preguntar cómo fue ese viaje a Estados Unidos en momentos de mucha polarización, Virulo responde: En ese momento estaban empezando los viajes a Cuba. Lo auspiciaba Mar Azul y Cuba también. Igualmente La Revista Areíto, impulsada por Aruca. Yo creo que en la primera presentación que se hizo para la Comunidad Cubana en Estados Unidos, estuvimos Sara y yo. Fue en un Holiday Innc, de la ciudad de Nueva York. Comenzamos con el Génesis y después cada uno hizo sus canciones.

Luego nos presentamos en La Casa de las Américas de Nueva York y la presentación de la ONU. También actuamos en Miami, aunque para una presentación privada, porque eran momentos muy convulsos y acababan de asesinar en Puerto Rico al joven cubano- puertorriqueño Carlos Muñiz Varela, de la Agencia Viajes Varadero. Por cierto, en Puerto Rico me quedé en casa de Raúl Álzaga.

Virulo se refiere al también escritor cubanoamericano, radicado en Puerto Rico. Fue uno de los fundadores de la Brigada Antonio Maceo, actual Presidente de Viajes Varadero Inc. y hermano escogido de Carlos Muñiz Varela. Este joven cubano, fue asesinado por comandos terroristas en 1979, por parte de elementos de la extrema derecha cubana en Puerto Rico, como consecuencia de sus gestiones para viabilizar los viajes a Cuba y apoyar la normalización de las relaciones entre Estados Unidos y Cuba.

En Puerto Rico, me presenté con los Rayos Ganma, Silverio Pérez, "Sunshine" Logroño y Jacobo Morales -continúa Virulo- éste último un gran director de cine.

En Nueva York, el abogado de la Brigada Antonio Maceo, nos prestó su casa. Incluso, Sara y yo dormíamos en el mismo sofá cama. Sara es mi hermana, nuestra amistad fue muy profunda, muy cercana.

Pienso que quizá la potenciaron mucho en el sentido épico de su lírica, versus otras manifestaciones artísticas, ¿sentía ella esa contradicción?

Hubo mucha gente empujándola por ahí. Y ya te digo, Sara siempre estuvo en esa dicotomía. Por un lado, estaban sus canciones heroicas, políticas. Y por otro, esto del trabajo humorístico, que lo hacía porque le daba la gana, contra todas las banderas. Porque sí.

Y qué bueno que lo hizo.

Así mismo. Y nos divertíamos mucho. Justamente, antes de salir a ese viaje, me habían nombrado Director del Conjunto Nacional de Espectáculos. Y por supuesto Sara vino conmigo. También estaba Carlos Ruiz de la Tejera, Mirta Medina, Jesús del Valle (Tatica), Mario Aguirre, entre otros. Antes habíamos hecho el Génesis, La Divina Comedia, donde también actuó Sara.

¿Fue básicamente en el Teatro Carlos Marx?

En el teatro fundamentalmente, aunque hicimos versiones fuera de Cuba. Por ejemplo, los dos espectáculos que te mencioné, se hicieron en México y en Venezuela. Con el Génesis, Sara y yo, tuvimos un éxito tremendo. Estuvimos unos quince días en Caracas, y luego un recorrido por el interior del país, incluyendo a Mérida. Fue como máximo, un mes.

En México con Sara, nos presentamos en un Festival Internacional de la Canción Política, donde también participaron Noel Nicola y Pedro Luis Ferrer. Los cuatro comenzamos actuando juntos, y luego nos quedamos por separado, en diversas actuaciones.

Ahí nos invitaron a hacer Génesis en la Catedral de Cuernavaca, donde vivía Monseñor Méndez Arceo, que tenía una fuerte personalidad.

Pues, el Monseñor tendría que haber sido un hombre de pensamiento muy abierto.

Imagínate que me regaló una Biblia dedicada por él, donde escribió: "Nunca antes se había interpretado el pensamiento bíblico, con tanto sentido del humor". Era llamado el Obispo Rojo, muy amigo de Fidel. Nos invitó a interpretar a Génesis en la Catedral, en la noche hicimos una función repleta. En esos años, había un movimiento a favor de la Iglesia Latinoamericana de los pobres.

La Teología de la liberación, por ejemplo.

El "Obispo Rojo" fue polémico por sus ideales sociales y su simpatía hacia las corrientes renovadoras en el seno de la Iglesia Católica, así como por su pertenencia a movimientos de cristianos por el Socialismo. Denunció en su momento las invasiones de Estados Unidos en Vietnam, en Centroamérica y en Cuba.

Así mismo, precisa Virulo, porque era todo un movimiento del que Monseñor era parte, y nos vimos Sara y yo, bajo el Cristo Crucificado cantando el Génesis.

Impresionante, siendo los mexicanos tan devotos. ¿Fue la única vez que lo presentaron en una iglesia?

Sí y no en cualquier iglesia. Es una de las Catedrales más antiguas de México —siglo XVI— es muy linda. Ahí estábamos Sara y yo, donde mismo se dice la Misa, en el Altar Mayor. La gente reía a carcajadas, con la iglesia repleta.

Imagino que reían y pensaban.

Pensaban sí: qué cosa es esto. ¡Qué cosa más loca! Eran días en que los cristianos no pueden comer carne.

En abstinencia.

Días de ayuno y abstinencia. El Monseñor nos decía, "coman lo que puedan. Dios perdona todo, hay mucha hambre sobre la tierra". Era un tipo muy avanzado para su época, de pensamiento abierto e inteligente. Hicimos una gira larguísima, recorrimos medio México. Los cuentos de Sara eran indescriptibles.

¿Recuerdas alguno?

Estábamos en medio de un desierto, por allá por Monterrey, creo.

Éramos muy jóvenes y bebíamos. Los cuentos de Sara con tragos eran comiquísimos. Partíamos de que todos habíamos bebido el día anterior y Sara, quien todavía tenía los efectos encima, dormitaba mientras el auto se detuvo temporalmente en un quiosquito.

Muchos nos bajamos del auto e invité a Sara a hacerlo. Me dijo que no, pero le insistí que si quería algo, porque vendían bebidas no alcohólicas, helados, etc. Por fin, acepta que le traiga un helado. Pero entre nosotros, las bromas eran parte del ambiente de jodedera, entonces vuelvo hacia donde ella y le digo: "Sara, dice la señora del quiosquito, que no te vende nada a ti, porque sabe que eres Sara González, la comunista. Y que no lo vende, porque no le da la gana"

En mala hora. Ella, a la que nadie logró levantarla antes de aquel automóvil ni para tomar helado, se puso de pie y bajó. Se dirigió a la señora y sin dejarla decir ni una palabra, soltó la bomba: "Que c…te pasa a ti, soy comunista y soy lo que me salga de la papaya". Y aquella pobrecita que vendía el helado, que era una señora muy tímida, se quedó boquiabierta.

Después me daba pena, por andar de chistoso. Costó sacar a Sara del discurso, no fue hasta que ya íbamos en camino, que le contamos la verdad. Así era Sara, la gorda era tremenda.

Tengo una anécdota graciosa. Ya Sara tenía su carro, en el que íbamos para Varadero. Conversando, cantando y empezamos a joder con el tema de "la comunidad", estaba muy de moda una canción que nos parecía horrible. Muy tecosa, muy elemental. Y entonces se nos ocurrió hacer una parodia, que decía "Que viva mi abuelita que me trae cantidad, viva la comunidad". Pero en el carro venía un hijo de puta, porque lo era y después lo demostró, porque hizo un informe de aquello.

Y a mí me fueron a ver para preguntarme, qué pasaba con eso. Cómo era posible que nosotros estuviéramos en eso; por suerte cayó en manos de alguien que me conocía desde que yo era un niño, sino quien sabe qué hubiera pasado, porque el hijo de puta, un extra de la televisión a quien le habíamos dado botella, nos hizo el informe.

Lo supimos, porque en el carro sólo íbamos con nuestras respectivas parejas y el susodicho.

Nos estábamos burlando de la canción de Osvaldo Rodríguez. Esa canción era pegajosa y la ponían todo el tiempo en la radio, pero estábamos en contra de que la canción revolucionaria fuera un panfleto y por eso nos reíamos tanto. Era obvio que fue una jodedera de nosotros, con lo que nos divertíamos mucho. Mi relación con Sara era de una jodedera constante.

Sara siempre estuvo en esa dicotomía. Ella que era una gran actriz, una persona con un sentido lúdico de la vida, un gran sentido del humor y muchas ganas de divertirse. Y por otro lado era la canción revolucionaria, muy cargada de pasión.

Ella era una cantante muy apasionada. Pero te voy a decir una cosa, le ponía tanta pasión al humor, como a la canción amorosa y la revolucionaria, como a "La Victoria". Sara tenía mucha fuerza en el escenario.

¿Ella componía temas humorísticos?

Cantaba conmigo. Ella escribía canciones, pero nunca fue una autora muy prolífica. Son muy buenas sus canciones, que han trascendido todas, ahí están.

¿Será que se cohibió entonces de hacer la composición humorística?

Por eso dijo yo, quién sabe lo que hubiera hecho en el campo humorístico, si se hubiera soltado. Eso era algo que a ella le divertía mucho, pero tenía temor de comprometerse demasiado con el género humorístico. Ella podía hacerlo todo, de hecho, lo hizo. De aquí y de allá. Sara era una fuerza de la naturaleza, eso no lo paraba nadie.

¿Qué tipo de personajes hacía, además de cantar?

En las cosas que escribí, por ejemplo en el Génesis, era Eva, Tatica era Adán. En Cuba eso fue todo un suceso.

Elegirla de Eva ya era un desafío.

Sara era la Eva joven. Natalia Herrera, la Eva vieja. Adán joven, era Tatica y el viejo, Carlos Mass, ¿recuerdas a "Simplicio"? Fue una obra muy divertida. Estaba la parte musical y el contenido.

¿Se grabó por la televisión?

En Youtube hay una grabación del Auditorio de México, pero fue una versión que hice cuando ya no estaba Sara, con el Conjunto Nacional de Espectáculos. Después se crearon otras obras, donde ya Sara no estaba, que fueron grabadas por la televisión cubana, por ejemplo La Esclava contra el Árabe.

Sara estuvo en la fundación del Conjunto Nacional de Espectáculos, en las obras: Génesis, La Divina Comedia, Échale DDT. Ahí estuvo

Sara con Guaicán. Después de eso, hicimos tres o cuatro obras y ya Sara se fue.

¿Qué tiempo permaneció con ustedes?

Creo que los primeros dos años, aunque después seguimos trabajando. No rompimos, ni nada por el estilo, nos juntábamos y hacíamos cosas.

El núcleo de CNE, fue fundado por Alberto Alonso y yo dirijo el Conjunto, porque él se fue con Sonia Calero y el grupo se quedó acéfalo. Primero, era como un cuerpo de baile y de este se generó lo que fue después. Cuando el Conjunto definió su perfil, surge "Cuéntame tu vida sin avergonzarte".

Al llegar aquí, todos querían hacer lo que sabían, ballet clásico, folclórico, demasiados criterios diversos y decidimos hacer una obra, donde todo el mundo contara su vida. Llamé a Albio Paz, uno de los más importantes dramaturgos cubanos y director teatral. Conté con él para el tema dramatúrgico, escribió el guion conmigo. Él le dio forma a aquello, yo escribí la música.

¡Qué tiempo tan fértil!

Porque trabajábamos mucho en colectivo. A mí me gusta hacerlo y creo que se ha perdido un poco. Por estos días, me he divertido trabajando con el dúo Buena Fe, mientras llamamos a otras gentes.

En esa época todo el mundo trabajaba así.

"El Génesis", lo hicimos con Manguaré y Pancho Amat. Y "La Divina Comedia", con Los Van Van, todo el tiempo en colectivo. Después fue: "Cuéntame tu vida sin avergonzarte".

¿Qué contaba Sara?

Por cierto, no sé dónde fue a parar todo ese material. El momento de Sara era muy bonito, porque contaba sobre su origen humilde en una barriada y acerca de sus padres. Esa canción que escribí para ella, es lo único que se conserva. El arreglo original que era fantástico, lo hizo Lucia Huergo. Ahora quedó en el disco en el que se le hizo en homenaje.

¿Cómo no conservaste esas cosas?

En el péndulo de mi vida, se han extraviado muchísimas cosas. Nunca pensamos en archivar las obras. De repente tengo algunos guiones guardados, cosas así. De todos mis recuerdos, la relación con Sara fue muy hermosa. Hicimos muchos viajes juntos.

¿Estuvieron en Nicaragua?

La primera vez que Sara viajó a Nicaragua, fue conmigo. No recuerdo el año, pero fue al principio de la Revolución Sandinista. Antes había estado con Silvio y Pablo, en la inauguración de la Campaña de Alfabetización, invitados por Ernesto Cardenal. Luego estuvimos ahí, fue Sara con "La Divina Comedia", en el Teatro Rubén Darío. Nos invitaron a muchos sitios, hicimos una temporada allí.

Recuerdo algo, porque esa era Sara. Nos invitaron una recepción con el cuerpo diplomático, todos habíamos bebido algo, y a Sara se le ocurre hacer un chiste muy subido de tono y encima se le olvidó el final. Nos quedamos todos así… aquello no terminaba, de alrededor se empezaron a retirar las personas, diciendo "ha sido una velada deliciosa", y cuando me doy cuenta me quedo sólo frente a Sara y le dijo: - ¡Coño Sara, termina ya esta mierda! Y no paramos de reír, ¡ay mi gorda! Era divina, no tenía ninguna inhibición de decir nada.

Mira, cuando comenzamos en la Nueva Trova, que nos dio por ser una organización política, Sara y yo éramos como los vicepresidentes, y nos invita el Director de la Televisión, Nivaldo Herrera, a una fiesta donde habían muchos artistas.

Estábamos bebiendo, jugando dominó incluso, en la jodedera entre artistas en una casa que tenía el ICR en las afueras de La Habana. Cuando aquello, se decía que iban a quitar a Nivaldo… y Sara, que siempre fue sincera estando sobria, ya se había dado cuatro tragos. Entonces va, se le para delante y le dice: - ¡Nivaldo, hay un 'runrún'… de que te vas del parque! Cuando nosotros oímos la palabra 'runrún', y vimos a Sara mirándolo a los ojos, aquel hombre se puso blanco. No recuerdo cómo resolvimos el momento, lo recuerdo hasta ahí, pero no olvido las carcajadas de Eduardo Ramos cuando salimos. A Sara la quería todo el mundo, nos revolcábamos de la risa, mientras ella nos decía, "le dije la verdad. ¿Hay o no un 'runrún'?".

Me interesa conocer además tu valoración de Sara, como músico.

En el mundo de la música, se separan a los cantantes de "los músicos". Tienen un sentido y conocimiento especial del ritmo y eso era Sara, además de ser una estupenda cantante. Ella entendía la clave cubana y sentía completamente la música. A la vez, era una intérprete increíble.

Entendía el lenguaje musical. Por ejemplo, Sara era una gran sonera, lo mismo tocaba un guaguancó. La música que hacía, era complicada. Ellos tuvieron un entrenamiento en el Grupo de Experimentación Sonera ICAIC. Los tiempos musicales eran raros, 7 x 4, Sara lo hacía porque tenía musicalidad.

La voz de Sara era fabulosa y hacía con ella lo que le creía y como le daba la gana, porque tenía una gran fuerza en su voz.

Ese espacio de creación del GESI, fue un taller para ellos, producto del manto protector de Haydeé Santamaría y Alfredo Guevara. ¿Cómo lo recuerdas?

Eran años muy difíciles. La Nueva Trova no era muy bien vista que digamos. Es cierto que a Pablo Milanés lo mandaron en algún momento, a la UMAP (Unidades Militares de Ayuda a la Producción). A Silvio Rodríguez lo botaron del trabajo, fue cuando Papito Serguera lo sacó del ICRT (Instituto Cubano de Radio y Televisión), cuando tenía el programa aquel: "Mientras tanto". Haydeé cuidó de ellos. Yo creo que gracias a Haydeé Santamaría estamos todos aquí.

Yo aún no estaba en la Nueva Trova, sino en el preuniversitario. Recuerdo un Festival de la FEEM, que me querían moler por hacer una cancioncita humorística. Suerte la mía que Pablo Milanés era del jurado y me salvó.

Nosotros sobrevivimos, haciendo una canción revolucionaria, frente a toda la estupidez que nos quería moler. Todo lo nuevo causa temor. Es cuando los imbéciles y mediocres se sienten amenazados. Lo nuevo hay que evaporarlo y ¡pa' fuera!

El Grupo de Experimentación Sonora, fue un espacio para todos ellos, no dudo de que Haydeé haya hecho eso para ampararlos. Los trovadores eran analíticos, peludos, tatuados, contestatarios... está esa canción de Pablo Milanés que dice: "no me pidas que a todo diga que sí".

Sobrevivimos pese a todas las líneas en contra y Haydeé Santamaría protegió muchísimo a la Nueva Trova. Llega Armando Hart a dirigir el Ministerio de Cultura, antes desparece un Consejo o algo así.

La bronca fue porque no querían que dirigiera una persona que no estuviera preparada para hacerlo, finalmente deciden por Hart, que era una persona altamente calificada para ello. Un intelectual, y fue aceptado.

Hart cita a la Nueva Trova, donde también estaba la dirección de la Juventud Comunista, cuando estábamos a mitad de la reunión, se siente una voz en el fondo del salón que dijo: - Armandito, ¿y pa' esto tú me pediste que te despertara ? Haydeé y Hart, eran esposos.

Entonces, ella le dice: - cómo te vas a reunir con la Nueva Trova, sin que yo esté presente. Y le metió un bateo a Hart delante de todos nosotros. Estaba encabronada de que la dejaron fuera. Armandito recogió sus papeles y se fue echando. Dejaron a un funcionario a cargo y al final, esa reunión fue con Haydeé Santamaría, y por supuesto, todos nosotros a su alrededor. Esas son cosas impensables ahora. Eran gente de calibre.

Recuerdo cuando secuestraron a Vicente Feliú, Lázaro García, a Augusto Blanca y Sareskita. Se dio un Golpe de Estado en Bolivia y la que armó la "guarapachanga" fue Haydeé. Aquí estaban con el protocolo, la protesta y la tibieza. Sara era como Haydeé, pasional. Esto hay que hacerlo y ya. La que les salvó la vida, fue Haydeé Santamaría.

Estamos necesitados de ese compromiso con el corazón, con el pensamiento abierto. No necesitamos a los burócratas. Necesitamos gente como Sara, que era de verdad, decía lo que pensaba y si había un 'runrún', te lo decía en la cara.

¿Cómo mantuviste la relación con Sara?

Bueno, estuvimos juntos esos primeros años, ella sigue en sus giras con su grupo y siempre fue parte de nosotros, aunque no estuviera.

Creo que influyó mucho que se alejaba para hacer otras cosas, tenía una vida creativa independiente de nosotros. No estaba tan presente artísticamente, pero si emocionalmente. O sea, que en el ámbito personal nunca nos distanciamos.

Influyó que me enamoro de Yania, en México, llevamos treinta años juntos. Ella no consiguió entrar aquí en la Escuela de Cine, y se la dan en México, allá vamos. Hice un programa en TV Azteca, las cosas tienen ciclos. Estuve un tiempo sin ver a Sara y cuando regreso, inmediatamente la fui a ver, ya Sara estaba enfermita.

¿Tuvieron alguna relación artística, en este último encuentro?

Sí. Volvimos a hacer "El Génesis", en el Jardín de la Gorda. Primero en su casa montamos las canciones para hacerlas juntos y actuamos.

¡Evocamos tantas cosas! Recuperamos las ganas de hacer juntos tantas cosas. Ella estaba enferma y fue empeorando. La última vez que la vi y después de largo rato, me dijo, estoy adolorida, y fue la última vez que la vi en su casa.

Cuando la recuerdas, ¿con qué te quieres quedar?

De Sara, me quedo con sus ojitos azules. Brillaban tanto como su sonrisa. Era muy divertida.

Virulo se levanta con lágrimas en los ojos y me trae una vieja foto, junto a Sara.

YO, BRASILEIRA APASIONADA POR LOS MUCHACHOS QUE CANTABAN A LA PATRIA

MARILIA GUIMARÃES

Marilia Guimarães, un testimonio. Comienzo a la inversa, porque tomo el título de las palabras que Sara González le dedicara a Marilia, para celebrar la presentación editorial de *Nuestros años en Cuba*, de la destacada intelectual brasileña, publicado el 21 de febrero de 2008, en la sección Páginas Abiertas del diario *Granma* digital.

»Leyendo este testimonio no logro separar la emoción inmensa que me causa recordar, coincidir, anhelar, disfrutar y compartir la narración de tantos instantes en que, gracias a la vida, me toca el privilegio de participar, aunque no en toda su totalidad, que pena, durante ese tiempo y espacio, bajo este sol y en esos años, en esta tierra, con esta mujer extraordinaria que nos lo cuenta.

»La exigencia prioritaria y máxima es el amor, repartido el tiempo que le quedaba, o no, en el abrazo profundo, a la espera del amanecer más hermoso, y si no, hacerlo.

»En esa serenata que por ser diurna se convierte en única e inigualable, en la noticia horrible de la muerte del amigo que se transforma en el recuerdo de las cosas felices, en planes de futuro inmediato que se llenaron de canciones, poesía y muchos colores adornando cada día y cada sonrisa de sus crianzas y de sus sueños. Recordando estos días de la década del setenta he vuelto a vivir momentos durísimos; imborrables, románticos y amorosos unos, trágicos y traumáticos otros, pero formadores y forjadores de generaciones que se volvieron volcanes de ternura con la esencia del humanismo. Es generosa la vida si le dio el tiempo a Marilia de recordarlo y compartirlo. Lo más hermoso es el resultado de dejar en herencia la mayor virtud del ser humano, la solidaridad.

Por cierto, este libro del que habla Sara, fue presentado en Cuba en 2021, en medio de la Pandemia. Por tanto, de manera virtual en el espacio del Sábado del Libro. El texto *Habitando el tiempo. Clandestinidad, secuestro, exilio*, de Marilia Carvalho Guimarães (Brasil, 1946), publicado por la Editorial Nuevo Milenio.

La reseña editorial, refiere:

> Este libro recoge el testimonio de Marilia Carvalho Guimarães, quien es profesora e investigadora, graduada de Pedagogía en el Colegio Santos Anjos, Minas Gerais y en Letras Neolatinas, Universidad Santa Úrsula, Río de Janeiro; máster en Análisis de la estructura del portugués, realizado en La Habana. Militante del Comando de Liberación Nacional en Brasil y de la Vanguardia Popular Revolucionaria; miembro del Comité internacional contra el terrorismo de Estado; fundadora del Comité internacional de intelectuales y

artistas en defensa de la humanidad, en México, 2003 y del capítulo brasileño en 2005.

Marilia vivió exiliada en Cuba en la década de 1970, junto a sus dos hijos; sufrió en su país natal —Brasil— la «expresión más sufrida y fulgurante»: la clandestinidad, después de luchar con su cuerpo y alma contra la injusticia social y la discriminación, pero sin perder su sueño de libertad y el deseo de construir un mundo mejor. Partió de su país dejando una familia, amigos, en la Mayor de las Antillas encontró la calidez de otros que engrosaron la lista de sus más queridos. Esta es una historia individual, pero al mismo tiempo es la historia de dos países, de dos pueblos, en diferentes realidades.

La obra tiene como temas fundamentales el clandestinaje, el desarraigo del exilio y la posposición de la utopía. El testimonio de su autora, es reflejo de la lucha por conseguir un mundo mejor, la experiencia de toda una generación, la esperanza que alimentaron hombres y mujeres, que sintieron miedo, pero eso no fue obstáculo para seguir adelante; la muerte de muchos de ellos sirvió para sembrar historia y continuar su ejemplo, como si fueran reales, latentes, vivos.

Para este libro Marilia escribe en exclusiva sobre Sara

Solíamos ya por los años 70, encontrarnos en la esquina de 23 y 12: Nicola, Silvio, Sergio Vitier, Eduardo Ramos, Pablito, hasta que un día apareció una muchacha tímida, linda, con un par de ojos deslumbrantemente azules.

Nos hicimos amigas sabrá Dios cuándo… si en este mismo día o al día siguiente. Yo, brasileira apasionada por los muchachos que cantaban a la patria, al amor, a la vida cotidiana. Ellos, enamorados de mí, la brasileira que olía a Tom Jobim, Vinicius de Moraes, a Chico Buarque.

Nos fuimos acercando, porque nos unía una amalgama de cariño, do sostenidos y bemoles. Sara vivía en Marianao, yo en Miramar. Encuentros más encuentros se daban en mi casa, donde acudían todos para disfrutar de unas buenas canciones.

Sara González, independientemente del conocimiento de música que traía como fuerte bagaje, era hecha de una inmensa pasión por su patria. Sus composiciones —o interpretaciones de otros autores— fueron describiendo la consolidación de la Revolución, cada etapa con versos explosivamente extraordinarios:

Desde que el sol rompió su molde,
y el enemigo su consuelo,
ya desde entonces la respuesta fue:
en cada cuadra un comité,
en cada barrio revolución,
cuadra por barrio, barrio por pueblo,
país en lucha: revolución.

Era la voz femenina de la Nueva Trova. Era la fuerza de la mujer que entraba por los campos machete en puño. Era la mujer explosión de la modernidad en su postura, de la voz que salía de su garganta. La gorda dejó atrás la timidez, cuando de brazos abiertos al sol, levantó a las masas con *La victoria.*

Los recuerdos de Marilia, llegan con diálogos y retazos de 'saudades'.

«Cuanta vida vivida, cuanta risa, toda la alegría de una genialidad sin par».

— ¿Mirian, a qué horas llegaste?

—Al hotel, casi de noche.

—Por qué no llamaste. ¡Qué locura! Llegas y nada.

—Eres insoportable.

— ¿Con quién vendrás hoy? ¿Con aquel tipo que me da rabia? No puedes traicionar así a su amor. Ustedes que llegaron, ahora saben que Mirian ama locamente al Drácula. Desde siempre. Pero que es *namoradeira* como ella sola.

—Sara no estés me entregando.

— ¿Qué? ¿Vas decir que no?

¿Y Marcello, de quien está *namorando* ahora? (mi hijo más viejo) Sara lo adoraba y vivía las historias de él.

Va y pone *Alcione*, porque contigo solamente oyendo esta cantante brasileira que me enloquece.

De retorno, la memoria de Marilia la lleva al asombro de ver a Sara viviendo, mientras luchaba por su vida.

«Sara, mi querida Sara eres de madre. ¿Comiendo espaguetis en el hospital? ¿Lleno de pasta de tomate? ¡Dios mío quien aguanta esta muchacha!».

Morriña adentro, ubica a Marilia en la platea, desecha en aplausos.

»Tenemos la suerte de que somos hermanos de música, de raza, de color, de sueños. Así mismo, cuando empezó a cantar y fue a Brasil, la emoción ultrapasó todas las fronteras cósmicas. Aplaudida de pie por un buen tiempo, enloqueció la platea. Lloré de mucha emoción. Era increíble que fuera verdad, que caminábamos por el Largo da Glória en Río, seguido de un Chop bien helado en la taberna da Glória.

»Nos apretábamos tanto como si durante siglos, nos hubieran separado. Puro suceso. Aquí, enfatizo fuertemente que tuve la suerte de oírla. «Quien vio, como dijo Chico —Buarque— no olvida jamás». Sara tenía el don de transformar la vida de las personas. De empujarte hacia adelante. De amenizar el corazón dolido. De cerrar heridas. De amar a toda prisa y eternamente.

»Diana, en un gesto de amor profundo, me regaló el anillo que Sara usaba en el 'minino', que hoy ostento con mucho orgullo en la mano.

ELLA ES LA QUE ES

PABLO MENÉNDEZ

Prácticamente estábamos vetados, a pesar de eso, es una rareza que aparezcamos en una foto, en un estudio de la televisión cubana. En esa época del Grupo de Experimentación Sonora del ICAIC, habitualmente todos los arreglos musicales de Sara, se los hacía yo.

A cada rato, le envío a Diana algunas fotos mías con Sara, siempre hemos sido amigos. Como también lo fue de mi esposa, ya fallecida, —actriz— Adria Santana. Es importante disfrutar, revivir y reconocer a las amistades.

Cuando yo estaba de visita… y es una simplificación decir «visita», durante las vacaciones del Grupo de Experimentación Sonora, yo viajaba. Pero es bueno que te ubiques, en esos momentos no había vuelos para salir de Cuba. Tenía que ir en avión a Europa, para poder llegar a Estados Unidos, por lo que en varias ocasiones, me aventuré a salir en un barco de carga que iba hasta Canadá. Eran trece días por el mar. No era como en los años 'cincuenta', que se daban un brinquito en avión por veintisiete dólares.

En esa época, yo no iba exactamente de vacaciones, ni exclusivamente a ver a mi familia, sino a acompañar a mi madre, que estaba muy involucrada en la lucha contra la invasión yanqui a Vietnam. Equivocadamente muchos dicen «la guerra de Vietnam»; donde hubo una invasión. Los vietnamitas nunca tiraron tiros en suelo de Estados Unidos, fue, al contrario. Necesitaron luchar para expulsar al invasor. Murieron casi 60 000 jóvenes norteamericanos, poco más o menos, eran jóvenes de mi edad y siempre se recuerda eso; pero yo tengo que decir también, que murieron más de 700 000 vietnamitas, la mayoría era población civil. Es una realidad que me tocaba muy de cerca.

Cuando yo podía, iba a participar con mi madre en una especie de trabajo que ella estaba haciendo en Estados Unidos. Utilizaba la música para actuar en lugares legales, pero también semiclandestinos. Es que la mafia controlaba los bares y un café cantante, era más fácil dar un concierto en los pueblos y en las afueras de las bases militares, donde podían reunir a los soldados en activo y a los oficiales que estaban en contra de la guerra en Vietnam.

Bárbara Dane, volvió pasados sus 90 años al escenario cubano. Considerada una leyenda del jazz, el blues, el folk y, de la canción protesta; ya tenía su acervo cuando llega con su guitarra y una cámara fotográfica a La Habana de 1966, momentos en que ningún artista norteamericano se atrevía a hacerlo.

Como si fuera poco, tempranamente se fue por los campos, cantó en las escuelas, en las fábricas y volvió al año siguiente al Primer Encuentro de la Canción Protesta, donde también estuvieron Peggy Seeger, Alfredo Zitarrosa, y Daniel Viglietti.

"El 21 de junio de 1952, hace 70 años, nace en California Pablo Menéndez. Hereda de su madre, Bárbara Dane, la pasión por la música y un amor definitivo hacia Cuba y su Revolución. Siempre sonriente, Pablo llega

a su 7ma. década como un hippie *adolescente. Felicidades, hermano"*. (Abel Prieto Jiménez, palabras tomadas de Twitter).

Después de ese viaje, Pablo Menéndez se queda en Cuba a estudiar música y consecutivamente forma una familia, también en el mundo del arte. Fundador del Grupo de Experimentación Sonora del ICAIC y del grupo Mezcla; precursor en la comprensión del valor de lo autóctono y su fusión con lo mejor de la música internacional.

La familia 'de sangre' se volvió a unir en un escenario, como lo hiciera en memorables ocasiones en 1997 y en 1999. Dane fue considerada por el crítico de jazz, Lee Hildebrand, «la mejor intérprete viva de *blues* clásico de los años 1920».

«Tuve problemas con mi carrera en el plano comercial. Me eliminaron de varias giras importantes debido a mis posiciones políticas en contra del racismo, las guerras, y la relación con Cuba. Sin embargo, seguí cantando a favor de la paz y la justicia en todo el mundo», dijo a la periodista Ayleen Pérez, cuando confesó: «Cuba es mi hogar espiritual». Bárbara Dane, recibió una retribución de amor cubano, a través de la medalla de la Amistad.

«El americano», «Paul» o Pablo, como le dicen sus amigos, es un cubano más «de a pie» con ese raro acento al hablar, el privilegio de tener en retozo perpetuo las inquietudes creativas y en equilibrio su conciencia. De casta le viene al galgo.

Después de ofrecerme un delicioso té frio, excelente tradición que mantiene en nuestro eterno verano, continúa:

A Estados Unidos fuimos a cantar y a veces daba charlas sobre Cuba. Viajábamos desde los alrededores de una base militar a otra. Incluso, llegamos a ir a Asia, Okinawa, Japón. A Filipinas, donde había una Ley Marcial del presidente Ferdinando Marcos, y si no lo hacíamos clandestinamente, 'nos la iban a arrancar'. Tuvimos la idea de ir a Vietnam, por suerte no fuimos, porque no hubiéramos regresado vivos.

Yo dedicaba unos meses para hacer esos recorridos junto a mi madre y regresaba otra vez en barco. En una de esas, en el año 1971 cuando llego a Cuba, estaban poniendo una de las últimas grabaciones de —tararea— *Un hombre se levanta* de Silvio Rodríguez y pregunto, quién es esa cantante; Sara González, me dicen.

¿Ya estaba propuesta para el grupo?

No recuerdo si estaba la propuesta, pero sí recuerdo que dije, a nosotros nos hace falta una mujer en el grupo. Si queremos representar a la juventud cubana, aquí solo está la mitad. Todos somos machos. Como buen hijo de mi mamá, con una herencia feminista. De lo que sí estaba claro, es que nuestra declaración artística y política, necesitaba la presencia de una mujer.

¿Los demás querían más músicos?

Porque no necesariamente estaba superado el machismo, aire predominante en el grupo y también la homofobia.

Como lo era en la época.

Sí y las tradiciones. En fin, aunque hubo un batallón Mariana Grajales en la Sierra Maestra, muchas mujeres participaron en la lucha clandestina y se incorporaban a la Revolución. Pero yo recuerdo que tuve que luchar bastante en el grupo para decir, sí. «Ella es la que es».

Sin lugar a dudas, Sara presentaba una proyección femenina, pero diferente.

¿Atípica?

Atípica. Mira recuerdo a German Pinelli cuando se hacían los certámenes de la reina del carnaval, le llamaban las Estrellas y sus Luceros, para hacerlos distintos. Pero se resaltaba la imagen de la mujer: las criollitas de Wilson. También en la música: Las mulatas de Fuego.

Y en eso irrumpe Sara.

La mujer, dentro de la música cubana, tenía otra proyección. Evidentemente Sara era diferente.

Y sin embargo, se impuso.

Ella se impuso sobre la base de su calidad vocal y su proyección artística. Al entrar ella, teníamos mucha afinidad, porque éramos los más jovencitos del grupo y Sara me propone hacer los arreglos musicales a sus canciones.

¿Cuáles canciones?

Que dice usted, *De padres a hijos*, *Dame más*, *Son de Cuba a Puerto Rico* —de Pablo Milanés—, *Querida madre* —de Lázaro García—. Cuando hicimos el concierto Brasil-Cuba, hice los arreglos para ella, de una canción de Gal Costa.

Sara, además de ser una cantante fuera de serie, también era muy buen músico. Así que, con la misma dignidad, podía intervenir en cualquier 'cosa' jazzística y tocar las sartenes o percusión ligera, que cantar 'a cappella' e impresionar a quince o veinte mil personas en un estadio. Simplemente, todo era su expresión artística.

¿Tampoco era común que una mujer hiciera todo eso?

Realmente rompía muchos esquemas, que es lo que más me gustaba de ella. Teníamos mucha afinidad en la música y a nivel personal. Fuera del trabajo a nivel social, coincidíamos mucho. También por mi esposa, que me hacía los cuentos de Sara, porque estuvieron en una delegación súper grande que se hizo para visitar a Moscú.

Hubo una anécdota en el hotel 'Rossiya', porque Sara fue a conversar a la mesa donde estaba mi esposa Adria. Una rusa, de las que organizaba a los cubanos en el restaurante, como no entendía a Sara, ni se hacía entender, la empujó hacia la otra mesa, diciéndole en ruso «ésta no es tu mesa». Puedes imaginarte el lenguaje que utilizó Sara para responderle. Entonces se negó a entrar otra vez a ese restaurante, porque había sido maltratada y hubo que autorizarla a comer fuera del hotel. También era la que era, en cualquier idioma que fuera, cantaba en un teatro y se venía abajo en aplausos para ella.

Siempre recuerdo que fuimos a España, precisamente por gestión de Sara y Pablito Milanés. Porque antes, Pablito y Silvio habían ido a una gira de un empresario que los montó en un carrito, con las dos guitarras y recorrieron toda la península. Había tanta añoranza por esta música, a la caída de Franco, que actuaron hasta en plazas de toros.

Recordemos que había caído la dictadura de Franco, quien no permitía ninguna canción política en lugares públicos. Tras el fascismo en España, al morir Franco, comenzó a abrirse ese mercado, descubierto por un pequeño empresario capitalista, quien entendió que tenía unas oportunidades de venta para las canciones políticas cubanas. A los pocos meses, propuso hacer lo mismo con Sara y Pablo. Fue cuando ellos plantearon que sería mucho más comunicativo, hacerlo con un grupo.

¿El Grupo de Experimentación Sonora?

Sí, Sara y Pablo, eran los cantantes principales en ese momento, porque Noel Nicola estaba dirigiendo a la Nueva Trova y Silvio se había ido del grupo.

¿Después del 1976?

Así es. No obstante, el empresario dijo que no tenía dinero para los pasajes del grupo. Ellos le explicaron que no importaba, porque el grupo estaría de gira por una jornada de la cultura cubana en Polonia y Bulgaria y podrían alcanzarlos en España, en la escala de regreso a Cuba.

El hombre aceptó y se sumó un trovador que estaba en la delegación y cantaba solo con la guitarra. Siempre yo decía, por qué no lo acompañamos y le hice un par de arreglos. También se incorporó a tocar con nosotros la maraca, la clave o lo que fuera, como lo hacían Sara y Pablo, cuando cantaban.

¿Quién era ese trovador?

Era Amaury Pérez. Cuando llegamos a España, la Egrem sacó un disco con el sello comercial «La Nueva Trova Cubana», sin contar con nosotros.

Había una disquera que monopolizó el nombre de Pablito y Silvio, después de comprarle el contrato a otra disquera independiente más pequeña, para 'lanzar' lo que ellos reconocían como Nueva Trova Cubana.

¿Recuerda el nombre de la disquera?

Polygram. Había 'lanzado' exclusivamente a ambos trovadores, incluso, para países con dictaduras fascistas como Argentina, Chile o Guatemala. También para naciones en guerra revolucionaria como El Salvador, donde en la radio comercial podías escuchar a Pablo y a Silvio.

Muchos imaginamos que había sido clandestinamente, a través de casetes.

Lo interesante es, que Sara González, logra esa visita con el GESI. Se saca por un contrato de la Egrem con una disquera chiquita, que se llamaba Moviplay o algo así, quienes promovieron a la Nueva Trova Cubana, pero no mencionaron al Grupo de Experimentación Sonora del ICAIC, ni al invitado, Amaury Pérez Vidal.

Como te digo, no contaron con nosotros para sacar ese disco, que se grabó en vivo en el Teatro Monumental de Madrid. El auditorio lo llenamos tan completamente y se quedaron como dos mil personas en la calle.

Impresionante. ¿Qué pasó ese día?

Ese día, fíjate algo curioso. Los cubanos de hoy en día no se lo imaginan. Aun después de caída la dictadura en España, no podían reunirse más de tres personas en la calle, porque llegaban los antimotines y los cargaban, después de repartir gases lacrimógenos, perros, palos, tiros y lo que entendieran. Porque lo consideraban una manifestación ilegal.

Entonces, imagínate tú, dos mil personas afuera del teatro, mientras estábamos tocando. Y entre canción y canción, el público coreaba consignas sobre la libertad, la amnistía para los presos políticos, etcétera, etcétera.

Aplaudían solo entre canciones, a la usanza de la dictadura. La razón era porque los censores estaban allí, escribiendo con una libretica. Los artistas españoles estaban acostumbrados a cantar con muchas metáforas, el público entendía la poesía, pero había censura. También fue así con nosotros, allí había unos policías para rectificarnos.

¿Revisaban si estaban diciendo las letras autorizadas?

Efectivamente. Debo decir que jamás he visto eso en Cuba, porque aquí no hay ninguna dictadura. Pero en España sí. En esa época, también en Argentina, en Chile, El Salvador, era así. El concierto terminó con Sara y el Grupo de Experimentación Sonora, cantando *La victoria.*

¿Cómo recibieron esa canción?

A pesar de que habla de Playa Girón y Cuba, el pueblo español entendió todo el espíritu revolucionario de la canción. Cuando terminamos el concierto, fuimos para el camerino y te juro que pasaron diez minutos, mientras seguían aplaudiendo y pidiendo otra, otra, otra.

Enardecidos. ¿Cuál otra cantaron?

No estábamos preparados para una explosión así, de tal entusiasmo. Entonces Sara nos mira y pregunta, ¿qué hacemos? Lo hace frente al público, porque salimos a saludar. Y el público le gritaba: la misma, la misma; otra vez, otra vez. Hubo que cantar de nuevo *La victoria* y creo que cerramos con *Canción de todos*, de Eduardo Ramos.

Pablito Milanés tuvo un impacto grandísimo, pero la súper estrella de esa actuación fue Sara González. Ya él había hecho la otra gira con Silvio, incluso, los estudiantes se pasaban los casetes en los bolsillos, con canciones revolucionarias que estaban prohibidas. Tal vez la nueva generación ni sabe qué es un casete, es una cajita con una cinta, que se reproducía en una grabadora de sonido.

Sara fue la del súper éxito, pero precisamente por el poder que tenía la gran disquera, dominante de la comercialización de la música, había decidido que la Nueva Trova Cubana eran solamente sus opciones: Pablo y Silvio. A ellos los ubicaron en un reconocimiento público, a nivel de cualquier cantante pop. De modo que quien quisiera escuchar a Sara González, no se la daban, porque no estaba contratada por ellos.

Sara no volvió a cantar en España hasta veinte años más tarde. No era porque Cuba no quería mandarla, ni ningún otro impedimento, sencillamente las disqueras disponían en el mundo de la música. A principios de los noventa, Sara fue con las mujeres trovadoras: Marta Campos, Anabell López y Liuba María Hevia.

Cuando hablamos de las dificultades de ahora, te dices, ciertamente la cosa está difícil; pero para una mujer homosexual, sin la belleza del sentido comercial, la cubana mulata que buscaban los turistas, imponerse con su voz y levantar a 40 000 personas en un estadio, con esa potencia en su voz y esa manera de expresarse, sin ser promovida por las disqueras, es absolutamente impresionante. Ahora hay muchas dificultades, pero no puedes pensar en eso. Hay que hacer la obra, mostrar el corazón, el alma. Romper todas las barreras y llegar a la gente.

Aquí también tuvo obstáculos. La Egrem tampoco la aupaba.

Cuando era un monopolio estatal y no había muchas otras disqueras, sería hasta finales de 1980, era muy importante el criterio de ellos. Sin embargo, tenían directivas que les decían que debían apoyar a los artistas jóvenes.

Recuerdo que cuando hice el grupo ICAIC, en 1985 nos grabaron un disco y no salió, creo hasta el 1994, cuando ya nadie tenía tocadiscos. Era un disco en vinilo y las canciones eran de la década anterior. El corazón, la mente, lo que quería escuchar la juventud no era igual. En los noventa, comenzó el llamado Periodo Especial, lo que querías trasmitir y lo que la gente necesitaba escuchar, era totalmente diferente.

Te dices, bueno, la Egrem nos grabó y les pagaron a los músicos. Incluso, no necesariamente era por «su culpa». Recuerdo en una época, cuando Pablo Milanés grabó un disco mandado a hacer por Casa de las Américas, musicalizando poemas de José Martí, no había 'pasta' —soporte plástico denominado policloruro de vinilo— para hacer los discos. Por lo tanto, no pudo salir en un disco de 33 revoluciones. La Egrem lo sacó en una cajita chiquita, en formato de 45, aunque eran de 33.

Buscaban soluciones, porque la Egrem hizo tres discos dedicados a José Martí. El de Pablo, que prácticamente lo hizo él solo. El de Amaury Pérez, que lo hizo con orquestaciones, donde también trabajé y el de Sara, donde recuerdo sobre todo canciones con arreglos de Leo Brouwer. Incluso, hizo guiños a otras sonoridades como el rock, blues o algo así. Porque José Martí decía, sin recordar exactamente la frase, pero más o menos enunciaba que, cada expresión tiene su lenguaje. Entonces Leo hacía un guiño musical, porque había prejuicios con el rock y el jazz.

Cuando hablamos de la década de 1970, recordemos que había gente con bajo nivel cultural, promovida a cargos de dirección. Intentaban educar al pueblo para entender por qué Estados Unidos se ha vendido como el país que lleva la libertad a través de Hollywood, que no es la que es.

Aquí se trataba de instruir a la gente, de explicarles que aquellos no eran los grandes demócratas, sino un gobierno imperialista. Pero entonces se preguntaban: ¿la música norteamericana es imperialista? Tú les decías: ¡no, no y no! José Martí expresaba:

"injértense nuestras repúblicas en mundo, pero el tronco ha de ser el de nuestras repúblicas".

El pueblo de Estados Unidos no es imperialista, ni enemigo de Cuba. Tenemos historias comunes, como parte de nuestro mundo cultural que es afroamérica. Existe en Cuba, uno de los mejores festivales de jazz, de rock. Es normal ahora, pero no en los años setenta. Es por eso que hacíamos eventos como el «Cuba va», donde incorporábamos las guitarras del rock, básicamente jazz cubano.

En una de esas visitas a Nueva York, escuché a un artista afronorteamericano que hacía unos compases raros, había tocado con Miles Davis. Este guitarrista estaba sonando allí y cuando lo escuché, me dije, 'yo puedo hacer eso, pero con la música cubana'. Una mezcla con buenas letras. En vez de blues y rock, usas el son cubano, guajiras con letras poéticas y eso es lo que estábamos haciendo.

Sara aprendió de todo eso porque era músico, compositora e intérprete. Cuando quieren encerrarla dentro de un límite, te digo, ella era mucho más que eso, más que Nueva Trova. Eso hacíamos y lo hemos logrado en cierta forma.

Ahora la tecnología te permite con una y dos personas en un estudio, hacer cosas impensables. No tienen ni que 'afinar', las computadoras lavan el cerebro con sus recursos. No hace falta ni una disquera para que te escuchen, hay mil formas. Ese bombardeo de la música que se impone, no lo está haciendo una disquera, ni ningún gobierno, es un fenómeno capitalista totalmente.

Me interesa comprender cómo trabajaban en ese taller de creación del GESI y la forma en que Sara se implicó en ello.

Leo Brouwer introdujo una fórmula, a instancias de Alfredo Guevara.

Primero, ¿cómo usted llega allí?

Es que yo tenía un proyecto parecido en la Escuela Nacional de Arte (ENA) donde yo no cabía, porque me interesaba la música popular y allí se enseñaba música clásica.

¿Qué estudiabas en la ENA?

Guitarra clásica, con Isac Nicola y tenía un grupo que se llamaba Los Gallos.

¿En serio?

»Ríe espléndidamente.

Es que había un santiaguero en el grupo y el nombre nos pareció gracioso. Los cubanos querían hacer el rock y yo le insistía que lo realmente interesante, era utilizar la mezcla con la música afrocubana, el son, la rumba y entonces hacer rock, pero basado en eso.

En la escuela de arte, los mejores tamboreros estaban en las clases de danza, adonde yo iba a pasar el tiempo, para verlos, iba a escucharlos. Quería sentir su música, aprender su técnica. Y siempre supe qué era lo más importante, porque la música clásica se podía estudiar en cualquier parte del mundo.

Recuerdo que, en el año 1967, fui con un amigo escritor a un recital en el *Caimán Barbudo*. Allí fue donde escuché a un muchachito que estaba haciendo su primer recital.

¿Cuál muchachito?

Silvio Rodríguez. Después del concierto fuimos a darnos unos traguitos, en casa de un pintor. Para entonces, fui el más joven participante del Encuentro de la Canción Protesta.

¿Qué edad tenías?

Quince años. El evento se inspiró básicamente en una conferencia que había dado mi madre y su esposo, acerca de lo que era la Canción Protesta en Estados Unidos. Aquel encuentro que hizo Casa de las Américas, fue increíble. Jamás se había hecho algo así con gente del mundo entero, que estuvieron reunidos como un mes en Cuba, en La Habana, en Minas del Frío, en Santiago de Cuba. En Varadero, en Isla de la Juventud donde se inauguró la presa Vietnam Heroico, así como en la gran tierra de Maisí, se hizo ese año el acto homenaje al 26 de Julio.

Pero yo era muy precoz y ese mismo año me casé. Como le digo, sucedían muchas cosas con las conexiones humanas. Por ejemplo, el saxofonista y escritor, uno de los grandes de la música cubana, Leonardo Acosta, había tenido una discusión con el administrador de un club, donde él estaba tocando jazz en La Habana. Entonces lo mandaron a la Isla de la Juventud a trabajar en una granja; a ese período, él lo llamaba jocosamente que estaba «becado» en la Isla de la Juventud. Pues, Leonardo caminaba desde la granja donde hacía un «trabajito» como castigo, hasta la Escuela de Arte a descargar jazz, donde conoció a Emiliano Salvador y a otros músicos.

Justamente cuando estaban buscando músicos para el GESI, salió a relucir mi nombre, porque estábamos haciendo las mismas cosas. Y refirieron a Paul, ese muchacho que tiene un grupo en la Escuela de Arte, donde yo también intentaba hacer esa música. Entonces me dijeron que fuera a hablar con Leo Brouwer.

Ya conocía a Leo de los estudios de grabación de Radio Progreso, donde hizo la música-tema del Noticiero de Televisión. Eso era muy gracioso, porque también estaba el tema del músico norteamericano, Federico Smith. Habían dos temas en el noticiero, que te los puedo tararear —lo hace— el de Federico Smith era muy «cubano» y, el de Leo, muy «americano». Las cosas curiosas. Si ves a dos personas, uno con una gorra con la bandera cubana y otro con una bandera norteamericana, puedes decir ¿cuál es el cubano?: el de la gorra de los yanquis. Como dije, cosas curiosas culturalmente hablando.

Y a Sara, ¿cómo la categorizas?

Sara era muy nacionalista.

Pero igualmente, ¿era ecléctica en la música?

Es que todos estábamos escuchando lo que se hacía en el mundo. Apreciábamos el jazz uruguayo, argentino. La nueva canción chilena, no solamente en la cosa folclórica. Todo era muy interesante, por ejemplo, debatíamos mucho con los grupos más folkloristas, ellos nos acusaban de estar «penetrados» culturalmente por los «americanos», porque usábamos guitarra eléctrica. En ese momento no había piano eléctrico.

Yo les respondía, si estuviera haciendo música antes de la Revolución, la hubiera hecho como Carlos Puebla, con guitarra, tres y marímbula. Se supone que la Revolución nos daba la oportunidad de liberarnos y apropiarnos de la cultura universal. Lo dijo Martí, en el siglo XIX. Para nosotros estaba muy claro que queríamos escuchar lo último que estaba sonando y hacer música cubana con eso.

En ello se basaban los arreglos novedosos, sonábamos diferente. Luego hubo gente que se pasaban los casetes nuestros, de mano en mano. Era el modo subversivo de propagar la música en aquella época, incluso en Europa. Llegó al punto cumbre con Silvio Rodríguez en la gira por la patria, que llenaba todas las plazas de Cuba.

Yo siempre digo que cuando llegué a Cuba, escuchaba programas especializados en la radio con música de José Tejedor y Luis Oviedo: «En el albergue con Tejedor», «En la noche con Tejedor» —trasmitidos desde radio Marianao y desde la Coco— Tejedor en la tarde. O «Aires de México», además de otros programas de la música tradicional cubana, entonces tenían a Panchito Ricet, Orlando Contreras y ojalá pusieran más de la música tradicional cubana, de Chapotín y de Miguelito Cuní. No estoy seguro, pero creo que hasta Carlos Puebla tenía su propio programa.

Sin embargo, después que se dejó de hacer el programa *Te doy una canción*, que yo conozca —está «Entre manos»— pero no hubo otro programa específicamente, de uno de los compositores más prolíficos de todos los tiempos de Cuba, como Silvio Rodríguez. Por hablarte de uno solo.

¿Sugiere que haya programas especializados?

No creo que haya muchos especializados en la música de la Nueva Canción cubana o de la Nueva Trova, como se quiera llamar. Recuerdo que hace cuatro o cinco años, Silvio dio un concierto gratuito para cien mil personas en Argentina. Ahora en México una vez más, para cien mil personas. Estamos hablando de un artista que vive en Cuba y no es promovido. Tampoco tiene a nadie que este «vendiéndolo» en esos países y va esa cantidad de gente a verlo. ¿Y en su país no tiene un programa de radio o de televisión? Si lo escuchas, es porque alguien se murió.

Recuerdo que un día iba en el carro y comienzo a escuchar seguido a Silvio en la radio, me dije alguien ha muerto, efectivamente fue el día en que murió —Hugo— Chávez.

Quisiera escuchar tu criterio, acerca del momento en que terminó la Nueva Trova como movimiento. Insertando la participación de Sara en este proceso. ¿Qué significó el MNT para la música cubana?

Mira, hay que ver dos cosas en este sentido. Hace cincuenta años, cuando se creó el movimiento en Manzanillo...

¿Usted estuvo allí?

El Grupo de Experimentación Sonora envió a dos representantes. No, no estuve y como grupo, nos opusimos a que se formara un Movimiento de la Nueva Trova. Porque la Trova y la Nueva, es solo una parte de lo que nosotros proponíamos, que era una nueva cultura musical en todos los aspectos. Era evidente.

Recuerdo antes de que entrara Sara al grupo, muy raramente íbamos con Pablo, Silvio y Noel a fiestas de los sindicatos, donde nos invitaran a cantar. En esas ocasiones, la reacción de los trabajadores era de extrañeza, porque lo que querían era tomar cervezas y bailar con la Aragón o algún grupo más tradicional. Pero eso de oír canciones sobre lo que pasaba en Vietnam, por citar un tema… sin embargo, había muchos jóvenes haciendo canciones por todo el país, sin mucho apoyo de la radio o de la televisión.

Entonces una organización que se propuso ser la vanguardia, la UJC dijo: «vamos a apoyar ese movimiento». Es un hecho súper positivo. Aunque creo que estaba limitado, porque debían haber abrazado el rock and roll, el jazz, el rap y toda la música que se estaba haciendo. Los más abiertamente revolucionarios y políticos o los que culturalmente estaban planteándose hacer cosas que necesitábamos cambiar.

Una canción emblemática acerca de lo que estoy diciendo y un trovador que para mí es ejemplar y vigente, es Tony Ávila. Escuchen la canción *Mi casa.cu*, está hablando de que en mi casa hace falta cambiar cosas. Toda la vida eso va a ser cierto. El utópico, mientras más se acerca al horizonte, más se aleja de éste. Entonces, si tú propones un mundo mejor, nunca estarás satisfecho.

¿Habla de las canciones complacientes?

Sí, no puedes hablar de que todo está bueno. Aunque —ríe— el programa Cuerda viva que dice exactamente eso: «Que bueno esta esto».

Lo que resulta irónico en el contexto que cita.

Precisamente, ellos están proponiendo algo alternativo, que puede disfrutarse. Eso es una de las cosas importantes de lo que queríamos hacer, a diferencia de canción política en otros momentos más dramáticos. Por ejemplo, en Chile, Argentina, España cuando había dictadura fascista. O en la Alemania nazi, la Gran Guerra Patria en la Unión Soviética.

Pero nosotros teníamos el hecho de que hubo una victoria sobre la dictadura, al triunfo de la Revolución. Hay que recordar que el jefe de la Revolución, sin ser artista se reunió con los intelectuales cuando él tenía treinta y cinco años. La discusión fue genial. Y la gente solo recuerda una frase: *dentro de la Revolución todo y contra la Revolución nada.*

Yo dije, esto quiere decir que todo lo que a nosotros se nos ocurra como jóvenes rebeldes y revolucionarios, es lo que va. Aunque venga un burócrata dirigente o un «cuadrao» y diga eso no va o está prohibido, nosotros tenemos que decirle: «eso dices tú, porque va dentro de la Revolución y tú no. Y eso es lo que va».

Excelente interpretación.

Entonces, empezamos a hacer las cosas así. La Egrem llamó al GESI, en el momento en que, sin ninguna difusión, sin anunciarnos, la gente rompía la puerta del teatro para entrar a vernos y se pasaban las canciones, se las sabían. Había un furor para vernos y nos llamaron para hacer dos discos de vinilo.

Ellos proponían, una cara del disco con Silvio, la otra cara con Pablo, una cara del disco con Noel y la otra cara con los otros cinco compositores. Nuestros conciertos, siempre tratamos de hacerlos democráticos, una o dos canciones por cabeza, pero los ocho compositores estábamos representados.

Comenzamos a grabar. Habitualmente lo hacíamos en el ICAIC, aunque el estudio estaba en candela, o sea, en la Egrem había mejores condiciones. Pero qué pasa, en esa época el director de la Egrem cambiaba constantemente, porque cometía algún error, lo tronaban o lo promovían, quien sabe por qué. El asunto es que a cada rato el director era nuevo. La gente del grupo y sobre todo los compositores más prolíficos, habían perdido el interés en el proyecto de los discos; pero yo tenía mucha conciencia de la importancia de hacerlo.

Pasamos mucho trabajo para conocer el contenido de las grabaciones de las épocas anteriores a nosotros. En ese tiempo los discos más progresistas, los mejores y los más revolucionarios, eran de gente pobre, muchos de los cuales no trascendían en el tiempo. Los discos eran frágiles y no sobrevivían. Los sones de Miguelito Cuní, las canciones de Bienvenido Julián Gutiérrez, de Chucho, el jazz cubano, Juanito Márquez, los súper danzones de Cachao. Entonces dije, debemos prestar atención a los discos.

Teníamos muchas grabaciones hechas, pero había que organizarlas. Produje un disco para una disquera independiente y revolucionaria de los EUA. Este proyecto lo hizo mi madre y su esposo, como un resultado de los acuerdos del Encuentro de la Canción Protesta, se llamaba Paredón Records. Entonces cuando yo veo que la Egrem abre un 'tín' la puerta, por ahí me cuelo.

Organicé los discos, porque yo llevaba los proyectos pensando en cómo darles una participación a los ocho compositores, cómo enlazar las canciones. Hicimos un plan de mercadeo con las canciones más novedosas, después un disco con las canciones —quizá— no más candentes, pero se vendería a 'costillas' del anterior. El cuarto sería el de los grandes éxitos. El quinto disco, se conformaría con los temas de películas y el sexto, con el contenido más experimental.

Muy buenas ideas. ¿Y las aceptaron?

Bueno, cuando llegué a la Egrem, ya no estaba el director anterior. Me preguntaban: ¿y estos proyectos? Yo les dije que los aprobó el otro. En ese momento no se pagaba nada, ni al productor, ni el Derecho de Autor, ni nada. Todo eso era, como muy adelantado para los tiempos.

¿Entonces se hicieron los discos?

Se hicieron los discos, formamos parte de la historia. Tengo el placer de que cuando mi hijo estaba estudiando música en la Escuela de Arte, le enseñaron Música Popular Contemporánea y esos discos formaban parte del currículo.

Después la Egrem sacó unos CD y aunque los discos anteriores dicen, productor Pablo Menéndez, buscaron otro productor, un trovador que estaba más en la compota de la producción. El deshizo lo que yo había hecho y produjo cuatro CD, como él lo entendió. Por cuestión técnica, no se digitalizaron bien, entonces escuchas un semitono más agudo y más rápido, *¡Cuba vaaaa!*

Otra cosa es, que se revolucionó el asunto de las portadas de los discos. Es que yo venía de EE.UU. con portadas psicodélicas, en San Francisco existía un movimiento de diseño muy creativo.

Para entonces la Egrem consideraba que las portadas eran, una guitarra, un sombrero de yarey y dos maracas. En los créditos ponían el título de la canción, a veces el autor y qué ritmo se bailaba. Entonces les dije que no era así, sino: título, autor, arreglista, integrantes. Esa fue la primera vez que, en Cuba, salieron correctamente los créditos y con portadas de los jóvenes artistas, muchos de los cuales habían sido amigos míos en el albergue de la Escuela de Arte.

El diseñador fue tan revolucionario y atractivo, que botaron a todos los demás y lo dejaron al frente. Pero empezó a hacer discos para grandes estrellas y dejó los dos últimos discos nuestros, el cinco y el seis, en manos de otro diseñador, por eso salieron muy diferentes.

¿Fueron los únicos discos del GESI?

Bueno, hay que decir que, sin consultarnos, el primero de esos discos fue una colección de canciones que les habíamos regalado a una delegación de la Federación de Mujeres Cubanas, que fueron en 1972 a un congreso en Chile. Eran canciones para un evento, algunas eran de un trovador con una guitarra, por ejemplo.

Y el disco doble de la gira en el Teatro Monumental de Madrid, más una serie de distintos discos piratas que salieron en Venezuela, Uruguay, Chile, a partir de grabaciones que se llevaban la gente que se iban del ICAIC y sacaban los discos sin contar con nosotros. El disco que hizo «paredón» en Estados Unidos, antes de llegar Sara al grupo. Esa era la discografía de nosotros.

¿Hasta qué año estuvieron juntos?

El grupo tuvo sus últimas actuaciones por un acuerdo muy 'sangreado', para el Primer Festival Mundial de la Juventud que se hizo aquí.

En 1978, el onceno festival.

Sí, fue después de la gira a Europa por la jornada de la cultura cubana en Bulgaria y Polonia. Luego la gira como GESI en 1976, que la Egrem sacó como «de la Nueva Trova» en España. Y también aquel viaje que hicimos por la UJC a Checoslovaquia. Igualmente fuimos con una delegación de la Nueva Trova, en esa oportunidad Silvio cantó con nosotros, aunque ya no era del GESI. Pablo y Sara, sí eran del grupo y tenían sus espacios como solistas. Ahí estuvo Chispa —Freddy Laborí—, Augusto Blanca, Miriam Ramos y el grupo Manguaré. Al final del concierto, todos juntos con el GESI, terminaban con la *Canción por la unidad Latinoamericana*.

De ahí fuimos a una gira por la República Democrática Alemana. Pablo —Milanés— quien ya era una estrella en el área hispana, regresó porque estaba enfermo. Sara asumió toda esa gira. Ya ella había ido a Angola con el grupo Manguaré y tenía otras ofertas, incluso, como solista, ella tenía una proyección artística. Empezó a ver todos los problemas que tenía el grupo, para mantenerlos unidos con sus contradicciones.

¿Así comenzó a disolverse?

Se fue disolviendo. Porque la gente necesitaba a los cantantes. Uno de los jazzistas fundamentales era Emiliano Salvador, que se encontraba junto a Eduardo Ramos en el grupo acompañante de

Pablito. Sergio Vitier estaba haciendo música para cine, ya no se hallaba en el Grupo. Quedábamos el percusionista, el saxofonista y yo, que no era el más prolífico de los compositores. No tenía mucho sentido mantenerlo.

¿En los discos que mencionó de la Egrem, participó Sara?

Sí. Como productor traté de incorporar a todos los compositores e incluí a Sara. Incluso, el ICAIC sacó unos discos de vinilo por el XX Aniversario, para conformarlos no contaron conmigo y le pusieron un afiche de cine como portada. Cometieron el error de poner que Sara había entrado antes que yo al grupo, cuando fue al revés. Silvio dijo que él tenía carné del ICAIC desde abril de 1969. Yo entré al grupo en enero de 1970. Los demás fueron entrando poco a poco y Sara en 1972.

Usted participó recientemente en homenajes por el cincuenta aniversario del grupo. ¿Qué experiencias resaltaron?

Esa caricatura que ves ahí, quedó con el sello de Juan Padrón y fue puesta en el segundo piso del ICAIC por donde no pasa nadie, pero es donde nosotros ensayábamos y recibíamos las clases.

La fórmula de Leo Brouwer, fue que estudiáramos la técnica musical, la historia universal de la música y aprendiéramos muy afanosamente lo que estaba sucediendo en el mundo musical latinoamericano, europeo y norteamericano. Por ejemplo, oíamos lo último del jazz.

La cosa es que, cuando a veces el ICAIC nos llamaba para una película, ya Alfredo —Guevara— nos había dicho que no teníamos obligación de trabajar para una película, sino que el director debía enamorarnos. Así hicimos mucha música para el cine. Trabajábamos a marcha forzada para entregar la música de 'equis' película, que se debía entregar en cuestión de días. Algunas casi eran musicales.

También hacíamos música de otros compositores y creamos lo que se llama, 'un stop' de música para cine. Teníamos el uso de un estudio rudimentario, pero con la técnica apropiada para el trabajo. Los músicos dirigían sus propias composiciones. No recuerdo que Sara haya dirigido alguna sesión como músico. Ella se apoyaba mucho en mí. Luego en Eduardo Ramos, en Sergio Vitier. Hizo fragmentos de los versos de Martí, a los ocho estudiantes de medicina. Pero las canciones que Sara hacía por encargo, nosotros nos mandábamos a correr y le hacíamos los arreglos.

¿Cuáles, por ejemplo?

Hicimos los arreglos de la canción *Qué dice usted.* También *De padres a hijos* para la película *No tenemos derecho a esperar.* El primer disco de Sara cuando estábamos en el grupo ICAIC, fue la grabación del disco sobre José Martí. Incluso, hubo una foto en la puerta del cine 23 y 12, antes de hacer la gira para España. El productor iba a ser el compositor y arreglista Tony Pinelli, pero el día antes se fajaron él y Sara. Yo había cuadrado uno de los arreglos con la influencia del jazz, de lo que estaba haciendo Edy Palmieri con una sonoridad muy moderna.

Para la canción *Son de Cuba a Puerto Rico*, de Pablito Milanés, era la primera vez que yo iba a hacer un arreglo para un conjunto de ese formato y escuchaba unas cosas raras, por lo que consulté con mi amigo, que había dirigido las sesiones legendarias de Areíto. Fue parte del panorama musical de la orquesta Arcaño y sus Maravillas, La Riverside, la de Jorrín, entre otras, se trataba de Rubén González.

Rubén me explicó todo lo que tenía que saber sobre la clave, me dio una clase. Hay un momento de la canción, que era solo con guitarra y tuvimos que enderezar eso en el arreglo para saxofón. Quien dirigía la Egrem era un gran músico, pero por mecanicismos, pensando en un formato de conjunto, citó a cuatro trompetistas. Entonces yo toqué el trombón. Por suerte había pistas y se resolvió en la grabación, con trombón bajo, saxofón barítono; bueno más o menos se hizo, pero no como soñé que sonara.

¿Pero antes la cantó Pablo?

No en un disco. *Son de Cuba a Puerto Rico* fue Sara la primera que la grabó. Hay otra canción de ella, titulada *Dame más* y te mencioné una canción que quería hacer, *Querida vieja*; hasta la acompañé en la televisión.

Este tiempo es difícil de recordar, porque yo estaba en el grupo de jazz Sonido Contemporáneo de Nicolás Reynoso, también estaba en el grupo Síntesis, apoyaba desde antes al cuarteto Tema Cuatro y a Sara en todas sus andanzas, antes de tener a Guaicán.

Igualmente, cuando ella se presentó al Concurso de Música Adolfo Guzmán, con la canción *La guitarra*, de Amaury Pérez. Yo tengo un arreglito y un solo de guitarra. Fue precisamente en esa actuación, que un técnico me dice: «oye Pablo, tú deberías tener tu propio grupo» y creo que se me ocurrió por primera vez; así comenzó Mezcla con quien llevo cuarenta años.

No podría tener otro nombre mejor.

»Sonríe, silencioso, casi melancólicamente.

Sara y yo siempre tuvimos mucha cercanía e identificación. Muchos años más tarde, ella hizo un concierto homenaje al GESI, pero coincidió con un concierto que teníamos en Europa y por eso muy lamentablemente, no estuve.

A los cincuenta años del GESI, quise organizar un concierto con gente muy jóvenes y desconocidas como intérpretes, deseaba dar la idea de la continuidad. Posiblemente por no escoger a las estrellas del momento, no se hizo ese concierto, pero se realizaron homenajes en la Fábrica de Arte Cubano (FAC), en Festival del Jazz, un panel y otros en el ICAIC. En ese momento la cinemateca estaba en reparación, quizá para el sesenta aniversario… si estamos vivos.

En el cincuenta aniversario del GESI nos dimos cuenta de que quedamos vivos: Silvio Rodríguez, Pablo Milanés, Jerónimo Labrada, uno de los grabadores y Leo Brouwer, el director original que estuvo involucrado en los primeros dos años y yo.

¿Cómo valoras el trabajo musical posterior al GESI, incluyendo a Sara?

Mira, siempre tuve el deseo de promover festivales para unir a la gente. La música cubana es diferente a todo el «boom» de la salsa. A finales de los ochenta, yo quería hacer un concierto para exponernos todos. Porque Sergio Vitier tenía a su grupo Oru, Emiliano con el grupo de Jazz. Pablo con su grupo donde estaba Eduardo Ramos. Silvio, a Afrocuba; Pablo tiene Mezcla, todos con aspectos diferentes y maneras de hacer. Sara con el grupo Guaicán y su excelente trabajo. Todos florecimos por separado, a diferencia de otras emblemáticas agrupaciones como Los Beatles, que nunca se reunieron los cuatro.

¿No pudiste hacer ese evento?

Lamento que no se pudo hacer. Nos hemos sentido parte de una corriente, de una manera de hacer, las mismas ansias de mejorar el mundo. Nunca he visto a nadie en competencia. Aplaudo sus éxitos y ojalá que pueda ser recíproco, ese amor y apoyo. Como quiera que sea, este grupo tan fecundo ha dado artistas de tan grandes aportes a la cultura universal, como el caso de Silvio Rodríguez, que ha llenado una plaza de un país como México, donde él nunca se presenta, ni ninguna compañía lo apoya para llenar la plaza mayor, con cien mil personas. Como puede ser otro menos conocido, no tan prolíficos, como podría ser yo, pero estamos todos por lo mismo.

Pienso que no se trata de lo que sería la versión capitalista, de vender a una persona brillante. El mensaje para el público también es diferente. Sara tiene una canción que expresa exactamente eso: *Amor de millones*. Ella siempre fue modesta. A pesar de su personalidad desbordante, nunca se creyó superior. En el buen sentido, se veía como una músico, una trabajadora. Era una persona muy linda y también tenía gente endiosándola, pero ella siempre era Sara, llena de simpatía natural.

¿Tuviste relación con Sara hasta el final de sus días?

Mira sí, yo creo que son distintas casualidades. Lucia Huergo, quien era su amiga e integrante del grupo Mezcla, iba a ser parte del homenaje en el treinta aniversario del grupo, previó tocar en el concierto y murió como seis días antes.

En el caso de Sara, coincidíamos en descargas en casa de Lucia, aunque no compartiéramos tanto el escenario. Con lo mucho que nos gustaba, ya rara vez tenemos artistas invitados, porque todos tienen tantas cosas que hacer.

Cuando se hizo el taller en la Uneac, un brillante intelectual como Abel Prieto, tuvo recuerdos de anécdotas humanas, jocosas. De esas con Sara, tendría un millón. Muchos recuerdos graciosos, desbordantes. Pero la gente que han vivido con uno, siempre están ahí. Me gusta mucho como dicen los revolucionarios, Sara González: presente. Está aquí.

Debería escribir su propia historia en Cuba, tienes unas vivencias y perspectivas muy agudas.

Es que comencé a viajar desde muy joven, cuando muy pocos artistas lo hacían. Llegaba a lugares donde había mucha avidez, preguntando sobre Cuba. Me acribillaban con interrogaciones. No había videos, ni comunicación. Aquí gastábamos los discos de ellos y probábamos, nos imaginábamos todo.

Pero entonces, cuando llegué a Nueva York, encontré a gente que estaba haciendo exactamente lo mismo que nosotros, con grabaciones que le llegaban desde aquí. Me hacían preguntas precisas sobre la música que escuchaban en los discos o casetes. Por ejemplo, mi mamá, quien fue una de las primeras artistas que vino y grabó aquí junto a los Muñequitos de Matanzas. Para mí, era el mismo interés conque nosotros escuchábamos el rock norteamericano e inglés.

Nos formamos compartiendo con los mejores músicos cubanos y nos parecía normal aquello. Para ellos, estuvimos al lado de las leyendas de la música cubana.

¿Tempranamente comienzas a reflexionar sobre eso?

Desde mi juventud, comencé a ver la música cubana de otra manera. En todos los géneros y todos los estilos he compartido: escenarios, ómnibus, una cola para cobrar en la empresa, con figuras emblemáticas. Convivía con esas personas, por ejemplo, Carlos Puebla. Cuando mi madre llegó por primera vez a Cuba, él le enseñó una canción de Eduardo Saborit: *Cuba que linda es Cuba*. En cualquier lugar de la isla, las personas comenzaban a aplaudir cuando llegaba la parte de: *y un Fidel que vibra en las montañas*.

Ahora observo todos los estilos musicales que Cubavisión está exhibiendo, en ese fragmento que interpretan con esa canción. Me parece increíble. Cómo es posible esa riqueza musical en Cuba, un país bloqueado, víctima de un genocidio. Lo hacen para que estemos desesperados y los artistas siguen creando con esa vitalidad, diversidad y calidad.

Cuando llegué, comenzamos hablando de ello, acerca de su asombro por la calidad de la música que se ha producido en Cuba, en este tiempo pandémico.

Hace dos días, caminando por el barrio, paré en la casa de unos amigos, con quienes trabajé antes. Me pusieron una versión sinfónica de su música. Fui uno de los promotores de que se hiciera esa música afrocubana, con arreglos de rock. Escuché algunas canciones de *Ancestros*.

¡Del grupo Síntesis!

Eso es un monumento universal. No hay nada en los Granmy, ni en los premios de lo que sea en cualquier parte del mundo, que tenga ese nivel artístico, esa calidad. Y ahí están esos vecinitos míos, para no ir más lejos.

La lista de músicos cubanos salidos de las escuelas de arte, es inmensa. Aunque no tienen cátedra de Jazz, te pudiera nombrar a treinta músicos pianistas de jazz de calidad mundial, cuando hace cincuenta años atrás, había uno conocido y dos o tres no reconocidos. Veinte de ellos, diría que viven en Cuba. ¿En qué otro país del mundo puedes hablar de algo así? Si vas a Estados Unidos, en el centro del mundo, en Nueva York, te encuentras músicos de todos los países, trabajando en lo que sea y haciendo música como pueden. Te estoy hablando de una isla de once millones de personas, con músicos de nivel internacional.

Esta conversación me encanta. Pero me aburre el reguetón, las conversaciones de todo el mundo sobre el pollo o el picadillo y, como todo el mundo, ahora tengo que ir para la cola.

Pablo Meléndez posa junto a la autora del libro.

SI ME PREGUNTAS CÓMO DEBE SER UN MÚSICO, TE DIRÍA, COMO SARA

PANCHO AMAT

Pancho Amat llega con esa energía que entra a escena. Qué bueno, porque este día me había sucedido de todo y con la luz con que entró a aquella oficina de la Uneac, de inmediato emitió una recarga de ánimo. Le explico el interés del libro, dialogamos un buen rato y antes de terminar, responde:

»Esto que estas escribiendo, puede tener también… —levanta la mirada y piensa sin prisa— un comunicado «underground», un subtexto. Todas estas reflexiones, la inmensa mayoría de estos criterios, las opiniones acerca de Sara, fueron tomadas a partir de meditaciones que han hecho quienes te están dando los criterios, en torno a qué hay que hacer con la música. Entonces, lo que haces tiene un valor agregado, cuidado y no se vaya por encima de lo que parece, y el que te lea, se vaya con la reflexión. A mí no me interesa que la gente haga lo que dijo yo, a mí lo que me interesa es que se preocupe. Y que yo le meta el diablo en el cuerpo, cuando le trasmita lo que para mí es una verdad. No la tomes como tuya, pero medítala.

O como dice un admirado teatrista, el arte es perturbador o no lo es.

Y más en estos momentos, que a través de las redes abunda la idiotez. Sara me prestó un libro en el Periodo Especial, que para mí ha sido fundamental: *Las venas abiertas de América Latina.*

De Eduardo Galeano. Pero eso sí lo hizo para perturbarte.

Con una carcajada simultánea terminó esta entrevista, que ahora comienza así, cuando Pancho Amat se quita el sombrero.

Podríamos comenzar en su propia incursión por la música y hablar del tiempo de Manguaré, porque ese no me lo ha contado nadie.

Siempre sentí afición por la música, era mi sueño. Pero con los avatares de la vida, matriculé en el Instituto Pedagógico Enrique José Varona y comencé a estudiar una carrera profesoral de Física y Química.

Por aquello de que 'la cabra siempre tira pal monte', a los seis meses ya estaba encargado de la cultura en mi año, ante la Federación de Estudiantes Universitarios.

¿De dónde es usted?

De Güira de Melena. Y aunque ya estaba en la carrera profesoral, en ese momento había calculado que mi pasatiempo iba a ser la música.

¿Terminó la carrera universitaria? Es que siempre me resulta impresionante el vínculo entre la ciencia y la música.

Esa carrera la terminé, porque me gustan las ciencias. Si hubiera sabido que la incursión por la música no estaba perdida, quizá hubiera estudiado español-inglés.

¿En qué año se graduó?

En 1971, que es cuando visita a Cuba el grupo chileno Quilapayún. Yo organicé unos conciertos en el pedagógico. En otro momento, el grupo folclórico chileno hace una presentación en la que participa Fidel; es cuando los integrantes le manifiestan su interés en aprender más de la música cubana, con sus instrumentos típicos. Ya ellos habían montado canciones de Carlos Puebla e hicieron una versión de *La batea*, de los hermanos Bravo. Era una parodia adaptada a la situación chilena.

Los jóvenes músicos chilenos le dicen a Fidel que, por el bloqueo, apenas les llega nuestra música y Fidel les responde, que sucedía igual a la inversa. Entonces les propone que nos ayuden a hacer un grupo para interpretar en Cuba, la música latinoamericana.

Así surge la idea. Se hizo una selección de jóvenes de la Columna Juvenil del Centenario, de las Escuelas de Arte y de la Universidad y ahí fui elegido.

¿Entonces, ya estabas dentro de la música en el pedagógico?

Sí, como aficionado. Hacíamos música latinoamericana, porque unos muchachos de la universidad, habían ido a Chile a trabajar en la construcción de un parque donde pondrían un busto de José Martí y nos trajeron dos casetes con música del Sur.

Hicimos un grupito donde estaba Pedro, el flautista de Moncada, alumno del pedagógico. Juliancito Fernández, después tocaba el tres en Moncada y yo.

Como la situación en Chile se hallaba bastante efervescente, los grupos chilenos que tenían a su cargo el asesoramiento musical, piden a las instituciones cubanas, que envíen a los músicos cubanos para Chile, porque se les hacía difícil separarse de lo que acontecía allí. En ese momento hacían cultura de barricada, muchas presentaciones por los barrios, a donde nos incorporamos nosotros también. Así comienza mi vinculación directa con la música.

¿En qué año es ese viaje a Chile?

Septiembre de 1971. Estuvimos hasta abril de 1972, cuando regresamos para participar en el Congreso de la Juventud y con nosotros viene el grupo Inti-Ilimani. Ellos también fueron nuestros profesores en Chile, igual que Isabel Parra-Chavela y Víctor Jara.

Estamos hablando de los que devinieron clásicos. ¿Qué tan cerca de Víctor Jara?

La primera vez que entré a una grabación, lo hice junto a Víctor Jara. Cuando llevaba allí, tres o cuatro meses, ya dominaba los instrumentos sudamericanos. Víctor grababa cada quince días, su música para el Canal Siete de la Televisión estatal, que sigue siendo nacional. Él grababa unos pequeños fragmentos musicales, para poner entre programas. Lo hacía con un perrito, que salía dando consejos de ética a la ciudadanía. También había mensajes para los niños. Víctor lo concebía con música que sonaba para el mundo hispano parlante americano, no solo para el chileno. Eso lo hicimos muchas veces, yo tocaba el tres y otros instrumentos. Es que Víctor Jara estudió Teatrología.

Sí, vino aquí con ese interés. Era poeta, cantautor y director teatral, ¿cómo influyó en ti, particularmente?

Puedo decir que, lo más importante que aprendí con Víctor Jara, fue qué hacer con la música. No solo cómo hacer la música.

¿El concepto? El mejor instrumento para trasmitir valores.

Sí, porque cómo hacerla, me enseñaban mis profesores de charango; pero Víctor me decía, esto hacerlo así o 'asao'. El orden en que colocas las canciones. Me enseñó a valorar qué tú dices. Qué proponerle al auditorio. A tal público, tal programa. Porque Víctor Jara era un hombre del mundo del teatro y eso me ha servido hasta hoy.

Imagino que fue muy importante también, porque en ese momento te estabas formando como músico.

Así es. La última vez que viene Víctor a Cuba, fui a saludarlo al camerino. Cuando llego, me dice entra para acá, quiero que me ayudes, porque estoy organizando el orden del programa. Lo leo y le comento, es que son las mismas que cantas en todas partes.

Y me responde: «sí, pero una cosa es Cuba y otra es Argentina». Él tenía una canción que se llamaba *Samba al Che* y agregó a su argumento: «por ejemplo, allá tengo que ver en qué lugar coloco esa canción, porque debo explicarles a los argentinos la estatura del Che Guevara. En Cuba, ¿tú crees que le tengo que explicarle eso a los cubanos? Aquella canción de *Las casitas del barrio alto*, de cómo vivía la burguesía chilena inculta, y los cubanos que son de risa y carcajadas, no les tengo que explicar; porque entienden bien la ironía y tienen sentido del humor. Entonces si pongo eso en el medio, cuando empiecen a reírse, no puedo poner la Samba al Che».

Pensaba en la dramaturgia.

Exactamente. Entonces me doy cuenta, que lo que me dijo en Santiago de Chile, se lo aplicaba él mismo, personalmente.

¿Cuándo coincides con Sara González?

Después de esos inicios mientras estamos trabajando, en 1972 coincido con Sara. Exactamente, cuando se constituye el movimiento de la Nueva Trova en Manzanillo, para el 2 de diciembre de 1972.

¿Cómo seleccionaron a los jóvenes para ese momento de la constitución?

Se seleccionaron por la obra hecha. Ya había trovadores por todo el país y escasamente se conocían unos a otros. Por ejemplo, Miguelito Escalona, de Camagüey, Augusto Blanca de Banes, por cierto, fue uno de los seleccionados para Chile y no aceptó porque le gustaba el trabajo solitario de la trova.

A partir de obra conocida: Noel, Silvio, Pablo. Recordemos a los que habían participado al calor del Encuentro Internacional de la Canción Protesta, celebrado en 1967 en Casa de las Américas. También a varios grupos que existían y muchos trovadores; por ejemplo, Vicente Feliú, Lázaro García de Cienfuegos, Adolfito Costales, Ramiro Gutiérrez de Holguín, un dúo de Manzanillo. Los muchachos de Nuestra América, de Matanzas, Los Cañas, entre otros.

¿Contaron con mujeres trovadoras?

Déjame pensar… Sara González, Dolores Márquez —Loli— de Nuestra América, Matanzas; Maggie Mateo que componía también y una muchacha de Pinar del Rio, pero que se vinculó después. En fin, allí conozco a Sara, con la que seguí coincidiendo en eventos de la UJC. En el teatro de la CTC, donde Sara González estrena, junto a un grupo de músicos talentosos, *La victoria.* En 1975 nos convocan a un festival en Italia del periódico *L'Unitá.* Allá fuimos Sara, Augusto Blanca y Manguaré. En esa ocasión, para acompañar a Sara con Manguaré, hice versiones de sus canciones: *La victoria*, *Cuando miro tus ojos* y a partir de aquí, comenzamos a trabajar juntos. Más que una relación profesional, surgió una hermandad, lo cual era muy fácil de hacer con ella, porque era de corazón abierto. También era fácil romper la relación con ella.

¿Por qué?

Muy intensa y vertical. Ahora bien, la amistad con Sara González era de un cariño a toda prueba. Si Sara te quería, sabía que eso era, pie en tierra contigo. Ella era capaz de decirte las palabras más emocionantes, con las que te sacaba las lágrimas, como también era capaz de decirte su opinión, te callera bien o mal; como tienen que ser los amigos. Su opinión crítica siempre te la decía abiertamente, sin ambages, sin tapujos. Coincidimos en muchas cosas y desde entonces fue la hermana que yo no tuve.

¿Cuál fue la reacción con un público foráneo, en ese primer encuentro?
No conocían nuestra música, ni a nosotros y además cantábamos en español. Inicialmente se le hacía una presentación al tema, describiendo de qué iba el contenido de la canción; pero cuando tú cantas *La victoria*, con la emoción que le imprimía Sara, el público se ponía de pie. Siempre la aplaudían cuando entonaba aquella parte de: *Canto y llanto de la tierra, canto y llanto de la gloria.*

Hay personas que tienen gran volumen para cantar, pero eso no quiere decir que tengan mucha intensidad, aunque parezca una paradoja. Ya lo dijo Antonio Machado, *desdeño la romanza de los tenores huecos.* Y ahí te digo, la virtud fundamental de Sara como intérprete, era su capacidad de trasmitir emociones.

Italia, 1976. Sara con algunos miembros del Grupo Manguaré.

¿Cómo continuó la relación musical de Manguaré con Sara?

Después hicimos múltiples representaciones en Cuba y en el extranjero. Ella era casi, un Manguaré más. En lo personal, yo participé en muchos de sus discos. Recuerdo el que hizo con los versos de José Martí, trabajé muchísimo con ella. Incluso, la ayudé un poco a organizar la estructura de las canciones.

No había mucho tiempo para ello. Entonces llegaba y te preguntaba: ¿Gordo, que tú crees de esto o aquello? O decía, voy corriendo a ver a Pablo, para preguntarle esto. Al otro día venía con ideas. Al final, imagínate la magia de ella para cerrar capítulos. Era buena en eso de tomar ideas de cada uno, buscando luces; pero al final, la iluminación era ella.

Varios músicos afirman, que ella logró hacer canciones con esos poemas y que no eran como otros 'poemas musicalizados'.

Sí. Y te dijo más. Hay una canción que Sara tiene a partir de las palabras de Fidel en el alegato de su defensa del Moncada. La tituló *El Programa del Moncada*: «la justicia envilecida, pudo acusar con palabras, sangre del corazón y de la verdad entraña». Yo te voy a proponer que te las leas, para que entiendas que es pura prosa y te preguntes cómo pudo musicalizarlo. Cuando escuchas este texto hecho canción, dices, cuál fue escrito y para qué. La letra y la música o la música y la letra. Es impresionante.

Ponerle música a una décima, es poca gracia: taroriro, taroriro, taroriro, rirorá. Los versos octosílabos y la métrica, ya de por sí tienen ritmo. Son musicales. Pero de un alegato en un juicio, sacar una canción. Los de Martí, son versos convertidos en canciones.

También podría apreciar la dificultad de los versos de Martí, sobre todo en la pronunciación de palabras muy complejas, que no se pueden declinar para cantarlas.

Tienes que hacerlas coincidir.

Pero eso debe ser muy difícil de interpretar.

Sí. Entre otras cosas, hacer que coincida el acento prosódico con el acento musical. Y tienes que lograr que aquello tenga estructura de canción. Lo que redondeaba todo eso, era el talento de Sara. Lo otro, es que Sara fue un músico de la cultura. Puede parecer llover sobre mojado y no es así. A veces algunos músicos son formidables en el control del género que hacen, pero no precisamente tienen un acervo cultural.

Para Sara no había límites, ella devoraba toda la cultura. Todos recordamos aquellos apagones del Período Especial. Me llamó y me preguntó, qué estás haciendo. Le respondo, estoy en mi casa porque no hay guaguas, ando en bicicleta y cuando se va la luz, no hay ascensor, entonces tengo que subirla a donde vivo, que es un séptimo piso. Me respondió: lee. Me entregó cinco libros. Yo floté con aquello, porque estaba deprimido.

Para alimentar el espíritu.

Exactamente, volví a la lectura. El enfoque de la obra de Sara, de su figura y su legado, se pueden ver desde muchas aristas. Sara es un diamante con mucho pulimento. Un diamante vale más en la medida que tenga más aristas, esa era Sara.

¿Qué apreciación tienes de ella como músico?

Lo primero y más importante, es que fue la mujer-músico más desprejuiciada del mundo. Es más, si me preguntas cómo debe ser un músico, te diría, como Sara.

¿Por qué? ¿Acaso por su apertura para asimilar estilos?

Sí, sí. Date cuenta de que Sara hacía aquellas canciones de Martí, viniendo de un conservatorio. Trabajaba con jazzistas en el GESI, también con Pepe Ordaz, sonero de Guaicán. Su último grupo fue con Pucho López.

En la canción *Amor de millones*, tiene una frase por el medio, en que ella llevaba un fraseo al unísono con el tres. Y yo decía: «a un sonero no se le ocurre eso», porque tiene otros recursos para utilizar, antes de usar eso. Entonces, Sara te sorprendía. Ella tenía mucha información musical, escuchaba de todo. Simone, Ellis

Regina, la música brasileña. Era íntima amiga de Miguelito Cuní, le gustaba el Son de victrola.

Mira, le hice una producción musical para un disco y cantó con Compay Segundo. Resulta que lo conocía, además porque Compay fue tabaquero junto con su padre. Pero también en el disco estaba Pedrito Calvo; ella tenía una mirada muy amplia para la música.

Supongo, luchó con el estigma del encasillamiento.

Claro, pero te voy a decir algo. Todo el mundo sabía quién era Sara a la hora de sacar la bandera. Si había un día para eso, entre quienes te pasaran por la mente, entre las personas ideales, estaba Sara. Lo mismo en un festival del Son, de bolero, de canciones, también Sara te pasaba por la mente. Eso es impresionante y muy interesante, teniendo la visión de ser una cantante épica, de dar esa imagen aplastante para con ella misma, me atrevo a decirte que ella no se propuso que no la encasillaran. Ella era como era. Y después salía cantando con los Van Van.

Lo hizo con el Conjunto Nacional de Espectáculos.

¡Con Virulo! Imagínate tú, haciendo chistes. ¡Porque tenía una gracia! Ella se sentaba a conversar contigo y era un chiste tras otro. Un día, se tenía que operar de la cadera, ya estaba con sus dolencias y la habían mandado a rebajar. Me llama a su casa; Diana la trae, la coloca en su silla y la deja ahí conmigo. Sara me dice, ponme un disco bajito, mientras conversamos. Y cuando lo voy a poner, la veo que mira hacia los lados, asegurándose de que Diana no estuviera cerca y saca una barra de chocolate sellado, que tenía escondido debajo de la rodilla. No la dejaban comer dulces para que no engordara y me dice: toma gordo, date 'un viaje', para que esta no venga peleándonos. A veces era tan infantil, todos tenemos un niño dentro. Pues la niña que Sara tenía dentro, nunca murió.

Y también muy maternal, alegan sus compañeros.

¡Uff, sí! Yo recuerdo momentos en que tuve problemas en mi vida y ella intercedió con terceras personas, por mí. Como si fuera mi padre o mi madre. Sin embargo, te puede parecer que una persona así sea irracional, pero no, Sara era muy reflexiva. Te voy a contar que teníamos que irnos a la Feria del Libro en República Dominicana. Entonces Sara quiso llevar un repertorio con canciones de Marta Valdés, de un disco que recientemente había terminado. Algo lógico, porque el artista siempre quiere sacar a la luz lo último que hizo.

El trovador canta siempre su última canción, pero la gente le sigue pidiendo las más conocidas y el trovador insiste. Tienes que sonarte diez canciones nuevas, para que te canten la que tú quieres.

Le dije, Gorda, lo que pasa es que lo que tú quieres, es muy difícil sostener con un sexteto. La armonía de la música de Marta Valdés, hay que hacerla a guitarra y pulsarla; esos acordes no se pueden rallar. Le digo, no sé cómo lo vamos a hacer. Además, cuando llegues y cantes la primera canción, la gente te va a gritar en la feria: ¡*Amor de millones*!

Me mira muy seriamente y dice, bueno apunta ahí: *Amor de millones*, anota también *Principio y final de una verde mañana* y pon ahí, *Cuando miro tus ojos*. Entonces la miro y le digo: ya estamos hablando, en dos días te tengo todo, déjame hacer los arreglos.

Pues la gente en Santo Domingo, se quedó fascinada.

¿Ya no era con Manguaré?

No, era el Cabildo del Son. Allí se apareció Sonia Silvestre, solo dijo: 'vengo a cantar' y se sumó. Luego, llegó el benemérito del saxofón, el maestro Crispín Fernández. Yo no lo conocía y me dijo, 'Pancho, Pancho, Pancho, vengo a tocar contigo', porque habla así. Le digo, bienvenido maestro, pero no tengo los papeles, respondió rápidamente: 'yo los traigo'. Tenía los arreglos escritos, se había estudiado los temas de Sara y había hecho transcripciones para la flauta. Puso su atril y aquello fue una sensación. Tuve que decirle al público, 'lo interesante de esto, es que no hemos ensayado'.

La Gorda cantando el repertorio que le había propuesto y que ella decidió. Dijo la última palabra, ella se dio cuenta.

Tenía que ver con la empatía entre ustedes.

Había mucha empatía. Metabolizó todo aquello y tomó su decisión. Hablamos de que dejó de tocar guitarra para cantar con los grupos. Pero es que la emoción que ella ponía en las actuaciones, era completa. La guitarra te amarra.

¿Quizá la limitó a no componer más a menudo?

Bueno, ya en la última etapa de su vida, ella estaba con muchos problemas de salud, uno detrás del otro.

¿Qué relación tuviste con ella, después de las actuaciones o, sea, personalmente?

Éramos afines, iba a su casa, nos sentábamos a conversar, me invitaba a comer los frutos del mar que prefería. Y comenzábamos a contar cuentos como éste:

Una vez fuimos a Italia, y para entonces comentaban que había una secta terrorista que se llamaba la Brigada Roja. Salió en la prensa que pusieron una bomba cerca de donde nosotros íbamos a cantar. Sara me mira y le respondo: ¡olvídate de eso! Entonces llegamos al hotelito pequeño, donde estábamos alojados y entramos al ascensor. Son de esos elevadores que tienen dos puertas, te subes por una y te bajas por detrás, pero no nos percatamos de eso. Así que cuando llegamos al piso, la puerta abrió y había una pared. Y dice Sara: ¡Los terroristas! No nos dimos cuenta de que atrás estaba abierto y una señora italiana esperaba para subir: ¡Buongiorno!, dice la dama. Sara da media vuelta y antes de salir, le dice elegantemente: ¡Excusi! Aunque yo tenía mi habitación, me llamó y dijo: 'tengo miedo de dormir sola, por qué no vienes para acá'. Y tuve que ir a 'jalar' por un sofá y ella en pijama viendo la película de la televisión desde la cama. Y yo, Sara duérmete, que mañana hay que trabajar. Era una relación de hermanos.

Miembros del Grupo Manguaré, fundado en 1971.
Pancho Amat, Santiago García y el trovador Augusto Blanca.

Volviendo atrás en el tiempo, a ustedes no les faltaba la creatividad, la inspiración, el impulso. Estaban llenos de deseos de aprender, de explorar, de experimentar. ¿Cómo lo recuerdas?

Cuando dices eso, recuerdo a la Sara promotora cultural. Mira, ella se dio a la tarea de hacer aquel disco con la música de Marta Valdés. Una excelente compositora, de la que nadie se atrevía a hacer su música. Es una música intelectual Y entonces, Vicentico Valdés las dio a conocer en las victrolas. Pues Sara cogió la música y la destacó como algo único en la música cubana.

Luego, le dio por hacer dos discos con la obra de las mujeres cantoras. Ella tenía canciones que se quedaron en el tintero, que quizá ni cantó, sin embargo, encontraba que era útil y necesario para la cultura, hacer otras cosas. Ella quería aportar.

Otra visión, menos apegada a ella.

No se cerró a su obra.

¿Trascendía el ego?

Lo trascendía. Su mundo es cultural y su visión de lo que es Cuba. De la importancia del arte.

Diana lo define con una frase de Sara: «si hay canciones escritas que quieren decir lo mismo que yo pudiera expresar, las canto y las hago mías». Entonces, la gente no sabía si eran de Sara o de la autora.

¡Cuidao! Se imbricaba tanto en el contexto, hacía un maridaje entre la canción y la interpretación. ¡Tenía una potencia, que cuidao!

Personalidad interpretativa.

Sí, muy interesante. Ahora quiero confesarte algo, te falta una cosa —dice Pancho, mientras se pone el sombrero que había dejado reposar sobre la mesa— esto que tu ves aquí, es obra de ella.

¿De veras?

Yo no usaba sombrero y tenía un bigotico como el de mi papá. Un día llega Sara y me dice, gordo, pero mira que tu estas 'cheo'. Y te lo digo como me lo dijo: « ¡con el bigotico de mierda ese que tú tienes! Coño, porque tú haces un solo de tres y se te queda en el oído; todo el mundo te aplaude. Pero sales por televisión, después caminas por la calle y nadie se acuerda de ti. Tú tienes que tener una imagen».

Me dice: «mira a Retamar, por qué no pruebas ponerte un chivito, pero no te pongas gorra, eso es de él. Prueba con un sombrero». Y yo le hice caso. Un sombrerito y mi perilla, a la española. Esto es obra de Sara González.

Nadie la calcula definiendo una imagen.

Entonces te puedes imaginar sus luces, la cantidad de aristas por donde puedes ver a Sara.

¿Cómo fue tu relación con ella, al final de su vida?

En la última etapa, yo la iba a ver a la casa. Pero cuando estaba en el hospital, la fui a ver en una ocasión; prefería llamar. Me costaba mucho verla. Luego, —silencio— son cosas que te desarman, no sabes qué vas a hacer. Encima, en aquel momento, la que era mi mujer en aquellos años, estaba en la etapa irreversible de su enfermedad.

Ahora acabo de saber de un amigo mío, y lo primero que le pregunto al teléfono es: 'cómo estas' y me dice: 'muy jodío'. Cómo sigues esa conversación. Sara me decía, 'aguantando'.

Su propio espíritu la ayudó a sobrellevar el final.

El día que la fui a ver, me hizo planes para el Jardín de la Gorda. Murió a la semana siguiente.

Antes de terminar nuestro encuentro, cuéntame de tu trabajo, porque acabas de llegar de Islas Canarias.

Estamos campeando el temporal. Después de la pandemia, el mundo cambió. A Canarias fui solo, porque no hubo dinero para llevar al grupo. Hablé con Javier Colina, amigo mío hace treinta años, un bajista español extraordinario —considerado de los mejores del mundo, ha actuado con Tete Montuoliu, Al Foster, Chuco Valdez, Jerry González— teníamos el proyecto de hacer un mejunje de rock español, son cubano y jazz.

Es una mirada al jazz desde la trova cubana. Él canta voz prima y yo le hago segunda voz, como si estuviéramos en la Casa de la Trova en Santiago de Cuba. Qué tocamos: *La tarde*, de Sindo Garay, *Yo sé de una mujer*, de Sánchez Galarraga y así, canciones de Miguel Matamoros. En fin… se incorporó Luisito Manuel Guerra, un flautista cubano y Mayelín Navarro, una cantante magnífica, de Bayamo, que vive allí.

¿Había hecho antes ese trabajo?

Lo vengo haciendo con Colina, en un espacio estrecho. En Canaria, los conciertos en las plazas abiertas, son de una hora, porque la gente se te va. Pues hicimos casi dos horas y había que hacer «bisis». ¡Yo estaba feliz!

Conectándonos con Sara, en el Cabildo se toca mi música, pero esta vez solo hicimos dos temas de mi autoría, una de ellas dedicada a la brigada de médicos cubanos que trabajaron en Italia, enfrentando a la Covid. Esta canción la hice porque los músicos cubanos que viven en Japón, me pidieron a través de la embajada, una canción para usarla en una campaña para recolectar fondos, con el objetivo de enviar mascarillas a Cuba. Todavía no la he grabado aquí, yo se la envié a ellos.

También canté una canción dedicada a mi abuelo, que era canario, de Tenerife. Presentamos las canciones con décimas, todo fue diseñado para que tuviera su propia personalidad como espectáculo.

Tuve la ocasión de dar dos clases sobre el 'tres' como instrumento; en el teatro Leal, de San Cristóbal de La Laguna, el segundo más importante de Tenerife; pero que se convirtieron en un diálogo cultural acerca de la música cubana.

¿Hiciste algún disco durante la pandemia?

Sí, desempolvando mi trabajo, partituras que tenía olvidadas. Muy variado, más los últimos temas. El disco se llama Memorias.

¿Y ahora?

Voy detrás de un eslabón perdido en el mundo del Son. Hay un compositor sonero, 'tresista' de Pinar del Rio. Murió joven, víctima de la tuberculosis, se llamó Eliseo Silveira. Queda su obra, tiene temas conocidos y otros que vamos a rescatar. Sacar a flote lo que hizo. Manteniendo esencias, préstamos que el Son tenía de la trova, de la rumba y lo que ya empezaba a hacer Arsenio Rodríguez. Fíjate que toda la música de Ignacio Piñeiro, se canta a dos voces, a la usanza de la vieja trova santiaguera, pero incorporando lo que ya empezaba a hacer Arsenio Rodríguez. Piñeiro empezó a cambiar el lenguaje armónico, manteniendo la naturaleza de la clave, el bongó y las esencias.

Ya tengo la música, los archivos y he tenido contacto con la familia del autor. Quiero que se vea por el carril del Son, hubo interés por darle matices nuevos hasta desembocar en el *filing*. Lo que pasa es que éste, cuando comienza viene de la música «americana», se hace *ad libitum* y a una sola voz. Aquel mantiene la tradición y trata de abrir el espectro.

Vamos a rescatar la obra de este artista y prendo una vela para que puedan apreciar que el Son cubano, no es nada más *bururu barará, dónde está Miguel.*

SARA GONZÁLEZ: CONSTERNACIÓN EN LA CULTURA CUBANA

ARLEEN RODRÍGUEZ DERIVET

Visita de amigos durante la hospitalización de Sara. Aparecen, los periodistas Arleen Rodríguez, Roberto Cavada, el trovador Amaury Pérez y su esposa María Teresa González (Petí) y Diana Balboa, a los pies de Sara.

Hay consternación en la cultura cubana. El generoso corazón de la Gorda, cariñoso apelativo con el que la llamaban y ella llamaba a todo el mundo, dejó de latir cuando empezaba a hacerse la noche del primer día de febrero de 2012.

A los pocos minutos, sus más entrañables amigos —que es decir todos los creadores vivos de la música cubana— se pasaban la noticia entre lágrimas y más de un grito de queja contra el cáncer que la hizo padecer y desear el descanso físico definitivo.

«Qué me hago sin Sara», clamaba Amaury Pérez, abrazado a su esposa Petí. En su casa, cada sonido del teléfono era esperado con una ansiedad desconsolada en las horas que precedieron al deceso. En la mañana habían decidido posponer la gira a Santiago de Cuba, tras la advertencia de los médicos de que la voz femenina de la Nueva Trova, estaba en condiciones extremas.

«Ella fue la primera persona que me habló de Silvita», comentaba conmovido José María Vitier, que abandonó de prisa los estudios Abdala, donde grababa un disco con la Sinfónica, para ir con su esposa para el hospital.

Hasta allí —donde fue amorosamente atendida durante meses y acababa de morir Sara— habían corrido antes el propio Amaury, Abel Prieto y Abel Acosta para acompañar el dolor de Diana Balboa, su incansable compañera en la vida y enfermera en la larga batalla contra la enfermedad.

Nadie parecía querer decir nada. «Por más que uno se prepare, la muerte siempre te da duro...», comentó, casi en un susurro, el Ministro de Cultura Abel Prieto, con el rostro demudado por la pena.

Con la serenidad que provoca la certeza de que ya no hay nada que hacer, de que es el momento de dejar partir a quien se ama, Diana apenas dijo lo que la Gorda había querido que hicieran con su adolorido cuerpo: «cremarla y lanzar sus cenizas en la entrada a la bahía de su amadísima Habana».

Lo demás es la herencia que deja a la cultura cubana: la voz que cantó al mundo la dignidad de un pueblo y la maravilla de una época. La voz de *La victoria.*

Desde las nueve de la mañana de este jueves 2 de febrero, esas cenizas recibirán, en los jardines del Instituto Cubano de la Música, el homenaje de aquellos cuyas vidas contó en cantos. Seguramente quedará pequeño el espacio para tanta gente. No hay que olvidar que *su nombre es pueblo.*

A SARA

Es la Gorda mi amada, la he querido
donde el andén dejó la vestidura,
en el tren demencial, en la cordura,
en las sodas, los rones, los vahídos.

Ya no hay otro lugar por ser tenido
que la Gorda no ocupe en mi armadura,
que cuando hay que curar, todo lo cura
y mirándome andar se ha sonreído.

En la piel no le quedan amarillos
soles, de pálida se ufana
y celosa desata los pestillos.

A la hora de amar no se haragana,
Tempestuosa enciende los pitillos
y se fuma mi amor, y se lo gana.

AMAURY PÉREZ
13 de julio de 2006.

LA DIANA DE SARA

DIANA BALBOA

Nos quedamos mirándonos las dos y nos dijimos: ¿qué hacemos? ...

Sin más acá, ni más allá, en esos días de profunda intimidad pandémica, donde todo era silencio e incertidumbre, comencé a escuchar la música y la voz cantada de Sara González. Una artista que siempre admiré, pero que nunca conocí. Entonces empecé a cuestionarme por qué no se escuchaban sus canciones, con excepción de los días épicos.

Para ese momento no sabía de la publicación de un libro útil, en ocasión de su muerte. Me lo dijo Diana, a quien busqué por Facebook y luego le comenté que necesitaba hablar de Sara González. Me atendió con curiosidad y gentileza, en su alta terraza de la calle Línea que conocen todos los amigos trovadores de Cuba.

Nunca había estado allí, quizá por eso percibí de inmediato, la energía de Sara por doquier.

Llegué medio asfixiada por la caminata, el intenso calor del verano y la doble mascarilla que portábamos en esos días, en que nadie quería salir ala calle por el temor al contagio del virus Covid-19. Como en todas las casas, Diana Balboa había establecido su ritual. Dejar los zapatos o no, entrar por la cocina e ir directamente a la terraza y sentarse a una distancia suficiente para no ser contagiadas.

Me escuchó con paciencia, pero más tendría que poner ella de su parte para remover una historia tan profunda e intensa, porque tempranamente le dije, quiero hacer un libro de testimonios. Hay que traer a Sara al presente.

A partir de ahí, su colaboración fue total e hizo lo imposible por llevar la historia a unas cuantas sesiones de diálogos, sabiendo que sacudiría su propia vida, en esos días en que todos necesitábamos de la más absoluta paz.

Tendríamos que comenzar con el primer encuentro y de ahí, yo voy haciendo preguntas y narrando lo que será tu testimonio. No importa el orden, porque también queremos conocer quién era la Diana de Sara.

La primera vez que vi a Sara González, ella tenía 16 años. Fue en una escuela al campo en Vertientes, Camagüey. La Unión de Jóvenes Comunistas había convocado a los estudiantes de las Escuelas de Arte de La Habana, para sembrar caña durante 45 días.

En aquello que fuera un excampamento de la UMAP, nos acomodaron en tres naves de buena construcción, más otra de guano y tablas. A las mayores, nos pusieron en la más endeble y a las más jóvenes, en las de mampostería porque estarían mejor resguardadas.

Para entonces yo era trabajadora, pero me habían dejado excedente. Estudié Magisterio, aunque siempre me gustó dibujar, pintar. A buena hora llegué a un instituto de suelo, fertilizantes y alimentación del ganado, donde fui ubicada en un departamento para elaborar los medios didácticos de enseñanza y las maquetas.

Mi primera prueba fue como brigadista Conrado Benítez. En esa exploración, tantearía lo que vendría después, cuando me fui a alfabetizar. Pero antes, a mi brigada la enviaron a la granja San Cristóbal en Pinar del Río. Allí estuvimos tres meses, cuando ya había comenzado la convocatoria de los brigadistas.

Fíjate cómo eran aquellos tiempos, que a nosotros nos dejaron olvidados en Pinar del Río. Como la Campaña de Alfabetización había comenzado, decidimos que, terminado nuestro trabajo, nos iríamos de allí. El primero de mayo me fui con nuestra brigada para Varadero, donde concentraron a los brigadistas para un curso de instrucción. Pero antes, te cuento qué pasó en Pinar del Río, donde hice mi trabajo con la cooperativa Pinar del Río-2, en San Cristóbal.

Recordemos que era el año 1961. Al comienzo de la Revolución, una vez cerrados todos los prostíbulos, algunas de las mujeres que se querían «rehabilitar», las llevaron a trabajar al campo donde también tendrían la oportunidad de alfabetizarse. O sea, que debíamos enseñar a las mujeres que fueron prostitutas de la playa de Marianao. En aquel lugar había una brigadista obrera, un maestro voluntario y yo, que estaba por la Asociación de Jóvenes Rebeldes. Los tres estábamos al frente de la brigada, conformada por diez personas.

El maestro se quedó en la cooperativa, la otra compañera fue para el barrio de 'Chica Coja' y yo fui para la Tomatera, junto a dos brigadistas mayores. Nos seleccionaron, porque necesitaban gente responsable para trabajar con las mujeres y no sabíamos cómo sería su comportamiento hacia nosotras. Fueron más de cien mujeres y la mayoría eran analfabetas. Unas cuarenta alumnas quisieron aprender en la Tomatera, que estaba a nueve kilómetros del centro de la cooperativa, ubicada en lo que había sido la finca de los dueños de aquel lugar.

No creo haber conseguido una alfabetización total, pero sí parcial. Ellas mostraban gran interés, particularmente por la aritmética. Eso lo tenían muy claro, era como una especie de justicia poética por todo lo que les habían quitado. Sobre todo, querían aprender a sacar cuentas. En tres meses avanzaron todo lo que pudieron en el conocimiento de las matemáticas, aunque no fue suficiente para todas, porque también dependía del interés individual. Yo estaba al frente de aquella gestión, con solo quince años.

También en Pinar del Río, estuvimos en un momento de mucha tensión nacional, por la lucha contra bandidos. Los alzados rondaban por allí, cuando nos sorprendió el ataque a Playa Girón. En ese momento, tenía un novio con quien me casé, él era combatiente del Ejército y por eso sabía que el Che estaba en Pinar del Río. Parte de nuestra tarea fue cuidar a unas presas políticas. Dijeron que eran personas no confiables en un momento de agresión a Cuba, por eso las recogieron cuando estalló Girón.

Esas son historias de las que no se hablan, pero tengo testigos y no es un perro, la madrugada y el frío. Hay una amiga de esa época que vive aquí cerquita. Las mujeres estábamos allí, justo en la puerta de aquella nave portando un inmenso fusil. La brigadista obrera, Elsa Díaz Ulloa y yo, portábamos una subametralladora checa. El fusil era más grande que yo y, además, llevaba una pistola que mi novio me regaló, como si fuera un anillo de compromiso.

Aquella fue la primera vez que vi a Fidel. Él iba manejando un *jeep*, con una argentina al lado. Ella observó que yo tenía puesto un uniforme militar, porque en esa época no teníamos ropa de alfabetizadora. Fidel, al darse cuenta que yo tenía un arma, comenzó a preguntar quién era yo. Fue cuando me dije: ¡la perdí! Él me regañó, porque para portar un arma, había que saber usarla. Fue cuando comenzó a explicarme cuántos accidentes con armas de fuego y muertes por tiros escapados, sucedían por entonces.

Como a la argentina le llamó la atención, me pidió la pistola para verla. Lista a fin, le quité el peine antes de mostrarla.

Él me devolvió el arma por encima de la argentina, que se quedó en el medio de los dos. Muchos años después tuve la fortuna de estar cerca de Fidel, con Sara por supuesto, por quien tenía una atracción especial, un magnetismo. También cuando uno lo tiene delante, lo olvida todo.

Pues salimos de Pinar del Río y nos fuimos a la aventura. Creíamos que por venir de una «zona caliente», debíamos ser asignadas a la tarea más difícil. Es el reto de la juventud. Lo que nos movía no era exactamente el patriotismo, aunque lo había; sino esa capacidad de los altos riesgos que tienen los jóvenes. A nosotras nos prometieron que seríamos oficiales de la Campaña de

Alfabetización, por eso nos presentamos en Ciudad Libertad, vestidas de uniforme verde olivo, al día siguiente de regresar de San Cristóbal. De ahí a Varadero, desde donde nos montamos en un ómnibus que iba para el Escambray. Todos los que estuvimos en Pinar del Río nos fuimos juntos, menos la maestra y el maestro voluntario, ambos de veinte y tantos años, que los enviaron para otro lado. El grupo que fue al Escambray, se quedó en Fomento. No hace mucho fui al Museo de la Alfabetización y para mi asombro, no aparezco registrada.

Te cuento, llegamos a Veguitas de Jibacoa.

Veguitas: al sur de Santa Clara, la cabecera provincial, y a trece kilómetros de Manicaragua, la cabecera municipal. Todo su territorio es totalmente montañoso. Está bordeada por afluentes de río Arimao, el Caonao y el Mabujina.

Ahí, para hacer honor a los epítetos del momento, me nombraron «Comisaria Política de la Campaña de Alfabetización». Viví desde mayo hasta septiembre, en casa de mi nueva 'familia' en el Escambray, compuesta por un desmochador de palmas de cuarenta y tantos años, ella —su mujer— de veintitantos y su hermano, un adolescente de diecisiete años.

El desmochador aprendió a leer y malamente a firmar. Le daba mucho trabajo escribir, porque tenía las manos inflamadas por el trabajo, muy torpes para manejar un lápiz. En cambio, la muchacha y su hermano menor, salieron leyendo y escribiendo bastante bien. El jefe de familia se declaró alfabetizado porque aprendió a leer, aunque le recomendé que debía practicar la escritura. Estaba segura de que la lectura, lo llevaría a la escritura. Hace poco, cuando se cumplieron cincuenta y siete años de aquella aventura, volví a Veguitas de Jibacoa.

Alguna vez hice una exposición sobre mapas, lo titulé *Apuntes de viaje*. Me empezaron a regalar mapas de todo tipo y aquí me cayó uno del Escambray. Ese día marqué los lugares donde había estado. Cuando me visitó la colega «Marara» —Ana Margarita

Valdespino y Villavicencio— le dije, vámonos con una mochila al hombro. Entonces, varias amigas se animaron a irse con nosotras, pero quisimos que fuera algo privado. Fuimos a encontrarnos con el pasado. Llegar al Escambray fue difícil. De ahí a Manicaragua y luego al Escambray. Cuando fui la primera vez, solo había caminos vecinales, pasos a orillas del río. Si te iba a ver tu familia, había que tirar del automóvil, porque cuando la lluvia decía presente, allí se quedaban varadas hasta las carretas con bueyes.

Yo viví en el valle intramontano, donde las únicas dos casitas que había eran de los hermanos Corcho, una tiendecita del pueblo y algunas casitas aisladas entre sí. Quienes nos llevaron allá recientemente, aseguraron que no encontraríamos a nadie de los de aquella época.

Comenzamos a avanzar desde Manicaragua por una carretera de asfalto, atravesando los puentes sobre cada paso de río. Esa carretera va hasta el bellísimo Hanabanilla. Cuando alfabetizamos, estaban construyendo el embalse.

»No concluido durante el período prerrevolucionario y terminado en 1962. Actualmente cuenta con dos presas principales: Hanabanilla y Jibacoa; dos presas auxiliares y el aliviadero, donde vierten sus aguas los ríos Hanabanilla, Negro y Guanayara y, los arroyos, el Trinitario, el Junco, Economía, el Solitario y el Cacao.

»Esta reserva forestal de Cuba, se ubica en el macizo montañoso del Escambray y no solo se destaca por su exuberante vegetación, sino también, por su microclima más fresco. En los alrededores del embalse pueden ser apreciados ejemplares de tocororos, cotorras, carpinteros reales y patos floridos, entre otras especies de aves endémicas que habitan la región, todo ello en un entorno que invita al descanso y la meditación en estrecho contacto con la naturaleza. Entre otras preciosas joyas naturales, este lugar guarda a sus especies endémicas, como es el sapo de Hanabanilla, que tiene allí su único hábitat.

Mientras nos adentrábamos en aquel lugar, no reconocíamos nada; era como estar en otra galaxia. Muchas casitas de mampostería, una cancha de básquet, otra de futbol, naves, toda una comunidad donde viven al menos 300 personas. A los campesinos los bajaron del valle de Veguitas de Jibacoa, por un plan de desarrollo que se hizo cuando la lucha contra bandidos.

»De inmediato, fuimos a buscar datos acerca del Plan Escambray, que refuerzan la visión de Diana.

»El Plan Escambray, se creó para el desarrollo económico y social de la montaña. El área montañosa resultó propicia para la ubicación de bandas contrarrevolucionarias, caracterizadas por los abusos y crímenes cometidos. Más de 3 000 pobladores de estas localidades manicaragüenses, participaron en los batallones de milicianos y en las agrupaciones de lucha contra bandidos.

»A partir de 1963, se realizaron obras en la educación, la salud, las comunicaciones, el deporte y la cultura. La sierra se hizo transitable por medios automotores. La señal de la Televisión Cubana, fue posible al construirse una nueva torre de 30 metros e instalarse nuevos transmisores. A la vez, creció el plan para la producción tabacalera, se creó el plan ganadero, se desarrolló el cultivo del café. Se construyeron cerca de una decena de consultorios médicos y la educación cubrió todos los niveles de enseñanza.

El chofer del auto afirmaba categóricamente que, de allí todo el mundo se había ido e insistía que no fuéramos hasta allá, porque sería en vano. Fue tan concluyente, que, si no hubiéramos estado seguras de querer volver, teníamos que haber virado a mitad del camino. ¡Qué suerte, la realidad fue todo lo contrario! La mayoría estaban allí, incluso, retornaron los que fueron 'deportados' hacia Pinar del Rio, dada la situación con los alzados.

Cuando alfabetizamos, nos dimos cuenta de que algunas familias por el día eran nuestros alumnos y en la noche ayudaban a los alzados. ¿Por qué razón? Porque habían sido los señores y capataces de antes. El cacicazgo era muy fuerte, la dependencia, el temor y la inseguridad.

Nos dieron la tarea de proteger a aquellos muchachitos y muchachitas que estaban alfabetizando la zona, algunos de ellos con doce y trece años de edad. Todos los días 'peinábamos' los alrededores y visitábamos a los brigadistas, para ver cómo se encontraban.

»*Así es esta historia de Cuba, donde se ubicaron alfabetizadores, hasta en la casa del renombrado jefe de los bandidos, Congo Pacheco —Manuel Pacheco Rodríguez— y en la de su hermano Israel. Fue por insistencia, que aceptó la mujer del Congo y la hija. Cuentan que en las madrugadas él llegaba a acostarse con su mujer y al niño maestro, lo mandaban a dormir desde temprano a un 'Varaentierra' del patio. Nunca dijo nada porque era la forma de demostrar que no se iba a rajar.*

»*Cuenta el periódico local, que por Limones de Cantero todos recuerdan cómo la noche del domingo 26 de noviembre de 1961, unos veinte bandidos llegaron a la casa del campesino Pedro Lantigua Ortega. Hubo lucha, lo decía su cuerpo de miliciano inerte, porque después de desarmarlo y torturarlo, lo ahorcaron junto al joven de dieciséis años Manuel Ascunce Domenech. Su cuerpo tenía catorce heridas punzantes y sus genitales contusionados. Era prácticamente un niño el alfabetizador de Sagua la Grande, quien, al aprehenderlo, gritó su sentencia: ¡Soy el Maestro!*

»*Las bandas de alzados alentadas desde Estados Unidos, intentaban ganar méritos para su futuro gobierno, con hechos sangrientos. Tras un combate de más de una hora, el 12 de abril de 1962, el Congo Pacheco cayó con múltiples heridas y falleció dos días después en el hospital de Santa Clara. Cuenta la leyenda que no mató personalmente, pero ordenó los crímenes.*

»*Unos días después de muerto el niño maestro, un 22 de diciembre de 1961, el país fue proclamado «Territorio Libre de Analfabetismo».*

»*Desde inicios de 1961, en la Campaña de Alfabetización de Cuba, aprendieron a leer y a escribir 707 212 personas. En esta gesta participaron más de 100 000 jóvenes de las brigadas Conrado Benítez. Unos 34 772 maestros y profesores voluntarios, 120 632 alfabetizadores populares y 13 016 del sector obrero, sumados como brigadistas Patria o Muerte.*

Parecía imposible, pero cincuenta y siete años después, empezamos a buscar a la familia que alfabetizamos. Comenzamos a indagar entre esos apellidos que son muy comunes y a veces, hasta se casan entre ellos.

Un brigadista nuestro, supo que en la casa donde enseñaba, existían relaciones incestuosas. Para ellos era común, ni siquiera 'era pecado' religioso, sino instinto.

Detrás de la casa enterraban a los niños que nacían muertos y malformados. El mismo brigadista se empeñó en crearles privacidad y haciendo hornos de carbón junto al campesino, logró ganarse su confianza y ayudarlos a crear cierta privacidad dentro del hogar, hasta ponerle puertas a las habitaciones.

Llegamos al Escambray buscando a mi alfabetizado: Alberto Fuentes Corcho, pero ya había muerto y su hermano Pito, también falleció. Entonces nos dijeron que conocían a su hijo y de ahí llegamos a Vito, un hermano muy mayor, sordo y con la cabeza un poco ida. La familia de Vito estaba extrañada por nuestra visita, hasta que le dijimos que fuimos las alfabetizadoras de su hermano. Entonces entendieron y por esas cosas bellas de los campesinos, nos dijeron, pues si se espera un poco, se lo traemos, porque lo vamos a «arreglar». Es costumbre que no te muestren a su viejo con la apariencia de cada día, primero lo asean, lo visten mejor, hasta estar 'presentable' para una visita.

Vito se sentó frente a mí y yo me preguntaba cómo le refresco la cabeza a este hombre. Entonces recordé un nombre. Le digo: 'Vito, usted fue alumno de Magnolia'. Cuando dije ese nombre, se le iluminó el rostro y dijo: esa mujer fue muy buena conmigo. ¡Ahí se conectó!

Me encontré al que era chiquitico de cuatro años, hecho un hombre. Allí estuvimos todo el día, fuimos al río haciendo memoria de lo vivido y llegamos hasta el Hanabanilla.

Mi colega no encontró a su familia y por eso me sentía frustrada, de manera que volvimos al día siguiente. Se nos sumó Silverio del Mejunje. Nos buscó un auto Lada y otra vez nos fuimos para el Escambray.

Conversamos con una señora llamada Rosa, que por entonces tendría unos dieciocho años. Ella es la que menciona el apodo de alguien y ahí mismo se hizo el milagro.

Llegamos a la casa de una hija de la madre alfabetizada. Cuando nos encontramos, le dijo a la maestra que su madre siempre aseguró: «ella va a volver a verme»; pero murió hace poco tiempo.

Nos pidió permiso, fue a la habitación y regresó a la sala con unas fotos en blanco y negro, que su madre guardaba celosamente. Sacó un sobre de *nylon* con varias fotografías, de cuando nuestras familias nos visitaban. Nos hacíamos fotos y algunas de ellas fueron enviadas por cartas, un tiempo después. Marara le había dedicado las fotos a su alumna y aún las tenían allí, como para cerrar este círculo de la memoria.

Al salir de la casa, nos encontramos a una muchacha llenando unas bolsas de tierra para sembrar posturas, nos dijo que ella era la maestra del pueblo. Les explicamos el propósito del viaje y preguntamos por las necesidades de la escuela. Libros, nos dijo. Ya se han leído todo lo de la biblioteca. Queremos Literatura.

En La Habana, hablamos con todos los amigos y volvimos con donaciones. El Consejo de las Artes Plásticas tuvo la gentileza de colaborarnos, nos apoyó con el transporte. Llevamos los libros, discos de CD, porque ya tenían reproductores, internet y teléfonos móviles.

La vida con Sara fue de mucha movilidad, viajamos toda la isla. Era una artista del ir a cantar a los lugares insospechados, pero lamento que no tuve ocasión de llegar con ella al Escambray.

LA SARA DE DIANA

De cómo mi interés por el diseño, me puso en el camino a Sara.

Es que los trovadores y los artistas de la plástica, siempre han sido muy afines. Graduada como maestra Makarenko, me interesó mucho vincularme con los medios de enseñanza para el aprendizaje. Era la academia. Dibujar exactamente las cosas, para que los alumnos comprendieran cada explicación. Era un taller de creación de medios de enseñanzas tecnológica en ese Instituto de Técnicos Agropecuarios. Allí estábamos, un pintor graduado de San Alejandro, su esposa egresada de la misma especialidad y yo.

Para ese tiempo existían cursos de dibujo por correspondencia, diseño y rótulo comercial. Nos enviaban las clases, hacíamos los ejercicios y remitíamos los resultados por correo. Desde el comienzo siempre me interesó el diseño. Antes de la Revolución, un primo me dijo que me preparara para que fuera arquitecta, porque él asumiría los gastos. Al triunfar la Revolución, con esa ola de maestros en falta, me motivé a estudiar Magisterio, pero siempre estuve vinculada al dibujo.

Ya estaba en San Alejandro, cuando desaparece ese instituto de enseñanza y quedo excedente. Aunque era obrera, en este momento me dieron la posibilidad de continuar con un treinta por ciento del salario, si me mantenía vinculada al estudio. Pues eso hice, me aprobaron el curso regular con ayuda salarial.

Siempre viví en La Habana, aunque nací en Limones, Cienfuegos. Mi familia es de origen campesino, por eso me iba en las vacaciones escolares de tres meses.

Como te comenté antes, estaba en San Alejandro cuando viene el plan la Escuela al Campo. Debían ir las Escuelas provinciales de Biblioteca, la de Diseño, los Conservatorios de Música y la Escuela de Ballet. Nos mandaron cerca de Vertientes, a esos antiguos campamentos de la UMAP —Unidades Militares de Apoyo a la Producción— que existieron en Cuba entre 1965 y 1968.

Sara era estudiante del Conservatorio de Música. Desde allí llegaron con su combo Radix 7: Ele, la de Síntesis, quien tocaba el acordeón. Lucia Huergo, en el piano, Ana Nora Calaza, con el saxofón y estaban las hermanas Mirabal, con instrumentos de viento. Margarita, profesora de Caturla, era la percusionista, Anisia Bustelo en el fagot y Sara con la guitarra.

Caminaba hacia el campo de siembra cuando vi a una muchacha dormida, que hacía equilibrio en pleno surco. Estaba sentada, agarrada a una caña para no caerse. Era miembro de aquel combo, que como parte de sus actividades se iban a tocar a los campamentos y regresaban con esa energía eléctrica, con que se quedan los músicos cuando terminan de actuar. Luego no se podían dormir. Se acostaban a las tres o cuatro de la mañana.

Éramos tres o cuatro al frente de la organización del campamento. ¿Quién las despertaba en pleno surco, para ir a regar trocitos de caña? Tan tremenda era Sarita, que tuvimos que sacarla del campamento y ponerlas, a todas, a dormir aparte en la enfermería.

A una construcción más pequeña fue a parar a Radix 7, con toda su incansable energía. Pero lejos de traerles tranquilidad, aquello fue la oportunidad para que ellas hicieran una especie de cabaret, al cual llamaron «Los guindajos de Antonio». Nosotras pintamos y decoramos el lugar, así pasábamos las noches. Eso fue en 1967.

Después de aquello, le perdí la pista a Sarita. Nos encontrábamos, claro, como estudiantes de arte. Pero, individualizar mi relación con Sara, en esa época no pasó.

Al pasar de los años, ella estaba en el grupo de Experimentación Sonora del ICAIC y yo en el taller de gráfica de la Catedral, haciendo arte.

En la década del 1970, mientras trabajaba como diseñadora gráfica, manteníamos un vínculo muy hermoso entre los trovadores y los artistas de la plástica. Compartíamos el ambiente juvenil, porque, aunque le llevaba seis años a ella, teníamos los mismos amigos en común.

Silvio Rodríguez visitaba el taller de grabado, porque siempre le ha gustado mucho la ilustración. En momentos de su vida hizo caricaturas, como también Noel Nicola, Siro López Botalín que era grabador, ambos también trovadores. Recuerdo además a Rober Aguilar y a Sara.

Ahí afianzamos una amistad con más acercamiento. Con ese punto de afinidades, ya éramos socias, grandes amigas. Mucha cervecita y bla, bla, bla. Mucha tertulia, descargas en las casas después de las exposiciones, como sencillamente llegar al taller del grabado e irnos para restaurante el Patio. En esa época éramos una tribu, durante toda la década del 1970-1980.

Un par de años después, nos convertimos en pareja. Me fui a vivir con ella, a su casa. Era su pareja sentimental o como dijo la prensa cuando ella falleció, su compañera de la vida. Andábamos como amigas de manera informal y te juro que no sé en qué momento tuvimos un encuentro erótico, emocional. Nos quedamos mirándonos las dos y nos dijimos: ¿qué hacemos? ¿Vivimos juntas para siempre o jodemos la amistad?

Decidimos que no queríamos afectar nuestra amistad, sino convertirla en algo mucho más grande y pleno. Eso fuimos y seguimos siendo. Grandes amigas, grandes compañeras sentimentales y grandes amantes. Treinta años juntas, no son pocos. Fueron muchos momentos vividos, distintos. Viajamos todo el mundo, fundamentalmente representando a Cuba.

La única vez que trabajó para el turismo, fue cuando el anfitrión y gran promotor cultural, el maître José Luis Brito, la invitó a hacer una peña en la azotea del magnífico hotel Inglaterra. Una edificación con valores patrimoniales irrepetibles, como su arquitectura, los azulejos sevillanos, así como historias de grandes personalidades y próceres cubanos que por allí pasaron. El privilegio de cantar aquí, en un centro de tanto valor cultural, Sara lo convirtió en una retribución a las instituciones, en un momento en que mucho lo necesitaban. Solicitó que, lo que le fueran a pagar por su actuación, lo hicieran en moneda nacional, para que pudiera llegar al Centro Nacional de la Música Popular y que no se cobrara por la entrada. Ella no cobró nada en divisa.

El dinero lo cobraba la empresa para la que ella trabajaba y los cubanos podían subir a la peña musical. Al ser en la azotea, posibilitó que muchas personas la disfrutaran, cuando no había acceso a esos hoteles.

Nosotros fuimos a la Brigada de la Frontera en Caimanera, frente a la ilegal Base Naval yanqui, entramos a todos los túneles por debajo de las montañas, para actuar allí. También durante la maniobra militar Escudo Cubano, estábamos en las trincheras.

Sara era de trincheras, quizá por eso vivimos treinta años juntas. Sarita fue la primera artista cubana, que llegó a organizar las Brigadas Artísticas Juveniles en Nicaragua.

»*Ríos de jóvenes de diferentes partes del mundo, llegaban a Managua en activismo* de *alto riesgo. Brigadistas, internacionalistas, cooperantes y voluntarios, participaron en proceso que se desarrollaba el plano cultural, desde los años de formación del Frente Sandinista de Liberación Nacional (FSLN) y hasta el triunfo insurreccional de finales de los años setenta. Con énfasis en la difusión del teatro callejero, la promoción de la literatura comprometida y la nueva canción latinoamericana.*

Cuando Sara estaba ingresada en el hospital, allá fueron a verla el escritor Tomás Borges y su esposa, le llevaron un traje lindo y unas rosas. Los nicaragüenses siempre la consideraron mucho. Allí estuvo más de una vez.

Sara fue a Estados Unidos varias veces, pero nunca nos dieron la visa juntas. O sea, nunca a mí. Una vez, hasta hicimos la cola famosa, frente a la Oficina de Intereses. Estábamos Raúl Suarez, el reverendo; Teófilo Stevenson, el boxeador que cuando entró, se sentó encima de una mesa. Los funcionarios de la oficina salieron a pedirle autógrafos. Pero a ninguno nos dieron la visa. En esa delegación también estaban Alicia Alonso y Eusebio Leal, pero no fueron a la fila.

No podemos separar a Sara, ni por algún motivo personal, de la que representaba a nuestro país. Creo que tuvimos escasas giras comerciales, de las que se gana algún dinero. Ella era difícil de convencer, hablando en plata; por eso Sara me jodía todos los negocios.

Por ejemplo, a veces llegaba a Cuba un representante y quería hacer una gira artística. Iban a la casa, yo les preparaba el café, esto y lo otro y al tipo se le ocurría decirle a Sara: «bueno, ahora necesito una lista de las canciones que vas a interpretar». Y ya se jodió la gira. Sara, tranquilamente le decía: «mire, le voy a explicar una cosa. Yo soy muy emotiva, no le puedo dar un repertorio. Yo empiezo a cantar y si el público se 'mete en harina, yo también'. Y ahí ya me olvidé del repertorio, me viro para los músicos y ellos responden a esa manera de actuar». 'No, pero usted tiene canciones, que de alguna manera pueden ser conflictivas', le respondía el tipo. A lo que Sara alegaba: «todas pueden serlo, porque yo misma lo soy». Se jodió la gira. Esa era Sara, no se podía negociar con ella.

Voy a omitir nombres, venía un tal fulano queriendo hacer un periplo por toda la península española. Quería nombrar la gira y Sara le quitaba la palabra para definirla tempranamente. La gira se llamará: «Sí por Cuba» y lo que se recaude, será para las Escuelas de Arte. Te hablo del año 1992, en pleno Período Especial.

Ella le argumentaba: «Mire, le explico, se están haciendo donaciones de alimentos. Por ejemplo, un barco de leche en polvo y eso apenas alcanza para unos cuantos círculos infantiles. ¿Y quién se acuerda de los estudiantes de música? Yo necesito cañas para los saxofones, cuerdas de guitarras y bajos, pintura para los pintores. Yo necesito todo eso para los estudiantes».

Se hizo esa gira, se grabaron muchos casetes y se vendieron en los conciertos.

Por aquel tiempo de Chile, vale la pena que volvamos atrás. Estuvimos cuando las exequias de Allende.

»Una multitud enardecida, diecisiete años después, aclamaba a Salvador Allende, frente a la iglesia donde fue santificado su cadáver. La ocasión llevaba vítores, cantos patrióticos y hasta maldiciones al fascismo. A la

entrada del cementerio, una muchedumbre permanece acompañándolo. No entierran sus restos, dicen que son semillas por la paz de Chile.

De Cuba fue una amplia delegación presidida por Armando Hart. El motivo oficial del viaje fue el aniversario del periódico *El siglo*, como cobertura para poder asistir a las exequias de Salvador Allende, llena de carabineros por doquier. Allá se nos acerca una señora, llamada Cecilia Stornol. Me dice usted no me conoce a mí, pero le he dicho a todos los que organizan las exequias aquí, que yo soy muy amiga de Sara González, porque era la única manera que yo tengo de llevarme a Sara González para mi casa, es así. Me dijo que había estudiado arquitectura en Cuba, por lo que sentía que tenía una deuda eterna con Cuba y solamente tenía una manera de retribuir lo que hicieron por ella atendiendo a Sara.

Ella lo había averiguado todo y me dice, lo que pasa es que la cama es muy pequeñita y ustedes son dos. Veo que trata de ser cortés. A lo que le respondo, no se preocupe por eso, el tamaño de la cama no es importante, porque nosotras siempre dormimos juntas, aunque la cama sea diminuta. Le digo, dando por sentado lo que ella sabía, ante lo que afirma: 'yo lo sé'.

Entonces no hay ningún problema, le respondo y voy entonces con Sara. Le comento todo y además le digo, que ya yo le había dicho que sí, que íbamos para su casa. Sara me dice: si estoy segura de eso, le respondo afirmativamente y me responde, pues yo hago lo que tú decidas, si estas convencida.

Efectivamente nos fuimos con Cecilia Stornol para su casa, al resto de los muchachos, los ubicaron en una especie de albergue estudiantil, de un matrimonio que tenía esta dependencia. La delegación era enorme, Daysi Granados, Mirta Ibarra y un grupo numeroso de gente del cine. Sara dio un concierto en el barrio La Victoria.

»La Victoria fue un foco de oposición a la dictadura de Augusto Pinochet. Fundada el 30 de octubre de 1957, con cerca de 1200 familias provenientes del llamado «Cordón de la Miseria».

Ubicada en el centro-sur de Santiago, la capital de Chile, alojó grupos de la izquierda política. No resultó raro que se convirtiera en epicentro de numerosa toma de terrenos y protestas. En 1984, el sacerdote francés André Jarlan murió allí, por balas disparadas por carabineros mientras leía la Biblia.

Que a la policía les costara entrar a la población, porque era nuestra, nosotros la habíamos tomado, así afirmaban sus habitantes. Existía una idea de soberanía popular, manifiesta en la disposición innegociable de evitar que las fuerzas represivas entrasen al barrio.

Allí los carabineros, «los pacos», no entraban. No obstante, ellos nos advirtieron de que podían hacer una incursión y cargarnos. Por eso nos enseñaron la salida estratégica, hacia donde nos dirigíamos en tal caso. Toda la organización del concierto fue a nombre del Frente Patriótico Manuel Rodríguez.

A mí no me avisaron que iban a hacer aquello. Fue tal la sorpresa, que mientras Sara estaba cantando, organizaron un saludo militar. Un hombre de pelo largo, caminaba de espalda con una subametralladora dispuesta al aire. A medida que avanzaba en retroceso, el pueblo le iba abriendo camino y el hombre realizaba descargas hacia arriba. Imagínate el susto que nos dimos. El pianista de Sara, terminó agachado alineando su cabeza al teclado. Sara no cayó su voz, siguió cantando: *Yo soy de los que vamos*. En cada pausa de sus versos, sonaba aquella descarga de ametralladora. Desde el escenario, Sara se dio cuenta de aquello, pero los demás instintivamente nos agachamos. Fue una escena de película.

A las exequias no pudimos llegar. Estaba el camión con el féretro y bloquearon la entrada. No permitieron que el pueblo llegara al cementerio. Aquello fue muy grande. Estábamos rodeados, el del albergue nos dijo que tenían escondidos a unos de los fugados por el túnel. Todavía eran buscados por las autoridades policiales, y afirmaron que los presos políticos fugados, estaban escondidos ahí.

»*La fuga más numerosa de presos políticos, producida en los 16 años de dictadura, tuvo lugar dos meses antes de que Augusto Pinochet abandonara el poder. Fue protagonizada por 49 militantes del Frente Patriótico Manuel* Rodrígue*z (FPMR), quienes, a través del Túnel de la libertad, construido durante 18 meses, atravesaron desde la cárcel hasta la calle, refiere un diario chileno.*

»*El 4 de septiembre de 1990, tuvo lugar un funeral de estado a Salvador Allende. La fecha fue escogida por el día en que ganó las elecciones presidenciales y la ceremonia fue llamada «Encuentro por la Paz de Chile».*

»*Salvador Allende se quitó la vida el 11 de septiembre de 1973. Fue durante el bárbaro ataque al Palacio de la Moneda, tras el golpe militar que encabezó Augusto Pinochet, para derrocar a su gobierno socialista. Tras su muerte fue enterrado de noche y sin testigos, en una tumba sin nombre de un cementerio en Viña del Mar.*

»*Al cumplirse 41 años de su elección como presidente de Chile, se efectuó una ceremonia pública de despedida, en el Cementerio General de Santiago.*

También fuimos a una misa oficiada por el cura obrero, el sacerdote jesuita Pepe —José— Aldunate. En los tiempos duros de la dictadura, lideró el «movimiento contra la tortura: Sebastián Acevedo».

»*En honor a quien se prendió fuego, al no conocer el paradero de sus hijos detenidos por el Centro Nacional de Informaciones (CNI), que fue el reemplazo de la Dirección de Inteligencia Nacional (DINA). Este órgano represivo, estuvo a cargo de las detenciones, la tortura y las desapariciones de tantos chilenos.*

Fuimos a la Iglesia y hubo momentos en que nos pedían que nos abrazáramos. El pueblo estaba afuera y, todos a pie, hicieron una peregrinación impresionante hacia el cementerio. Fue una estrategia para que el pueblo se manifestara.

Cientos de personas se acercaron a Sara, al menos para tocarla, para agradecerle a Cuba. Le decían que Cuba los salvó cuando fueron refugiados, por eso no los mataron. Fue muy emotivo, porque todas esas historias se las iban contando brevemente, mientras le ponían delante sus discos y casetes viejísimos, para que ella se los firmara.

Llegamos al cementerio, pero allí no hubo manera de aplacar los ánimos, eran constantes los vítores de todas las organizaciones políticas. Cuando se enteraron de que ya estaba entrando Sara González, empezaron a gritar Cuba, Cuba, Cuba. Te lo cuento y me cuesta trabajo no emocionarme. A Sara le abrieron el paso y llegamos hasta la tumba de Allende, ella se subió y cantó a capela, *Yo pisaré las calles nuevamente*. Cuando terminó de cantar, me dijo Gastón Joya —el padre— quien era el administrador del grupo musical de Sara, en cuanto termine la última estrofa, que se baje de inmediato, porque afuera están 'los pacos' y me acaban de avisar que van a cargar a la gente del cementerio. ¡Vámonos, ya! El pueblo no paraba de aplaudir y vitorear a Cuba. En medio de tanta emoción, yo llego con dificultad a donde está Sara y la cojo por un brazo.

Salimos caminando y delante de nosotras iban unas señoras muy bellas, con su elegancia y medias largas. Nosotras intentábamos avanzar, pero unas parejas de jovencitos comenzaron a abrazarse y aquello se detuvo. La policía los separó y se formó un desasosiego. Las señoras pasan por el medio y rompen ese grupo y nosotras avanzamos. Las señoras aquellas, que de 'pijas' no tenían nada, se dieron media vuelta y comenzaron a gritarle en plena cara a los policías: ¡abusadores, asesinos! ¿Y qué hace Sara González? pues se viró a gritarle: ¡asesinos, hijos de puta! Como correspondía. Gastón y yo, la empujamos con un imperativo: ¡Sara, hay que irse de aquí!

Literalmente la arrastramos, porque Sara era antideportiva, no sabía ni correr. Le gustaba el dominó y nada más. Nos montamos en aquella furgoneta. ¿Y que nos encontramos adentro?, al hombre buscado por la justicia chilena. Allí estaba uno de aquellos que se habían escapado de la cárcel.

El chofer, que, para andar con nosotros, no sé si fue que lo escogieron bien, pero era la viva estampa de Vladimir Ilich Lenin. Con chaqueta de cuero y boina, a él no había que preguntarle su tendencia política, porque era evidente. Yo dije, pues 'que nos salve la vida', porque de allí salimos bajo gases lacrimógenos. La situación era difícil.

El cementerio estaba rodeado de gente de la izquierda política. Con la furgoneta logramos salir y atravesamos por un barrio alto, fue cuando vimos a los niñatos exhibiendo una bandera fascista. Y Sara, que ya venía eufórica, sacó la cabeza por la ventanilla y les gritó: ¡hijos de puta!

El hijo de la señora Cecilia que venía con nosotros le dijo: 'doña Sara, que no la entienden'. Por un momento pensé que la tranquilizaría, pero él lo que hizo fue sacar la cabeza por la ventanilla, para gritarles: '¡la concha de tu madre! ¡Reculiao!' Era la traducción chilena, de lo que Sara intentaba decirles.

Cuando se abalanzaron corriendo detrás de nosotros, «Lenin» aprovechó el cambio de luz para adelantar; pero al pasar la calle se bajó y de frente a los ya distantes 'niñatos', se agarró los genitales. La guagua estaba premiada. ¡Qué girita aquella! No sé, de milagro salimos de allí.

Unos días después, los compañeros del frente le consiguieron una presentación a Sara en un café concierto. Algunos compañeros del cine cubano fueron a verla, porque se habían quedado unos días más. Dentro del salón, había un guardia con una ametralladora.

Cuando salimos de la presentación, un hermano de Cecilia, quien era un escritor conocido, fue hasta el carro del CNI y le dijo: ¿qué hacen aquí? Ellos contestaron, que vinieron a cuidar a la señora. Y él, que era una personalidad, le contestó que para eso estaba él y que se podían retirar, porque ya nos marchábamos. Él fue quien nos sacó de allí.

En otra ocasión fuimos a las Minas de Chuquicamata, a Antofagasta. Curiosamente, la Universidad Católica prestó el teatro para el concierto de Sara, donde también sucedieron cosas simpáticas.

Allí donde la nada se apodera de las zigzagueantes carreteras, la guagua que nos llevaba desde Santiago de Chile, comenzó a perder agua. La solución que encontraron fue, que los varones orinaran el radiador. Si no, cómo pasar el desierto de Atacama, el lugar no polar más árido de la Tierra.

»*Son como cinco horas hasta Antofagasta y solo se ven en ocasiones, algunas tumbas en el terreno de montañas de hasta 6 000 metros de altura.*

Al fin llegamos y nos hospedaron en un albergue de estudiantes. Allí estaban unos tipos medio raros, melenudos y con pitusas. Le pregunté al chofer del ómnibus con quien teníamos confianza, si no se iba a mover del ómnibus, porque teníamos todas las pertenencias dentro.

Cuando Sara terminó el concierto en aquel lindo teatro, la televisión cayó enseguida detrás del escenario. Yo les pedí diez minutos, para que Sara se relajara un poco, porque todos querían entrar al camerino a saludarla.

Salgo un momento en medio de aquella difícil situación y uno de los melenudos me coge por un brazo y me pide: «venga conmigo». Me mete en un aula y cuando entro, yo tenía a aquella tropa de peludos, raros y desarrapados frente a mí, en perfecta formación militar. Aquel que me llevó del brazo, pensaría que yo era la de la seguridad de Sara o no sé quién se creyó que yo era. Lo cierto es que me detuvo a su lado y otro comenzó a darme un discurso de agradecimiento: «en nombre del frente patriótico Manuel Rodríguez le agradecemos a Sara González» y por ahí para allá.

A mí se me hizo un nudo en la garganta, hasta pucheros hice. Yo me sentía chiquitica frente a aquel homenaje y lo único que supe hacer fue: cuadrarme también y en nombre de Sara González, del partido, los CDR y todo lo que se me ocurrió, les di las gracias. No sé cuánta mierda hablé. Salí por aquella puerta y por fin llego al camerino llorando. Cuando Sara me ve, se asusta: ¿qué te pasa? No llores.

Andando con Sara

Con Sara pasaba de todo. Como irnos un día a caminar por un carnaval de La Habana, para tomarnos unas cervezas con un amigo y terminar encima de una carroza con Elio Revé, el Changuicero. Elio la vio desde allá arriba, porque estábamos en el césped del parque Maceo y le gritó a uno: ¡oyeeee, deja subir a la hermana! Imaginé que Sara le iba a decir que no, pero me equivoqué. Tuve que subir detrás de ella, para no dejarla sola. Allá arriba en el coro, estaba Sara con la orquesta. Pasamos por la tribuna del jurado y nos vieron Guillermo Rivera y su esposa, ellos fueron testigos.

Lo más gracioso fue que el locutor, que estaba narrando el desfile del carnaval muy alegremente, describe la carroza, la orquesta, menciona a Elio Revé y cuando ve lo que ve, hace una pausa. Entonces dice a secas: «y la cantante Sara González». Porque hasta él tuvo que hacer un silencio para creerlo.

A la bailarina, que estaba más arriba, le subían las cervezas por un lado, hasta alcanzar la plataforma donde estaba encaramada sobre unos tubos largos y sentí, de momento, que estaba lloviznando. La compañerita se había orinado por esos mismos tubos, al no resistir el embate de tanta cerveza y todo aquello nos salpicó encima a nosotros. Nos dimos cuenta porque un músico miró para arriba y le dijo: ¡mijita, avisa!

La carroza recorrió todo el Malecón y nos dejó en la Punta, así tuvimos que virar a buscar el carro hasta el parque Maceo, muertas de risa y orinadas. No sabes todo lo que te puede pasar, andando con Sara.

Por ejemplo, ella no cargaba nada. Ni el estuche de la guitarra, que era bien duro. Cuando viajaba, lo ponía en la cola del avión y lo iba moviendo a rastras, con el pie. ¡Te imaginas como estaba el estuche! Una vez, va a cantar al hospital Amejeiras y el compañero del sindicato que la iba a presentar, dice con gran fervor revolucionario: «para demostrar que Sara es una mujer de pueblo, humilde y sencilla, no hay nada más que ver ese asco de estuche de guitarra». Todo eso por el micrófono.

Con Sara vivías las más grandes emociones. A veces tenía actuaciones muy importantes y llegando a la casa, me decía: ¡cuéntamelo todo! Y yo le respondía, pero tú estabas allí. No sé, no aclaramos el por qué, era una costumbre entre nosotras. Ella se metía tanto en la canción y podía ocurrir que alguien del público le dijera algo y ella le respondiera y necesitaba que alguien le comentara luego los detalles.

En más de una ocasión durante las conversaciones con Fidel, yo tenía que estar como una esponja, porque después le tenía que contar a ella, todo lo que conversaron. Necesitaba reafirmar esos momentos. Porque después, tomaba distancia para escuchar la narración, precisaba eso. También teníamos suficiente comunicación para, a veces, decirnos sin hablarnos.

Ella era mejor que yo en ciertas cosas. Tenía una intensa percepción de las personas. Muy sensitiva, ella me alertaba a mí. Yo le decía, tú tienes una varita de medir. Y así mismo le abría el camino al que lo merecía. Aquí hay muchas personas que pueden hablar de su lealtad, a quien Sara le abrió las puertas.

La motivación a mi lado

Para poder pintar, en aquel pequeño cuarto del apartamentico de Sara, yo tenía que coger unos prismáticos de teatro y virarlos al revés. O sea, mirar desde la parte ancha a través de la pequeña, para ver en la distancia. Los cuadros hay que verlos de lejos. En ese cuartico donde yo pintaba cuando me mudé con Sara, tenía mi mesa de dibujo, un caballete, los libros, unas sillas y la máquina de coser de Rosa, la mamá de Sara que ya estaba con nosotras.

Había un mueble muy raro, como un closet gris que estaba en el edificio cuando llegamos. En ese mueble, Sara ponía con una chincheta las fotos de su vida personal y de las actuaciones. Un día llegó Silvio Rodríguez, vio que había fotos con otros artistas y ninguna con él. ¿Sara, tú no tienes una foto mía?, preguntó. Entonces, se dibujó él mismo y quedó una caricatura en aquel mueble. Por cierto, se nos perdió. En ese cuarto había un cajón de madera, donde ella tiraba todos los recortes de prensa y los catálogos.

Yo estaba hasta el «pirinpinpín» de pintar así y mi madre tenía setenta años. Mira qué cosa, me parecían muchos y ya la supero. Bueno, es que ya mi madre se había caído de la escalera de caracol, para subir a la 'barbacoa' de la casita que teníamos en Santo Suárez. Como se rompió la cabeza, comenzamos a valorar que ya no debía estar sola. Le dimos a elegir, si quería estar con mi hermana o con Sara y conmigo. Ella, que como boba no era, vino a vivir con nosotras, sabía que tendría más libertad y menos compromiso hogareño. Claro, mi hermana tenía su matrimonio y sus hijos.

Ahí intentamos permutar la casita de mi mamá y la de Sara, por otra para todas. Cuando comenzamos esos trámites, la compañera que atendía 'personalidades' de la UNEAC en aquellos tiempos, nos dijo que le era conveniente si entregábamos las dos casitas, porque podría resolverles sendos hogares a dos artistas más. Le dijimos que buscara un espacio para nosotras y vinimos a parar aquí. Son esas anécdotas de Sara González que te gustan a ti. Porque se reunieron con nosotras y nos preguntaron acerca de la necesidad. Nos propusieron este lugar, pero Sara no quería de ninguna manera vivir en un edificio, porque ella era músico, por lo tanto, ensayaba y le gustaba tocar la guitarra.

Sabía que la música les molestaba a las personas y por nada del mundo quería indisponer la paz de los demás. Ya tenía experiencias y sabía el disgusto que ocasionaba. Así que necesitaría cualquier casita pequeña, pero que fuera independiente para no causar molestia, le dijo.

Sara decía aquello y yo le daba patadas por debajo de la mesa, para que se callara. Yo conocía los apartamentos de los bajos de este edificio, que le propusieron para el cambio. Mientras Sara seguía explicando y yo continuaba dándole, hasta que llegó el momento que me dijo delante de aquel compañero que se reunió con nosotras: «Chica, a ver ¿por qué tú me das golpes por debajo de la mesa?». Y le contesté, a ti qué te cuesta ir a verlo y después decidir. «Bueno, ok», respondió, pero sin estar convencida. Pues al entrar aquí, la luz, el espacio, el panorama y la altura, la convencieron. Porque el sonido sube, no iba a molestar a nadie en el último piso. Mi mamá vino con nosotras y falleció unos cuatro años después de Sara. Era de esas viejas de acero-níquel. Si se rompía el elevador, con noventa años subía y bajaba la escalera, para ir a hacer ejercicios en el círculo de abuelos.

Para hablar de los espacios de creación y cómo lo compatibilizábamos, siendo artistas de diferentes manifestaciones, te diré el primer asunto. Sara decía que ella era más intérprete, que compositora. Cuando escuchaba algunas obras, era muy sensitiva, le penetraban muy adentro. Decía, «después que oí esto, no puedo componer algo con una motivación similar, ya está hecho». Así le iba dando su fuerza interpretativa. Tampoco hacía muchas grabaciones. Solo conformaba un disco, una vez que llevaba varios años cantando esas canciones. Hasta que no maduraba un tema y lo sentía en el escenario, no lo grababa. Entendía que primero debía hacer propias las canciones, la llenaba de todos los matices y expresiones, antes de grabarla.

Cuando sentía que tenía diez, doce o quince canciones 'maduras', que eran 'de ella', aunque no las hubiera compuesto, decidía grabar un disco. Esa era su manera frente a la música. Ante la creación, por supuesto, había tiempos en que algo la motivaba profundamente y hacía un tema.

Sara componía con la guitarra que era parte de su vida, luego tuvo un padecimiento de gota. Al principio y durante mucho tiempo, la guitarra fue parte de su vida, pero la gota puede causar dolores intensos e inflamación en las articulaciones, sobre todo le pasaba en el codo izquierdo. Cuando tú quieras saber, todo lo que no se puede hacer en la vida para mejorar la salud, incluyendo comer todo lo que le gustaba, eso hacía Sara. Después las inflamaciones le provocaban tanto dolor, que la fueron distanciando un poco de la guitarra.

Por mucho tiempo se apoyaba en Pepe Ordaz, un gran artista, compositor, músico, arreglista. Era el director del grupo Guaicán y Sara estrenaba lo que él componía, porque las montaban con el grupo. Algunos tiempos que no viví, seguramente los conseguirás con otros testimonios, pues yo estoy en la década de los noventa, cuando Sara está trabajando con el grupo Guaicán. A Pepe Ordaz le cantaba sus canciones con mucha amplitud de sentimientos y gran entrega.

Después vino Pucho López. Sin establecer ningún tipo de comparación, también te puedo decir que hubo una interrelación, una energía entre Pucho y Sara. Pucho fue repertorista, compositor, arreglista, promotor cultural, un descubridor de cosas. Tocó con grandes maestros del jazz mundial, no solamente de Cuba. Él llega al grupo sin que nadie lo invite. Lo conocíamos del centro de la isla, de Cienfuegos.

Sara se encantó, porque tenían un gran magnetismo. Lo llamé aparte y le dije: Pucho no me embarques, compadre, porque Sara es muy pasional. Quizá ella no te puede ofrecer presentaciones comerciales, a lo que estás acostumbrado. Él había recorrido el mundo con su piano. Le aclaro que el trabajo de Sara es cultural y social. No es de grandes éxitos comerciales, sus logros son de otra índole. No creas que la fama puede ser razón de bienestar económico, no es así para nosotros. A lo que Pucho me respondió: «ya yo toqué donde y con quien tenía que tocar. Viví como quería, ahora quiero estar y trabajar con Sara».

La eligió y fue mutuo. Te cuento esto porque ella deja un poco la guitarra y cuando un tema le interesa, Sara se sienta con Pucho; no sin antes hacer su maqueta musical con la guitarra, aún sin montar la canción. Luego Pucho se va a su casa y le hace el arreglo y ahí comenzaban las llamadas telefónicas interminables, para hacerse preguntas y propuestas. Era un excelente binomio de relación musical. Cuando Pucho venía con una maqueta hecha a máquina, no había ni la más mínima discusión: ¡era eso! Así compuso Sara en los últimos tiempos. Sara y Pucho López, hicieron los últimos temas de su vida musical y posteriores montajes de su repertorio.

Siempre un aprendizaje

Entre nosotras había una relación artística en casa, ella tenía su espacio, ya te lo mostré. Ahí escuchaba y hacía música. Tenía su tiempo privado. Yo, del lado de acá, con mi pintura. Qué pasaba, pues a menudo me metía un grito para que escuchara o viera lo que componía o quería compartir conmigo. Y eso no me molestaba, porque estar con Sara siempre era un aprendizaje.

De acá para allá, podría ocurrir lo mismo. Mira, tengo un método de trabajo, que yo fondeo mis cuadros. Le daba la vuelta al cuadro y le hacía preguntas a Sara. Ella tenía muy buena intuición y cultura visual. Es que los músicos son especiales apreciando el espacio y el tiempo.

Mira, tanto es así que, en el año 2002, yo estaba confrontando dificultades conceptuales con mi obra. Cuando comienzo a convivir artísticamente con Sara y ella me pide ser su representante, tuve que estudiar muchos contenidos, que tenían que ver con el escenario y la música. Eso complementaba también los intereses de la burocracia, de lo que puede ser un «manager».

Conceptualmente mi obra comenzó a chocar con eso. Entonces me encontré con un libro de Leo Brower, donde hace un estudio, una analogía entre las artes plásticas y la música. Gracias a ese estudio de Leo, comienzo a entender que hay un lenguaje común entre la música y la pintura. Comprendo que yo no tengo que ilustrar las canciones.

En mi obra no trato de describir la música. Entiendo el lenguaje y ahí está la búsqueda. La música tiene tono, tiempo, espacios y fugas, al igual que los colores, las líneas. Hay una comunicación en lenguaje verbal y funcional entre ambos. Eso fue lo que comencé a buscar en mi trabajo.

Desde el 2002 hasta casi el 2014, dos años después de que Sara falleciera, es que empiezo a tratar de tomar distancia de esa manera de hacer. Comienzo a trabajar con la música, a «descomponer» los instrumentos musicales, a recomponerlos. Escucho música, trabajo escuchándola, como recurso para canalizar emociones, sentimientos, colores, ideas.

Teniendo a Sara a mi lado, la fuente de información era enorme. Yo le decía, dame un tono triste y Sara me respondía: «mi menor», por ejemplo. Lo que yo tenía, era una fuente de motivación a mi lado.

Y aunque no lo creas, Sara me ayudaba a crear. En casa tengo un tórculo, es una pequeña prensa de tornillo para imprimir grabados, algunos recursos para trabajar. A veces hacía un grabado, una colgrafía que requería ayuda y ella me apoyaba al momento de imprimir, me ayudaba a realizar mi obra.

Para mí, Sara era un concepto. No era un simple ser que canta la poesía. Era mucho más. ¿Que si lo he definido?, no lo sé. Ella es muchas cosas juntas. Sara era calle, pueblo, muy de la gente. Malhablada, pero a la vez muy elevada en sus gustos. Siendo tan popular, era refinada. Esa delicadeza, la expresaba en detalles. Por ejemplo, podía no usar ningún perfume, porque no le gustaba cualquiera. Siempre usó uno que yo le regalé: «Farala». A Sara le gustó tanto, que se quedó con ese. Le gustaban los olores de cítricos, pero siempre fue muy exquisita con eso. Las cosas con calidad.

Tenía un gusto refinado para comer y le encantaba cocinar. Mira esto, aquí hay una colección, porque ella compraba música y libros de cocina. De eso, ni te puedes calcular cuánto. Los discos de placa negra que están ahí, los recopilaba y escuchaba con frecuencia. Esos libros, ella los compraba donde los viera. Como era creativa, partía de una receta y, con lo que encontraba por ahí, cocinaba. Y por supuesto, dentro de toda esa literatura culinaria, está Nitza Villapol y el libro de Amelita y Germán Pinelli, que todavía están aquí.

También le gustaba un buen restaurante chino. No era de arroz frito y pollito de esquina. Si de casualidad nos hospedaban en un buen hotel, en cualquier gira con todo incluido, ella buscaba el mejor restaurante chino para que fuéramos juntas y allí nos gastábamos los únicos cuatro pesos que teníamos.

¡Era tan increíble! En una ocasión, fuimos a un restaurante chino en Barcelona y le trajeron unas galleticas inflables de arroz, que tenían muchos colores. Sara llama al camarero y le dice: 'chinín, ven acá. ¿Y esto se come?'. En otro momento me hizo cruzar una avenida tremendamente transitada, para averiguar qué había allí. El chino me miró desde la barra y me dijo: «la lona». Le digo a Sara, creo que me está hablando en chino. Entonces la que entra es Sara y le dice: ¿A qué hora se come aquí? Vuelve el chino y le dice «la lona». ¿Pero qué cosa es la lona, chino?, insistió Sara. Y el hombre levanta el dedo índice, para que Sara entendiera. ¡Ah chino, la una, hubieras empezado por ahí!

Era el placer del buen comer y el buen beber. ¿Que bebía? ¿Qué no bebió la Nueva Trova? Hasta el Cauto, pero no quiere decir que no les gustara la buena bebida. En particular, a Sara le gustaba el ron cubano y no lo mezclaba con nada. Ni wiski, ni ginebra, ni otra cosa. Y el buen vino tinto, eso sí.

Siempre tenía juegos en la computadora, eso le fascinaba. ¡Y el dominó! Y cuando estuvimos en hoteles donde había un Casino, me decía: ahí no puedo entrar, yo soy ludópata. Conmigo nunca entró.

Quien crea que era una «hippie» y andaba así o de otra forma, pues se equivoca. Tampoco fue de ostentación en el vestir, pero si un día podía comprarse un par de zapatos, uno solo, ese único dinero lo dedicaba a un zapato de calidad. Particularmente le gustaba un tipo de mocasín y con ese único par, se subía al escenario e iba al agro mercado. Igualmente, con el vestir: ni marcas, ni símbolos, ni etiquetas, pero de buena calidad.

¿Protagonismo entre artistas? Eso va en la personalidad de cada cual y en el ser humano que hay en el artista. Sara fue una mujer de guitarra y voz, una trovadora; pero esa mujer fue buscando a Virulo, para crear humor y ello necesitaba de un colectivo, donde ella pudiera aprender. Ese mundo requería interrelacionarse y educarse en la actuación. De igual forma, nace del Grupo de Experimentación Sonora del ICAIC donde el trabajo fue colectivo. Leo Brower los unió, Sara era de una academia de lo colectivo.

Yo también soy así. Me siento sustancialmente grabadora, porque me gusta el taller, donde tus compañeros te dicen «eso no sirve», o «cambia esto, pon aquello». Eso es academia, lo digo por el aprendizaje colectivo.

En casa teníamos una interrelación, con el entorno creativo de nuestra obra individual. Aquí también era así, nadie se ofende, nadie es mejor que nadie, como les sucede a muchos otros artistas. Esa idea del parnaso o del 'no me molesten que estoy abstraído…' no era así. Aunque es cierto que necesitamos de la soledad para la creación, no quiere decir que éramos todos de esa manera.

Incursionar en el humor, atrajo críticas y prejuicios sobre Sara. En ese tiempo yo no convivía con ella, pero sí te puedo decir que, si alguien fue revolucionario en lo sustancial, esa fue Sara. Fue muy criticada y mal vista por irse al Conjunto Nacional de Espectáculos, pero también lo fue por asumir al grupo Guaicán, quienes eran músicos de oficio, algunos no habían estudiado. Creo que solo era profesional Gastón Joya, padre. Y ya ves la magnífica obra creada.

Sara era trasgresora de todo y en todos los sentidos. Le gustaban los retos y no porque no sufriera. Al respecto, te puedo contar cosas muy serias. Por ejemplo, Sara tuvo un incidente conduciendo, por detrás del Estadio Universitario. Cuando le reventó una goma del carro, que estaban en mal estado, ella perdió el control de la dirección del vehículo y tropezó con el contén. Al frente estaba una escuela del Partido, de donde salió todo el mundo. Sara, enojada por lo que le pasaba y mal hablada, dijo improperios en lo que levantaba el maletero, para ver cómo resolvía aquel asunto. De pronto, salió un compañero. No creo que lo fuera, un señor y le llama la atención por decir malas palabras. Y Sara le contestó, como ella sabía hacerlo y lo mandó para donde creía. Ahí estaba Mario Balmaceda, quien la ayudó a cambiar las gomas y trató de calmarla. Igualmente, intervino frente a este señor.

Meses después, Sara fue citada a un juicio en un Tribunal Popular. El hombre acusó a Sara de desacato y falta de respeto a su autoridad. Sara fue solita. No quiso abogado. Tuvo que escuchar a aquel señor decirle lesbiana con las peores palabras y, además, 'su versión' fue que Sara se estaba besando con alguien y por eso había perdido la dirección del vehículo. Un hombre soez y vulgar. Sara fue sancionada, perdió su licencia de conducción por no sé qué tiempo, porque entonces yo no vivía con Sara.

Conozco esta historia mucho después, por mis funciones de representante. Al hacer los trámites en la embajada de España para una gira de Sara, pidieron los antecedentes penales del grupo y las únicas dos personas que salen señaladas son: Sara González y el utilero. Gracias a un imbécil, homofóbico y estúpido que la había acusado.

¿Te das cuenta cómo era Sara? Cuando la senté y le dije qué es esto, me respondió: «ay, de eso ni me acordaba». Igualmente me dijo: «tú sabes por qué pude olvidar eso tan rápidamente, porque cuando salí del juico, me encontré con un señor en la calle, un hombre de pueblo que me pidió un abrazo, porque me admiraba. Yo que estaba tan triste y humillada cuando salí de ese juicio, lo único que hacía era llorar. Cuando ese hombre me abrazó fuerte, se me olvidó todo lo demás».

Sufrió por la homofobia. También sufrió por ser mujer en un mundo de hombres de la música. Fíjate que los músicos tienen una expresión de fortaleza, que dicen «eso suena macho». Definirse, era un acto de rebeldía total. También ella asumió su preferencia sexual, como un acto revolucionario. Fue un concepto de vida en este país, por ser mujer, músico y lesbiana, en momentos de tantos rezagos. Fueron muchos años de interrelación y, razones para poder vivir, tantos años juntas, muchísimas razones. El amor da para grandes y pequeñas cosas importantes.

Y SEGUIMOS VIVIENDO

A Sara se le quebró la salud, no solamente por el cáncer. Estuvimos en México y Sara me dice que tenía unas pérdidas menstruales, ya estaba en la menopausia. Resultó que tenía un fibroma y la operan. Derivado de ello, comienza a hacer una osteoporosis severa. La cabeza del fémur estaba bien debilitada. Además de la histerectomía parcial a la que había sido sometida. Ella fumaba, bebía, comía sin orden ninguno y era sedentaria. No hacia ejercicios, dicho por ella misma: 'no jugó, ni a las escupías'.

Cuando la increpabas, tenía un chiste al respecto: «mi deporte favorito es barra fija, levantamiento de vidrio y jaibol». Encima 'la gota', porque se buscó quien la sirviera de los frutos del mar. Res no había, pero en una isla, se agenciaba los pescados y mariscos. Disfrutaba de la vida, como de todo lo que comía, eso sí.

Luego estuvo casi dos años en silla de ruedas, por riesgo de fractura. Con menos de 60 años, tenía tanta pérdida de calcio y osteoporosis de cadera, que se vio implicada en varias intervenciones quirúrgicas y rehabilitaciones. Su doctor le dijo que había un equipo de especialistas norteamericanos, en colaboración médica y podían estar presentes para su operación. Y Sara le dijo, ¿un norteamericano, a mí? No, yo soy antimperialista. Me operas tú. Obviamente lo hacía por respeto a sus doctores, Ceballos y Balmaceda.

Así mismo como estaba, siguió trabajando. Fue a actuar a República Dominicana. En la feria de Santo Domingo, cantó con Sonia Silvestre, luego fue a España y aquí en Cuba. Posteriormente, sus presentaciones fueron muy puntuales, no de tanta movilidad como antes.

Hice una exposición a la que llamé *Formato roto* y Estrella Díaz, curadora, especialista de Artes Plásticas, periodista y amiga querida, se inventó esta idea. Eran más de treinta piezas que expusimos en la sede de la *Jiribilla*, donde Sara hizo un concierto. Allí nació la idea de hacer una gira nacional y nos fuimos los tres, con Angelito Quintero. Fue una gira de gitanos, pero muy linda.

Recuerdo que, en Sagua la Grande, hicimos una pequeña presentación en la galería de arte. A las ocho de la noche no veía a nadie, entonces le dije al compañero de cultura: 'aquí no va a venir ni Dios. Esto está pelao'. El hombre me mira y me dice, es que aquí somos tímidos, están en el parque. En efecto, cuando abrieron las puertas de la galería, aquello se llenó y el parque se quedó vacío.

Sara tenía la salud resquebrajada y estaba adolorida, no era fácil. Después fue el proceso del cáncer. Estuve siete meses con Sara en el hospital, a ambas nos tuvo que atender una psicóloga. En particular, yo tuve pérdida de memoria. La doctora que me atendía, me explicó que no era un fenómeno fisiológico, sino una autodefensa para centrar mi atención en Sara. Paulatinamente he ido recordando cosas, pero al principio fue muy difícil.

En 2008 debía exponer mi obra en España y nos fuimos juntas. Sara tenía una pierna muy inflamada, muy rara. El angiólogo decía que era un proceso normal, por todas las operaciones anteriores. Por prescripción médica, tenía indicada la Heparina en el ombligo, era yo quien la inyectaba, me convertí en su enfermera.

Con toda esta situación de salud, a Sara no la paraba ni un tren. Ella iba para donde tuviéramos actividades. Podía quedarse en casa de nuestra amiga Mayda Bustamante, donde se le trataba como a una reina, pero no. Ella era de batalla. Siempre palante, palante.

Aquí tuvo atención médica de inmediato. Sergio Corrieri, gran artista y amigo, había sido atendido por un gran angiólogo, que le salvó la pierna con un tratamiento de células madre. El doctor Heriberto Artasa, del hospital Nacional. Él vino a la casa, especialmente a revisar la pierna de Sara. Cuando terminó la revisión clínica a Sara, me llamó a aparte y me dijo: en el peor de los casos, Sara tiene un Síndrome de Meigs. Es un tumor ovárico, puede que degenere en cáncer. Impresionante ese médico. Sexta operación a Sara y una histerectomía total. Aquel gran tumor que resultó benigno, comprimía colón, hígado y demás. Vinimos para la casa y seguimos viviendo.

De pronto, vino el gran trastazo. Sara comenzó a bajar de peso y un estado de apatía, somnolencia y hasta cambios en su personalidad. Aun así, seguía ensayando sin parar. En ese proceso, ella inventó el proyecto el Jardín de la Gorda, que duró uno década. No era una peña para ir a cantar, definíamos un proyecto. Los invitados montaban las canciones de Sara, con su grupo y ella cantaba. Eso llevaba mucho trabajo, porque también ella cantaba las canciones del invitado. Tenía que ver con la Literatura, con las

Artes Plásticas, entre otras manifestaciones artísticas. Allí se tiraban telones y todo eso. Llevaba participación de invitados nacionales y extranjeros, como fue Roy Brown, Sonia Silvestre y Víctor Víctor, aunque no hago memoria de todo. Qué se yo, pasó todo el mundo y se hicieron cosas bellísimas.

Ella no quería que se muriera «el jardín» y yo hice un compromiso con ella. Lo hemos mantenido ocho años después de que Sara desapareciera físicamente, pero con mucho, mucho trabajo. Se está haciendo muy difícil; a ver cómo los tiempos me permiten cumplir con Sara y que se mantenga su última creación.

En uno de esos últimos domingos de cada mes, durante un ensayo, Sara se quedó completamente sin voz. Ya habíamos tenido serias discusiones por su salud. Discutir con ella no era nada fácil, estaba negada rotundamente a ir al hospital. «No voy y ya», me dijo. Lo único que conseguí fue que dejara de fumar, por lo menos diez años antes de morir. Mentira, yo no lo conseguí, fue ella quien dijo un 31 de diciembre, «este es mi último cigarro». Al escucharla le dije, si tú apagas el tuyo, yo también. ¡Pero apágalo! Yo dejé de fumar por amor a Sara.

Cuando comencé a vivir con Sara, ya no bebía como antes. Entonces bebía socialmente, aunque dijeron de todo sobre ella. Realmente vivió como quiso y no le importaba lo que opinaran de ella. Con esa personalidad, era fácil estigmatizarla. Sara era una leyenda.

Ese día, cuando perdió la voz, en vez de doblar para la casa, seguí para el hospital. Me preguntó a dónde vamos y no le contesté. Cuando habíamos avanzado, le dije, vamos directamente para el hospital. «No voy». Si vamos, le dije.

Inmediatamente que la auscultaron, vino el cirujano y me afirmó, «esto es grave». La llevaron a una sala y ahí vivimos siete meses de nuestras vidas.

En diciembre, me gestionaron una cama fowler, me dieron unas inyecciones de calmantes, que podría necesitar ante alguna convulsión. Ya estaba alucinando. En días previos, después que pasaba este terrible momento, ella me decía sin perder su sentido del humor, «fue que me subieron guayabitos a la azotea».

Sara en el hospital, al cuidado de Diana y el personal médico.

A veces aquello era muy fuerte. Con los cojines de los muebles y lo que encontraba, yo tapaba todas las ventanas de la sala del hospital, para que ella perdiera el miedo. Luego, lo ponía todo en su lugar. Otras veces, le afloraban recuerdos del pasado, se manifestaba ansiosa. Y para la cuidadora, qué decirte, salí fundida de allí. Pero, lo que sí te puedo asegurar, es que Sara nunca dijo: «que dolor, me voy a morir». Sara nunca se quejó. El organismo produce moléculas paraneoplásicas, que se alojan en el cerebro y era muy increíble la vida que vivimos esos siete meses. Fue como una vida de fantasía total. Por ejemplo, al día siguiente de su ingreso, hubo que hacerle una colonoscopia. Previamente, la doctora quiso hablar a solas conmigo y le dije: «yo sé». Solo quiero saber algo, qué le doy de comer. Me respondió, todo lo que ella desee. A veces tenía apetito, otras no. A ratos estaba autoengañada y otras veces no.

A Sara la operaron, pero el mismo médico me dijo, si llego a analizar esto no la operamos. La relación con el personal médico fue tan linda, que hasta la enfermera cantó en el Jardín. Hicimos muchas cosas, como un Jardín de la Gorda en el anfiteatro del hospital y allá fueron las y los trovadores, a cantarle a los trabajadores del centro médico.

Aquí vinieron unas amigas que tenemos en Madrid. Una de ellas es actriz y promotora de arte, vino al festival de teatro. Su obra se llamaba *Un chupito de poesía*. Sara quiso ir a su actuación.

Estando en el hospital, ingresaron a Alicia Alonso. Y Sara me dijo, «vamos a verla». Sara se estaba muriendo. La acomodé, porque le habían puesto una bolsita recolectora, por la colonoscopia. Gracias a Mayda Bustamante, que envió con cuanta persona venía desde España para Cuba, lo que Sara necesitara. Incluso una faja especial para que ella pudiera mantener un poco de dignidad, para humanizar este proceso con algunos detalles de alivio, que en Cuba no los tenemos. Sara estuvo muy, muy cuidada, porque la amistad es muy linda. Y amigos no le faltaron nunca.

El caso es que la llevé a ver a Alicia y es Simón, su esposo quien abre la puerta. Entramos y Alicia estaba desayunando. Ante la sorpresa, Alicia le dice: «Sarita, que pena me da contigo, estoy acabada de levantarme y no me he arreglado». Conversamos y nos despedimos. Pues, me llevo a Sara para la habitación y al rato tocan a la puerta. ¿Quién podría ser? Alicia, perfectamente maquillada para su visita social, como corresponde. Obviamente, la llevaba su esposo Simón.

En días finales del año 2019, visité la casa de Alicia Alonso, un regalo de vida para mí, vi mis ausencias en la mirada profunda y triste de Pedro Simón y también su generosa ternura. Gracias a él pude acceder al último documento escrito a mano por Sara, fue una copia del texto de *La victoria*. Casi al final en la vida de Sarita y de Alicia, mientras ellas conversaron, ésta le dijo cuánto le gustaba su canción. Sara con la mano temblorosa le copió y regaló el manuscrito.

Otra vez, ingresaron a otro espíritu libre, Sergio Vitier. Había que verlos juntos y haciendo cuentos. Aquello era para morirse de la risa. Un día estaba una negra bellísima bailando en la televisión y le digo a Sergio, 'eso es lo tuyo'. Y me dice: « ¡Na! Lo mío ya yo lo tuve, fue una que le decían el Niño Valdés, era grande y fuerte». A mí me encantaba Sergio, es que era un hombre culto con guapería cubana. Junto a él, Sara no aguantaba la carcajada.

Coincidió allí con Enrique Núñez Rodríguez. Mucha gente linda. Fidel no la visitó, pero llamaba al médico y me informaban a mí. El doctor Elliot la lloró mucho, no fue capaz de ir al Jardín de la Gorda, porque no se sobrepuso a la muerte de Sara, aunque envió a su esposa e hijo. Imagínate tú, un cirujano que no se sobrepuso a la muerte de su paciente.

Sara hizo muchas cosas, casi arrastrándose. Era todo espíritu. Pasamos unos días en la casa, pero el 28 de diciembre convulsionó. Aunque le puse la inyección indicada, tuve mucho miedo y llamé a una ambulancia. Estuve en la Unidad de Cuidados Intensivos, me lo permitieron excepcionalmente. De ahí ella no salió más, hasta el primero de febrero.

Estaba consciente y fui a ver al director del hospital y de este final, te lo cuento ahora porque no lo podré volver a decir. Le dije al doctor, Sara está consciente y no se merece ser espectadora de su muerte. Ella es una mujer muy vital y quisiera tenerla lúcida todo el tiempo, pero sería un egoísmo mío. Ustedes no creen en la eutanasia, pero tiene que dar una solución. Ella ha vivido, ha cantado a la vida.

Me dijo, usted tiene que buscar a un familiar, porque se le puede aliviar con morfina, pero tiene que haber un familiar. La cabrona ley. Y cuando yo defiendo el derecho, yo no creo mucho en el matrimonio, para mí lo de los papeles no significan nada, por el concepto burgués del matrimonio. Pero mira la situación, cuando los homosexuales no podían casarse. Esta es la situación que yo viví.

A Sara le quedaba una prima y los hijos de ésta. Yo llamé a Abel Prieto y vino de inmediato, fue capaz de argumentar esa decisión, como yo misma no hubiera podido hacerlo. De ahí fue inducida al coma.

Una vez hablamos de esto, solo una. Me dijo, «gordita, yo me voy a morir». Le dije: «mi amor, cuando te mueras. De momento vamos a vivir y no vamos a hablar más de esto. Vamos a vivir». Nos divertíamos muchísimo, como si no fuera a pasar nada. Comprábamos globos y llenábamos la habitación. Poníamos música. Hacíamos café irlandés, tomamos unos vinitos. No te puedo explicar.

En el hospital fueron muy pacientes, porque quizás nos saltamos todas las normas. No sé cuánto dinero me pude gastar en esos meses, comprándole el helado que le encantaba, *Haagen dazs*. Carísimo, los vendían en el supermercado y costaba un potecito de mierda muy pequeñito, 7 CUC; los melocotones y las fresas con crema de leche, qué no le daba yo. La única salida que hacía de esa sala, sabía que era para comprarle esas ricuras a ella. A veces se antojaba de espaguetis. Niuska Miniet, del paladar El Decamerón, es una trovadora excelente, hizo esos espaguetis especiales y me dio una botella del mejor vino que tenía. Otra vez se los compré en la Alianza Francesa, que ella era miembro de honor de allí. Le encantaba la comida italiana y en otra ocasión le fui a buscar comida china.

Estando en el hospital, le dieron la condición de Maestro de Juventudes. Allí se aparecieron los muchachos de la Brigada Hermanos Saíz, con bocaditos, vinitos. Celebramos en un pequeño local que tenían allí y Sara cantó. Una vez se apareció Liuba, disfrazada de monja. Nos reímos demasiado.

Aquel 28 de diciembre, ella estaba en su silla de ruedas, en la esquinita de la terraza de la casa. Miró hacia abajo y observó la hilera de árboles de la calle Línea, cargados de florecitas blancas. Lo último que dijo consciente, fue: «mira Diana, qué lindos están los árboles».

A mí me cuesta mucho tener eso, que la gente llama 'fe', pero cuando en esta casa se comparte y se bebe, yo cojo su vasito y le pongo su trago de ron. Cuando se termina la fiesta, voy a su esquina y le echo ese trago. Sara era increíble y me acuerdo de los ratos felices, no de los recuerdos tristes, porque son muy duros.

En esta vida nos hemos despedido de tantas personas, a veces bregamos con tantas incomprensiones, el acoso político en cualquier país, durante las entrevistas. En Canarias, en el teatro Pérez Galdós y nos pusieron una bomba. La cónsul de Cuba, Carmen Migdalia —ya jubilada— entró al camerino con una botella de ron y dijo a los músicos, vayan bebiendo ahí. Fue para distraerlos, pero me dice a mí, ven para acá, hay una denuncia de amenaza de bomba. Cuando salí, estaban las tropas aquellas registrándolo todo y eso te saca de paso. Efectivamente, pusieron un artefacto en el baño, afortunadamente de humo, para intimidarnos.

En otra ocasión, le pusieron un cartel en su puerta de la casa de San Rafael, decía: «no vas a cantar más victoria». Cuando yo me mudé con Sara, todo el mundo tenía el derecho de ir a la casa, a hacer tiempo. Todos los que tenían programas de radio o televisión, allí 'hacían media'. La casa era un 'potrero', porque Sara siempre fue un 'corazón con dos patas'. Pero yo tenía que pintar.

Entonces puse en la puerta un papelito que decía: «si no es necesario, no toque, estamos trabajando». Porque ya era demasiado. En ese papelito le pusieron como tres veces, esa amenaza.

Cuando la eligieron delegada del Poder Popular, sacó 97,1 por ciento de los votos. No por artista, sino por solidaria. Ella era de Cayo Hueso. Que en broma decía, 'soy del Queygues'. Cuando pasaba caminando, si había una mujer con frío, se quitaba el abrigo y se lo daba. Si había una mesa de dominó, ahí se sentaba a jugar con ellos. Siempre fue del barrio.

En pleno Período Especial, Sara me decía, voy a buscar viandas. Y yo le contestaba: ¡qué! Porque no había nada. Pues ella salía a caminar, se metía en un solar vecino y decía, necesito unas vianditas para un ajiaco y salía cada uno con un boniato, otro con una malanga, un pedacito de calabaza para la olla. Es que la querían, porque igualmente ella lo daba todo. Yo te digo que estábamos cuidadas en el barrio, el chapista era abakuá. Se nos acercó un hombre fuerte y nos dijo: «ustedes están cuidadas aquí, no hay problema».

De su casa de Marianao donde nació, decía era en 'las Alturas del Coco'. Y yo le respondía, eso se llama 'palo cagao'. El 13 de julio de 1997, celebramos aquí un cumpleaños, aun sin muebles, pero tan felices.

Alfredo Guevara y Haydeé Santamaría.

Pero «la Casa» para Sara, fue la de Haydeé Santamaría; quien vincula a los trovadores con Alfredo Guevara. A ella se le ocurre que él diseñe un espacio, para que ellos puedan crear y vivir de ello. Es un «cocinao entre ellos», lo que hicieron es más de lo que se ve. Silvio había visto cantar a Sara, en el preuniversitario Manolito Aguiar. Ellos se querían muchísimo. Sara tuvo mucho vínculo con la Casa de las Américas, hizo conciertos muy bonitos. Ahí le proponen musicalizar los versos sencillos de José Martí. Pasaron catorce años y no se le grabó más un disco; para la Egrem Sara no existía y a ella le importaba un carajo. La ignoraban y ella seguía haciendo su obra. Quizá consideraba que no era tan prolífica como autora.

Sara decía que ella era sustancialmente la intérprete de sus canciones y de las que le significaban de los demás autores. Decía siempre, «cuando tengo un sentimiento y encuentro una canción que lo refleja, ya no tengo que componer». Esa era su explicación. A veces componía y no las inscribía. Los demás le hablaban acerca del derecho autoral, del futuro. Y respondía: «yo no tengo que dejar nada, lo que tengo es que hacer. Soy trovadora, intérprete. Sonera, guarachera, bolerista, porque a mí lo que me importa es la buena música popular».

Sobre algunas canciones emblemáticas, siempre decía que eran canciones por encargo. Y no eran tal, porque todavía están ahí. Dicen los cercanos que *La victoria*, era la única canción que Fidel se sabía, además del Himno Nacional. El camarógrafo Roberto Chile grabó un momento en el Parque Central que, si te fijas bien, a Fidel se le van humedeciendo los ojos. Dijo Chile en una entrevista, que fue la única vez que vio correr sus lágrimas. El camarógrafo estuvo el día en que echamos las cenizas al mar. Te prestaré las imágenes, porque no las puedo volver a ver.

Yo sé, porque me lo han dicho muchas personas, que a Silvio le cuesta mucho estar en los hospitales. De hecho, en una ocasión, una hermana de Silvio estaba en la Unidad de Cuidados Intensivos, en el mismo momento de la gravedad de Sara. Ahí lo encontré, yo estaba adentro, Silvio fue hasta la puerta y me pidió por favor que yo le llevara a su hermana, lo que él le traía. Y yo me quedé pensando, si yo estoy adentro, Silvio también puede estar. Después supe que Silvio no acostumbra a ir, ni a visitar los hospitales, que hace un fuerte rechazo a ello. Sabiendo esta anécdota, tocaron un día a la puerta de la habitación del hospital y era Silvio. Verlo allí me conmovió mucho y todavía me conmueve, porque me dijo: «dispongo de dos horas para estar con Sara, puedes descansar o hacer lo que quieras». Yo me fui, porque entendí que él quería estar con ella. Le dije, te lo agradezco, cerré la puerta y me fui. Comencé a caminar y me senté en los jardines del hospital, a esperar a que pasaran aquellas dos horas.

Sara no me dijo lo que sucedió ahí dentro, estaba muy malita y a él no le pregunté. No soy testigo de lo que conversaron, de lo que cantaron, de lo que se dijeron. Yo solo sentí que él quería estar junto a ella. Eso es muy bonito, porque esa necesidad de compartir con ella, todavía se lo agradezco y me estremece. Le respeté ese deseo.

Ella y yo habíamos hablado de «la que se fuera primero» y solo dijo que quería echaran sus cenizas al mar. No me esperaba que eso fuera a ocurrir así; fue un momento muy difícil para mí. Pensándolo bien, hicimos de esa, una conversación divertida. Me dijo: «soy citadina, a ti no te queda más remedio que depositarme en el mar, pero el de la bahía». Le dije: «te vas a llenar de mierda», por entonces estaba bien sucia la bahía de La Habana. Me respondió: « ¡no me importa, que sea en el mar!». Tenía idea de alquilar un botecito, me acerqué a la persona encargada de Guardafronteras y le dije, necesito un barquito para sacar las cenizas de Sara no en la bahía, sino un poco más para afuera de la bahía, si eso fuera posible.

Sara falleció el primero de febrero de 2012, a las 6.45 de la tarde. Estaban cerca Abel Acosta, Augusto Blanca y Rosi, su mujer y Andrés Gómez, de la brigada Antonio Maceo, que llegó. Todos ellos me preguntaron, qué iba a hacer.

»Aun Diana mira en derredor, en aquel espacio que fue y es únicamente de ellas. Nadie me podría hablar más profundamente de Sara. Primero, por la hondura de su memoria, por el valor de sus recuerdos y por la ternura de sus palabras. Entonces queda la evocación de un tiempo útil, hecho canciones, abrazos, risas, lágrimas y formas de creación. Un tiempo de amor.

»Yo no sé cómo quedó Diana el último día en que, por fin, hablamos del tiempo físico final, de instantes, de adiós. De eso que no se quiere repetir ni con palabras. Pero fueron frases envueltas en un mal tiempo repentino, por lo que tuvimos que ir de la terraza a la salita de Sara. Aquel lugar donde permanecía largas horas, donde están sus cosas. Aquel espacio en el que, cuando entré por primera vez, sentí su presencia y que, al despedirme, lo rodeaba un viento huracanado casi visible tras los cristales.

Sara en su Jardín de la Gorda *junto a trovadores y otros artistas.*

Aún sin Sara, en el Jardín de la Gorda *no hay silencios. Gracias a Diana, sigue lleno de canciones y pueblo.*

SER UN POCO PABLO

ARTÍCULO PERIODÍSTICO DE LA AUTORA, COMO HOMENAJE PÓSTUMO AL QUERIDO Y ENTRAÑABLE TROVADOR CUBANO PABLO MILANÉS FALLECIDO AL CIERRE DE LA PRIMERA EDICIÓN DEL LIBRO.

(24 de febrero de 1943, Cuba - 22 de noviembre de 2022, España).

A la pregunta de qué es cantar, Pablo respondía "ser un poco, pero no totalmente" y continuaba, "porque el canto no lo es todo, pero es gran parte de la vida de uno". Decía con absoluta sencillez, sin reconocerse un icono de la Nueva Trova cubana y latinoamericana, como lo es. Bastaría repasar su legado, canciones como crónicas de su tiempo, del amor y de Cuba.

El cantautor cubano Pablo Milanés, considerado uno de los principales exponentes de la canción de autor en español, falleció a los 79 años. Aún endeble ante pesares de salud, la muerte lo sorprendió soñando canciones en España, cuando estaba por hacer presentaciones en México y República Dominicana, que debió suspender por sus dolencias.

La última actuación en su tierra natal, fue en un concierto celebrado en la Ciudad Deportiva de La Habana, el 21 de junio de 2022, que resultó —no por esperado— todo un acontecimiento. Al respecto, Pablo dijo agradecido: "Siempre he dicho que Cuba es mi mejor público, pero ustedes ya se pasaron". Lo expresó ante quienes se encontraban en las gradas esperando escuchar los temas que forman parte de la gira "Días de luz".

En casi dos horas de recital, presentó ante su más fiel público, algunas icónicas canciones, como "Comienzo y final de una verde mañana", "Si ella me faltara alguna vez", "De qué callada manera", "Para vivir" y "El breve espacio en que no estás", que son parte de la banda sonora de tres generaciones de cubanos.

En su trayectoria musical, encontramos una mixtura de géneros entre tradicionales y modernos, que demuestran una versatilidad interpretativa. Lo sabemos por su incursión exitosa en el filin, el bolero o el jazz. Como en sus emblemáticos temas musicales saboreados desde el son cubano y la rumba nacional.

Con sus más de 400 emblemáticas canciones, que expresan las raíces culturales de la cultura cubana, fue también reconocido internacionalmente con dos premios Grammy Latinos en 2006, y uno a la Excelencia Musical, en 2015.

En el amplio catálogo musical recoge títulos propios, de colaboración con otros artistas, y grabaciones en directo. Son relevantes por su valor cultural, las series de discos que destinó a la recuperación de música tradicional cubana, de la cual se sintió un honrado heredero.

Su magna obra, fue reconocida en homenaje póstumo por el Ministerio de Cultura de Cuba (Mincult), que resaltó en su página web —versionada en el diario Granma— las magníficas presentaciones del cantautor cubano.

"Autor de una obra monumental, su legado musical constituye un referente ineludible de la identidad y la cultura cubanas, sus canciones y magistrales interpretaciones integran por derecho propio la banda sonora de la Revolución Cubana".

Reflejó además la "extensa y fecunda" carrera musical de Pablo Milanés, que contempla "más de 40 fonogramas e inolvidables colaboraciones con numerosos músicos cubanos y con varios de los más grandes artistas de Nuestra América y otras regiones".

Nacido en la zona oriental de Cuba de Bayamo, el 24 de febrero de 1943, tenía muy definida su prioridad en la vida artística. "La música es todo para mí, la mejor forma que encuentro para expresarme, la mejor manera de sentir e incluso de pensar. Creo que los músicos contamos con otro lenguaje muy especial, que nos permite comunicar, eso es algo único".

Fundador de la Nueva Trova cubana —constituida oficialmente desde el 2 diciembre 1972— junto con Silvio Rodríguez, Noel Nicola, Vicente Feliú, Augusto Blanca, Lázaro García y Sara González, entre otros destacados cantautores cubanos que encabezaron el legendario y fundacional movimiento artístico, nutrido del viejo sentimiento poético trovadoresco, renovador de formas tradicionales, para llevar a la canción de su tiempo, la poesía y el compromiso patrio.

Antes de definir su trabajo en la nueva canción —la Nueva Trova Cubana— trabajó como solista y formó parte de las agrupaciones Cuarteto del Rey y Los Bucaneros.

Este es el punto más evidente de relación entre esta corriente musical y la nueva trova, o al menos así dicen los expertos de la canción "Mis 22 años".

En febrero de 1968, por primera vez los noveles trovadores son invitados. Esta vez, al concierto de la Canción Protesta en la Casa de las Américas de La Habana, los que derivarían en figuras legendarias de la Nueva Trova cubana: Noel Nicola, de 21 años, Silvio Rodríguez de 22 años y Pablo Milanés, con 25 años.

El más joven definió su compromiso muy tempranamente, como sus compañeros, con este movimiento: "a través de una profunda revalorización de nuestras tradiciones, de nuestro acercamiento desprejuiciado y crítico a los valores más genuinos de nuestro acervo cultural, es como podremos desarrollar un arte verdaderamente revolucionario".

En el disco dedicado a la obra de estos jóvenes cantautores cubanos, editado por el centro de la Canción Protesta, Casa de las Américas, aún se le nombraba "canción revolucionaria y de protesta antimperialista en Cuba". Cuentan que ese día el repertorio preparado fue insuficiente, porque el concierto se extendió durante horas.

Pablo también integró el Grupo de Experimentación Sonora del ICAIC, creado en 1969, que reunió a algunos de los rebeldes de la época.

Según Silvio Rodríguez, "Haydée —Santamaría— sabía que Casa de las Américas no tenía la estructura para sostener un grupo musical. Junto a esto estaba su percepción sobre el movimiento de la canción y de cuán lejos podría llegar, por eso, preocupada por no poder hacer más, le propuso a Alfredo —Guevara— que acogiera la creación del GESI dentro del ICAIC".

La iniciativa incluyó a Pablo Milanés, Silvio Rodríguez, Noel Nicola, Eduardo Ramos, Emiliano Salvador, Sara González, Sergio Vitier, Pablo Menéndez, Leonardo Acosta, Norberto Carillo, Genaro García Caturla, Leoginaldo Pimentel, Carlos Averoff y Norberto Carillo, entre otros talentos, creadores aislados, que aprendieron a trabajar en conjunto.

Pablo Milanés, entonces ya tenía una formación musical, a diferencia de otros, aunque el trabajo colectivo de intercambio, el estudio y la búsqueda de temas y expresiones musicales renovadoras, hizo la diferencia y los puso en el camino de crecimiento estético.

Por ejemplo, dijo el cantautor Noel Nicola en entrevista a Guillermo Villar acerca del tema musical *Cuba va:* "fue una pieza solicitada al grupo, por el cineasta inglés Félix Green, como tema para un documental del mismo nombre".

"Silvio, Pablo y yo —dijo Noel— nos pusimos de acuer-do en la casa de Sergio Vitier en una tonalidad, en un ritmo *beat* cubano y en hacer cada uno de nosotros una estrofa además de un posible estribillo. A los tres días ya estaba hecha la canción. La estrofa de Pablo tenía más bien carácter de introducción, la mía de cuerpo central y la de Silvio conclusiva".

Acerca de este fenómeno cultural que constituyó, entre muchos aciertos, la banda sonora de la realización cinematográfica desde la joven Revolución cubana, el musicólogo Roberto Valera, puntualizó que en el ICAIC por esos tiempos, no solo se hacía cine: "la institución formaba a cada uno de los que estaban ahí y gracias a su política en contra del dogmatismo y la rigidez cultural, se llegó a crear una agrupación de ese elevado nivel".

Tres generaciones de trovadores e intérpretes han bebido de esa esencia e igualmente miles de personas de Cuba y el mundo, crecieron escuchando sus canciones imperecederas. Con influencia en la apreciación estética y el pensamiento, de la cual fue una parte importante la presencia de Pablo Milanés, quien desde el GESI, contribuyó al enriquecimiento del universo musical, espiritual y la conciencia social.

A través del tiempo, decenas de álbumes conforman el catálogo discográfico de Pablo Milanés, uno de los tesoros musicales más ricos de Latinoamérica, escuchado en actuaciones en todos los continentes.

De igual forma sus canciones han sido interpretadas en conciertos y grabadas por artistas de la talla de Silvio Rodriguez (Cuba), Joaquín Sabina (España), Soledad Bravo (Venezuela), Simone (Brasil), Tania Libertad (Perú), Manuel Mijares (México).

También cantado por los reconocidos interpretes Ana Belén (España), Víctor Manuel (España), Amaya Uranga (España), Caco Senante (España), Joan Manuel Serrat (España), Miguel Ríos (España).

En Cuba, lo interpretan casi todos los artistas, en versiones inimaginables y en diferentes géneros musicales. Por ejemplo, Raúl Torres (Cuba), Xiomara Laugart (Cuba) y Anabell López (Cuba).

La muerte del compositor e intérprete Pablo Milanés, entristece el universo de la Música Popular Brasileña (MPB), porque dejó lazos y afinidades musicales con Chico Buarque y Milton Nascimento.

Prensa Latina refiere que la canción "Yolanda", compuesta por el cantautor cubano en 1970, en alabanza a la entonces mujer Yolanda Benet, que acabara de dar a luz a la hija de la pareja, ganó versión en portugués, escrita por Chico Buarque y grabada por Simone en 1984 en el álbum Desejos en dueto con el propio Chico.

Vale destacar que en el álbum Amar, de 1981, Simone ya había grabado Yo no te pido, canción lanzada por Pablo Milanés en 1977. La versión fue impulsada cuando Chico Buarque cantó Yolanda junto a Pablo, en el concierto de noviembre de 1983 en la casa de shows Canecão, en la ciudad de Río de Janeiro, precisa el blog del periodista Mauro Ferreira.

"El espectáculo fue captado para dar origen al álbum Pablo Milanés en vivo en Brasil, lanzado en 1984, con participación del artista brasileño en las canciones Yolanda, Pedazo de mí (Chico Buarque, 1978) y Homenaje (Pablo Milanés, 1983)".

A propósito, el periodista Ferreira reseña que la conexión de Pablo Milanés con Chico y con Milton Nascimento ocurrió mucho antes, cuando el apogeo de la MPB en la década de 1970, género que enfrentó el régimen militar brasileño instaurado en 1964.

Según el comunicador, Pablo Milanés fortaleció lazos con Chico y Milton, ambos involucrados en la lucha brasileña contra la dictadura de 1964, justo por haber sido uno de los integrantes más influyentes de la Nueva Trova cubana.

Milton Nascimento grabó Canción por la Unidad Latinoamericana, de la autoría de Pablo Milanés, en 1976. Fue incluido en el álbum "Clube da Esquina 2", realizado en 1978. Entre MN y Chico Buarque comienzan en español y termina en la inédita versión en portugués.

Asimismo, Chico Buarque internacionalizó la emblemática versión en portugués del poema "De qué callada manera", del escritor cubano Nicolás Guillén, cantado originalmente por Pablo Milanés en 1975. Fue conocida: "Como si fuera la primavera", en el álbum Chico Buarque, de 1984.

En ese sentido, Prensa Latina enfatizó que los lazos de Pablo Milanés con la música brasileña son indestructibles y se renovarán siempre que un latinoamericano invoque el credo musical y social que el artista cubano enseñó o simplemente haga una declaración de amor, romántica, sin buscar la forma justa.

Una semana antes de su fallecimiento, las redes sociales fueron el escenario para el amoroso culto a Pablo Milanés, porque cada uno de los cubanos desde dentro o fuera de la isla tiene a "su Pablo", su canción y su vivencia asociada al decursar del tiempo virtuoso que le tocó vivir.

Su exquisita impronta musical, pertenece a esas tres generaciones de cubanos y personas de todo el mundo que más allá de admirar, veneran su poética y melodiosa voz.

El cantautor cubano Silvio Rodríguez homenajeó a su colega de guitarra, canto y vida, Pablo Milanés, con la publicación en su blog de la letra de "Pablo", una canción inédita que le dedicó al compositor.

"Te conocí rasgando / el pecho de la muerte un día. / Tú no sabías nada / y eras tú quien la llevaba / de la mano", reza la primera estrofa del tema y del que se conoce una grabación casera subida a YouTube en 2020.

"Desde los inicios de esta amistad, se consolidaron muchos sentimientos y admiración recíproca entre Pablo y Silvio. Recorrieron enormes distancias por muchos países, llevando el canto y la solidaridad doquier llegaban. En 1969, Silvio escribió esta canción para el entrañable amigo Pablo Milanés y hoy la comparte en su blog: www.segundacita.blogspot.com", refiere en la página de facebook Zurrón del Aprendiz - Silvio Rodríguez.

PABLO

Te conocí rasgando
el pecho de la muerte un día.
Tú no sabías nada
y eras tú quien la llevaba
de la mano.
Y así tú seguirás,
sin reparar en tu ventaja:
que eres tú quien la lleva,
quien la doma y la amortaja,
caminando.
Eres un espacio que se vuelve
sin espina y que se pierde
en la alegría de volverse.
Pero ya tu voz se está quedando,
ya tu mano está grabando

todo un nombre con sus dientes.
Quién que no haya visto la tristeza
con sus cuatro mil cabezas
puede oírte con descanso.
Quién que no haya amado largamente
y convivido con lo extraño
de este tiempo sin remansos.
Te conocí pegado
a la pared del cielo un día.
Ibas llevando entonces
bajo el brazo una guajira
y caminando,
caminando. (1969).

Cómo explicar la travesura del Universo y sus inexplicables causales. Pablo Milanés murió el 22 de Noviembre del 2022, en el Día del Músico, bajo su patrona Santa Cecilia.

Tal vez ningún otro cantante estaba más vinculado musicalmente a Pablo Milanés que Silvio Rodríguez, quien define al amor: "como una necesidad, como un camino que se escoge".

Recordemos el disco de 1984, a partir del concierto conjunto en Argentina titulado "En vivo". En 1985, Silvio participó en el larga duración "Querido Pablo". Igualmente lo hicieron sus admirados Joan Manuel Serrat y Mercedes Sosa.

Varios diarios internacionales, han destacado el amplio catálogo musical de Pablo Milanés, del cual citamos a ENDI.com

"La vida no vale nada" (1976)

Trabajo en el que se incluye "Para vivir", "Hoy la vi" y la famosa canción política "Yo pisaré las calles nuevamente", un canto a la esperanza escrito tras el golpe de estado de Augusto Pinochet, en Chile, y que ha sido hoy uno de los temas más compartidos en las redes sociales por sus admiradores.

"No me pidas" (1978)

Con el álbum "No me pidas", Milanés canta temas clásico como "Yo no te pido", "Años" o "Son de Cuba a Puerto Rico".

"Yo me quedo" (1982)

Publicado en Cuba, este álbum agrupa la mítica canción "Yolanda", dedicada a Yolanda Benet, su segunda esposa y madre de sus tres primeras hijas, Lynn, Liam y Suylén. De todos sus temas, ha sido "Yolanda" —compuesta en 1970— el más cantado por él a lo largo de más de cinco décadas de trayectoria artística, hasta convertirse en un himno. Este trabajo también incluye "Amo esta isla" o "Yo me quedo", entre otras.

"Comienzo y final de una verde mañana" (1984)

Un disco que incluye la emblemática canción "El breve espacio en que no estás", un tema que habla de esos amores que no son perfectos.

"Querido Pablo" (1985)

"Pablo querido", que salió a la venta en 1985, es un trabajo de dúos con veinte canciones entre las que destaca "Amor", "Yo tuve un hermano" o "Tengo". Junto a Milanés, cantaron artistas como Ana Belén, Mercedes Sosa, Joan Manuel Serrat, Silvio Rodríguez y Víctor Manuel, entre otros.

Para los que protagonizaron las motivaciones de cambio social en Latinoamérica, en la década del setenta la canción de la Nueva Trova cubana, fue como un escudo artístico de lucha en un mundo dividido. Pablo Milanés, fue uno de esos artífices: "Pobre del cantor de nuestros días, que no arriesgue su cuerda por no arriesgar su vida".

Familiares, amigos y admiradores de Pablo Milanés dieron su último adiós este miércoles en la Casa de América de Madrid, España, sitio donde residía el cantor al momento de su muerte.

En La Habana, como un mundo paralelo donde no lo dejan morir, cientos de personas el martes por la tarde, cantaron en el Pabellón Cuba cada una de sus canciones, interpretadas por sus amigos trovadores, más los hijos y los nietos de los de entonces. Una muestra de cómo se hizo inmortal en vida.

Por allá, en otro parque, jóvenes que lo admiran se abrazaron, lloraron y cantaron al Pablo de todos. Guitarra en mano caminaron hasta la sede de PM records, su espacio en el Vedado capitalino, donde se abrió un libro que el pueblo cubano ha ido colmando de expresiones de amor profundo, en cada breve espacio en que no está.

Esta publicación, tributo póstumo a Pablo Milanés, fue replicada por múltiples plataformas digitales y privadas, con todas las canciones puntualmente añadidas.

NOTA DE LA AUTORA

En este libro fueron utilizadas fotografías de las redes sociales de autores desconocidos, que por su valor histórico lo merecían. Otras, proporcionadas por los testimoniantes, como es el caso de la contraportada ofrecida por Silvio Rodríguez, hasta ahora —por el paso de los años— sin reconocimiento del autor de la imagen.

También sugerimos obras de los autores cubanos Iván Soca, Kaloian Santos Cabrera y Ariel Cecilio Lemus. En todos los casos reconocemos su valiosa aportación para mostrar la leyenda de la Trova cubana.

SOBRE LA AUTORA

ROSA MARÍA FERNÁNDEZ SOFÍA. Nacida en Palma Soriano, Cuba, el 14 de septiembre de 1963. Escritora y periodista graduada de la Facultad de Artes y Letras de la Universidad de Oriente (1985). Reconocida en importantes certámenes del gremio y Jurado de Concursos periodísticos. Desarrolló destrezas en la Escritura de Guion Cinematográfico en Escuela Internacional de Cine de San Antonio de los Baños (EICITV), La Habana, Cuba. Autora de libros presentados en Ferias Literarias de Cuba, Puerto Rico, Colombia y México. Aborda temas basados en investigaciones históricas y culturales, entre los que se destaca el *'Testimonio de Alberto Granado'* y la narrativa histórica: *'Daniel Santos. La Habana que hay en mí'*.

ÍNDICE

Países Bajos, julio de 2024

Made in the USA
Middletown, DE
15 August 2024

58887305R00229